国家社科基金重大项目（10&ZD134）成果之一

文化遗产信息资源数字化融合服务

常艳丽◎著

中国财经出版传媒集团
经济科学出版社
Economic Science Press

图书在版编目（CIP）数据

文化遗产信息资源数字化融合服务/常艳丽著．—
北京：经济科学出版社，2021.8
ISBN 978－7－5218－2788－0

Ⅰ.①文…　Ⅱ.①常…　Ⅲ.①文化遗产－情报服务－数字化－研究－中国　Ⅳ.①F592.3－39

中国版本图书馆 CIP 数据核字（2021）第 172131 号

责任编辑：李　雪　高　波
责任校对：刘　娅
责任印制：王世伟

文化遗产信息资源数字化融合服务
常艳丽　著
经济科学出版社出版、发行　新华书店经销
社址：北京市海淀区阜成路甲 28 号　邮编：100142
总编部电话：010－88191217　发行部电话：010－88191522
网址：www.esp.com.cn
电子邮箱：esp@esp.com.cn
天猫网店：经济科学出版社旗舰店
网址：http://jjkxcbs.tmall.com
北京季蜂印刷有限公司印装
710×1000　16 开　16.25 印张　224000 字
2021 年 8 月第 1 版　2021 年 8 月第 1 次印刷
ISBN 978－7－5218－2788－0　定价：62.00 元
（图书出现印装问题，本社负责调换。电话：010－88191510）
（版权所有　侵权必究　打击盗版　举报热线：010－88191661
QQ：2242791300　营销中心电话：010－88191537
电子邮箱：dbts@esp.com.cn）

前言 PREFACE

为了更好地为公众提供文化信息服务，国家《“十四五”公共文化服务体系建设规划》提出“落实开放共享理念，统筹各领域资源”，“找准关键节点，推动公共文化服务融合发展，进一步优化公共文化服务发展生态”。技术与文化的联姻对于人类文化遗产保护与服务而言，可谓是机遇与挑战并存。基于信息技术推动文化遗产信息资源数字化融合服务，不仅是应对数字服务技术挑战的需要，也有助于不断满足公众日益增长的精神文化生活需要。

本书是笔者在参与国家社科基金重大项目子项目过程中的研究成果，以系统论思想为指导，对我国文化遗产信息资源数字化融合服务的必要性、可行性进行分析，探讨了我国开展数字化融合服务的影响因素、服务方案、服务平台功能、服务体系的管理。

本书的主要研究工作与贡献如下：第一，系统分析文化遗产信息资源数字化融合服务的必要性、可行性、动力机制与实施策略。提出图书馆、博物馆、档案馆的内部动力，政府和社会的引力，用户需求的拉力，企业院所相关单位等的推动力，以及法律、人才、网络技术、社会力量的支持力的共同作用，是实现我国文化遗产资源数字化融合服务的必由之路。第二，将信息需求理论与生活形态理论相结合，分析归纳文化遗产信息数字化融合服务的用户需求、公众对文化遗产信息资源服务功能认知偏差，以及对文化遗产信息资源的需求群体差异性。第三，引入界面管理思想，构建数字化融合服务体系界面管理模型。文化遗产信息资源数字化融合服务体系的界面结构由三馆之间的交互界面（界面Ⅰ）、服务体系与用户之间的交互界面（界面Ⅱ）、单个馆内业务部门之间的交互界面（界面Ⅲ）组成，根据不同界面的类型及主要矛盾，有针对性地制定管理措施，才能更好地促进数字化融合服务的实现。

文化遗产信息资源数字化融合服务的开展，也有利于文化遗产保护、中华文明传播，以及图书馆、博物馆、档案馆的相关业务拓展。本书现有的研究只是“冰山一角”，文化遗产信息资源数字化融合服务的开展是个规模浩大的系统工程，需要图书馆、博物馆、档案馆等机构的共同努力和社会力量的积极参与。

常艳丽

2021年6月20日

目录
CONTENTS

绪　论

1.1 选题背景及意义

1.1.1 研究背景

1.1.1.1 文化遗产保护与传承的紧迫性

作为五千年文明不堕的国家，我国拥有着丰富多彩的文化遗产，它们具有重要的历史与文化价值、精神与审美价值、科学与教育价值、政治与经济价值，这些共同组成了我们的文化之魂、民族之根。然而，近年来，西方文化思想的渗透，加之我国的文化生态环境发生巨大的变化，文化遗产损毁、流失、消亡的现象时有发生，保护和拯救濒临消亡的民族文化瑰宝已经刻不容缓。

面对严峻的文化遗产保护形势，国务院多次发文要求加强文化遗产保护，提出要运用文字、录音录像、数字多媒体技术等方式系统全面的记录、保护和传播文化遗产信息。针对非物质文化遗产的保护，我国颁布实施了《中华人民共和国非物质文化遗产法》，指出图书馆、文化馆、博物馆、科技馆等公共文化机构和其他相关机构应当根据各自业务范围，开展非物质文化遗产的整理、研究、学术交流和宣传展示。2017 年国务院印发《关于实施中华优秀传统文化传承发展工程的意见》强调，“实施非物质文化遗产传承发展工程，进一步完善非物质文化遗产保护制度”。

联合国教科文组织实施“世界遗产工程”和“世界记忆”工程后，我国社会各界积极行动，建立了国家、省、市、县文化遗产名录体系，已有多项文化遗产成功申报入选《世界遗产名录》和《世界记忆名录》。据统计，我国已有 55 项文化遗址和自然景观列入《世界遗产名录》，其中，文化遗产 37 项、自然遗产 14 项、文化和自然双重遗产 4 项[①]；入选联合国教科文组织非物质文化遗产名录的项目总数已达 42 项[②]，成为世界上入选“非遗”项目最多的国家。图书馆、博物馆、档案馆也是文化遗产保护的有生力量，“中华再造善本工程”“中华古籍特藏保护计划”“民国时期文献保护计划”“中国档案文献遗产工程”“国家重点档案抢救工程”等的实施[③]，有力地推动了文化遗产保护工作的开展。

1.1.1.2 公众文化信息需求日益增长

精神需求尤其是文化需求，是人类追求物质生活需求之外的另一重要需求。文化需求的实现依赖于物质生活的发展，随着物质生活的满足，文明向更高程度发展，人们的文化需求和消费随之更加旺盛。改革开放以来，人民群众的生活水平有了普遍提高，在衣食无忧、物质生活相对充裕的情况下，公众对文化艺术产生了更多的需求与渴望。

---

① 人民日报海外版．中国世界遗产总数全球第一［N/OL］.（2020 - 6 - 15）［2021 - 6 - 14］. http：www. gov. cn/xinwen/2020 - 06/15/content. 5519431. htm.

② 中国非物质文化遗产网．中国入选联合国教科文组织非物质文化遗产名录（名册）项目［EB/OL］.（2020 - 12 - 31）［2021 - 6 - 14］. http：//www. ihchina. cn/chinadirectory. html#targetl.

③ 周耀林．“世界记忆工程”背景下《中国档案文献遗产工程》的政策审视与推进［C］//回顾与展望 2010 年全国档案工作者年会论文集（上）．北京：中国档案出版社，2010：435 - 444.

图书馆、博物馆、档案馆作为主要的文化事业单位，以满足人民群众日益增长的文化信息需求为己任、以公益服务为理念，采取了积极的行动宣传文化遗产信息和开展文化服务。2019 年，全国公共图书馆总流通人次达 90135 万、书刊文献外借 61373 万册次、全年共举办各类活动 195732 次、参加人数 11786 万人；全国博物馆 5132 个，共接待 11. 47 亿人次①。2019 年全国各级国家综合档案馆接待利用者 716. 4 万人次、举办档案展览 2841 个，接待 788. 2 万人次参观展览②。

党中央基于对世界文明发展大趋势的深刻认知提出文化强国战略，从国家战略高度推动社会主义文化建设。国家“十四五”文化和旅游发展规划纲要提出坚持创新驱动、融合发展，加快建设文化遗产保护传承利用体系、现代公共文化服务体系，以高质量发展丰富人民的精神文化生活。

1. 1. 1. 3　数字技术应用日益广泛

数字技术与通信技术的结合催生了互联网络，也带领人们走入了信息时代，数字技术在各领域的应用迅猛发展。数字技术为文化遗产的保护与传承提供了新的技术手段，它所兼具的记录、保存、阅览、检索、共享等功能，不仅使保存传统文化遗产的相关信息达到了无可比拟的丰富性和前所未有的深度，也为不同文化之间的交流与发展提供了现实空间，推动了人类文化成果在全球的广泛传播。截至 2019 年 1 月 9 日，我国各级管理部门颁布的涉及非物质文化遗产数字化保护的专门政策共计 153 个③。数字技术的发展，也为传播文化信息、进一步满足人们的文化需求带来了新的契机。《中华人民共和国国民

---

① 中华人民共和国文化和旅游部 . 2019 年文化和旅游发展统计公报 [R/OL]. (2020 – 6 – 20) [2021 – 6 – 30]. http: //zwgk. mct. gov. cn/zfxxgkml/tjxx/202012/t20201204_906491. html.

② 中华人民共和国国家档案局 . 2019 年度全国档案行政管理部门和档案馆基本情况摘要 [EB/OL]. (2020 – 9 – 4) [2021 – 06 – 30]. https: //www. saac. gov. cn/daj/zhdt/202009/33f1eb75c35c441984f8f8f705110666. shtml.

③ 文琴 . 图书馆参与非物质文化遗产数字化的政策研究 [J]. 图书馆建设, 2019 (S1): 160 – 164.

经济和社会发展第十四个五年规划和2035年远景目标纲要》提出“强化重要文化和自然遗产、非物质文化遗产系统性保护”“推动公共文化数字化建设”。图书馆、博物馆、档案馆在文化遗产保护和公共文化信息服务中对数字技术的应用进行了尝试，数字图书馆、数字博物馆、数字档案馆构成了数字文化信息服务网络，为人们提供了丰富的精神食粮。

总之，在新的技术环境下，应用数字技术促进文化遗产信息传播，满足人民群众快速增长的精神文化信息需求是图书馆、博物馆、档案馆共同面对的重任。国家《“十四五”文化和旅游发展规划》提出，要“顺应数字化、网络化、智能化发展趋势”“推广互联网+公共文化拓宽文化服务应用场景和传播渠道”“促进公共文化服务提质增效”。以满足用户日益增长的文化信息需求为出发点，三馆携手合作开展文化遗产信息资源的数字化融合服务，是时代发展赋予图书馆、博物馆、档案馆的历史使命，也是党和国家的殷殷期望。

1.1.2 研究意义

1.1.2.1 有利于满足公众快速增长的文化信息需求

当前网络信息环境下，人们的文化信息需求呈现出广泛性、独特性、层次性、高质量性、实时性的特点①。图书馆、博物馆、档案馆需要结合人民群众文化信息需求快速增长的新形势，利用数字技术为用户提供多方面、多层次、多样化、实时性的文化信息服务。

本书以图书馆、博物馆、档案馆的文化遗产信息资源数字化融合服务为研究主题，调查收集用户的文化遗产信息资源需求及对现有数

① 王素梅．网络环境下图书馆用户需求与用户服务模式研究［D］．石家庄：河北大学，2005.

字化服务的使用情况，分析用户的特点，结合用户需求探讨如何实现文化遗产信息资源的一站式服务与管理，有利于丰富文化信息服务理论，也体现了“以满足人民精神文化需求为出发点和落脚点”的公共文化服务思想。

1.1.2.2　有利于促进我国文化遗产的保护与传播

5G时代的来临和新媒体的普及让越来越多的人希望以新的传播方式接受文化信息，同时也为我国文化遗产的保护和传承带来了新的契机。图书馆、博物馆、档案馆已经开展大量的文化遗产数字化项目，并生成多种格式的数字资源在网络平台进行展示与传播。

本书从三馆数字化服务融合的角度，探讨三类机构如何根据用户的文化遗产信息需求特点进行网络平台的数字化服务，如何引导公众参与到文化遗产信息服务中，响应了文化和旅游部“挖掘文化遗产的历史、文化、科学价值，利用现代传播技术全面提升文化遗产展示、展演水平和传播能力”① 的号召，在丰富公众精神文化生活的同时，也促进了公众对文化遗产的了解，能够促进我国文化遗产的宣传与保护。

1.1.2.3　有利于提高公共文化机构的信息服务效率

图书馆存储的文献资料是了解文化发展的知识宝藏，博物馆收藏的各类文物是文化历史发展的缩影与见证，档案馆典藏的各类档案是真实记录人类实践的社会记忆，它们的存在延续了中华文明，让我们的社会变得智慧而有活力。三馆凭借性质相同的文化资源，面向社会公众提供文化服务，丰富了人们的精神生活。然而，在网络环境下，用户文化信息需求发生变化，渴望能够系统、实时的获取文化信息资源，分散的馆藏在客观上分割了文化信息资源之间的天然联系，也增

---

① 文化部．关于印发《文化部“十二五”时期文化改革发展规划》的通知［EB/OL］.（2014－2－24）［2021－6－30］. http：//www. scio. gov. cn/m/xwfbh/xwbfbh/wqfbh/2014/20140224/xgzc30494/Document/1364215/1364215. htm.

加了用户的文化信息搜寻成本。

本书旨在以数字化方式实现三馆文化遗产资源的一站式服务，一方面，可以降低用户的文化信息搜寻成本，提高用户的信息获取效率；另一方面，也有助于三馆以协调合作的方式开展文化资源建设与服务，在协同信息服务中取长补短、共同进步，进而从整体上提高三类机构的文化信息服务能力。

1.1.2.4 有利于推动全国文化信息资源的共建共享

当前环境下，面对海量信息，人们日益渴望能够以一站式服务快速满足多样化的信息需求；以共享为理念的资源整合与集成信息服务，成为各个领域数字资源建设与服务的重点。营造全民参与的文化遗产保护与传播氛围、满足人民文化需求和实现社会主义文化的大发展大繁荣，同样需要各级各类文化机构以共享理念为指导，开展文化信息资源建设与服务。

图书馆、博物馆、档案馆是保护文化遗产、提供文化信息服务的“三驾马车”，探讨三类机构在数字环境下基于文化遗产信息资源的合作服务，对今后纳入更多的文化机构、进一步丰富文化资源种类、扩大文化资源共享范围，最终实现全国范围内的文化信息资源的共建共享，具有借鉴意义。

1.2 国内外现状综述

1.2.1 图博档文化遗产数字资源建设与服务

1.2.1.1 国外研究与实践

20 世纪 70 年代起，数字技术开始应用于文化遗产保护。1992

年，联合国教科文组织认识到文化遗产保护和传播的迫切性，发起世界记忆（memory of the world，MoW）项目，倡导以数字技术保护濒危的文化遗产。这一倡议得到了世界各国的积极响应，以此为契机，拉开了世界范围内文化遗产数字化保护和传播的帷幕。图书馆、博物馆、档案馆作为三个主要的文化遗产保护与信息服务机构，与高等院校、科研机构、企业等一起，围绕数字环境下的文化遗产信息资源建设、管理、服务与网络传播进行了多方面的研究与实践。

（1）理论研究。

国外学者的研究包括文化遗产数字资源建设、文化遗产数字资源管理、文化遗产数字资源服务、文化遗产数字资源传播四大类。

在文化遗产数字资源建设方面，学者们对文化遗产资源的数字化标准、技术体系构建进行了研究，如卡拉芬对欧洲口述历史和音乐民俗文化遗产视听记录的数字化标准和格式进行了分析介绍①。斯蒂利亚迪斯等探讨了元数据与文化遗产管理建模之间的集成性应用，以及具备数字化学习功能特征的文化遗产网站的元数据方案的设计与应用问题②。克拉夫等以英国泰特在线网的 635 位在线访问者作为调查对象，探讨了文化遗产在线资源库的语义获取问题③。

在文化遗产数字资源管理方面，埃文斯和豪基特认为数字化、元数据索引、知识产权管理和商业模式四大问题会阻碍欧盟文化遗产数字化项目的可持续发展。因此，需要制定明确的数字化内容选择指导；确保数字化内容便于索引和检索；重视档案材料的商业价值，并建立分布式平台进行数字版权管理；促进文化企业参与或进行服务创新④。

---

① Karafin A M. Digitization of sound recordings as an example for preservation of oral and music folklore heritage [C]. INFuture: Digital Information and Heritage, 2007: 139 - 152.

② Styliadis A D, Akbaylar I I, Papadopoulou D A, et al. Metadatabased heritage sites modeling with e-learning functionali-ty [J]. Journal of Cultural Heritage, 2009, 10 (2): 296 - 312.

③ Clough P, Marlow J, Ireson N. Enabling Semantic Access to Cultural Heritage: A Case Study of Tate Online [C] //Proceedings of the ECDL, Workshop on Information Access to Cultural Heritage, ISBN. 2008: 978 - 90.

④ Events T, Hautekeete L. Challenges of digital preservation for cultural heritage institutions [J]. Journal of Librarianship and Information Science, 2011, 43 (3): 157 - 165.

博马等研究发现态度、资源、政策、管理四大因素影响着加纳的文化遗产数字资源管理和保存，资助者和决策者缺乏兴趣是态度因素中的一个重要影响因素，信息专业人士和专业协会需要积极主动地宣传来改变他们的态度，从而促进文化遗产数字资源的发展①。佐利斯等讨论了对等网络中的文化遗产数字资源的版权保护问题，认为版权管理系统和对等网是互补的，并提出了一个基于对等网的数字图像水印版权保护管理对策②。

在文化遗产数字资源服务方面，学者们介绍了多个国家的文化遗产资源在线服务系统。如法国博物馆资源门户网站的 Joconde 数据库将法国博物馆的所有馆藏描述组合在一起，建立主题浏览数据库，旨在促进用户发现和使用博物馆在线馆藏资源③。苏格兰实施的 Scotlands-Places 项目，依据地理相关性组织苏格兰地区的文化遗产，利用开源的地理中间件作为用户查询时数据传输与动态地图的接口，实现跨文化遗产信息的查询。利用移动数字技术，韩国设计了基于智能手机平台的文化遗产数字化交互服务系统④；梵蒂冈画廊文化遗产项目中通过 PDA 设备向用户提供个性化的信息推荐，在抓住用户的真正兴趣和增加其文化遗产参观经历方面很有效果⑤。

在文化遗产数字资源传播方面，利用互联网展示文化遗产资源，成为重要的方式。施瓦茨介绍了自己在丹麦埃尔西诺进行的音频文化

---

① Boamah E, Dorner D G, Oliver G. Stakeholder's attitudes towards the management and preservation of digital cultural heritage resources in Ghana [J]. Australian Academic & Research Libraries, 2012, 43 (4): 300 - 317.

② Tsolis D, Sioutas S, Xenos M N, et al. Copyright and IPR management for cultural heritage digital content in peer-to-peer networks [J]. Jouranl of Cultural Heritage, 2011, 12 (4): 466 - 475.

③ Desprer - Lonnet M. Digital heritage, from inventory to exhbition: the paths of the Joconde Database [J]. Culture et Musees, 2010 (14): 19 - 38.

④ Kang J, Ryu J. Digital Reconstruction of a Historical and Cultural Site Using AR Window [C] //ACHI 2011, The Fourth International Conference on Advances in Computer - Human Interactions, 2011: 170 - 175.

⑤ Musto C, Narducci F, Lops P, et al. Integrating a Content - Based Recommender System into Digital Libraries for Cultural Heritage [C] //Digital Libraries. Springer Berlin Heidelberg, 2010: 27 - 38.

遗产数字采集和传播工作①。肯德丁等对用户参观亨比（Hampi）博物馆的全景虚拟展览后的体验进行了问卷调查，研究表明，虚拟展览作为一种交互可视的信息获取途径，激发了用户对所展览文化遗产信息的关注②。史密斯和罗利探讨了数字化在当地公共图书馆研究服务中的应用，研究显示，在线展示在一定程度上促进和改善了公众对馆藏文化遗产信息的获取③。艾伦等研究了科罗拉多大学图书馆和科罗拉多州立大学档案馆在当地社区居民中开展的3个文化遗产数字化项目，发现与社区公众一起开展文化遗产信息资源建设及服务，有利于调动公众的参与积极性，促进文化遗产的保护和传播④。范弗利特和赫克曼对用户使用在线社会标签和数字故事参与博物馆数字馆藏的展示进行了实证研究，发现业余人员和专业人员对数字馆藏对象的标注数量和类型并无明显差异，社会标签和数字故事都是有利于让用户更多地参与到数字文化遗产展示和保护中的⑤。

（2）项目实践。

世界记忆工程启动后，各国纷纷采取行动，掀起了世界性的文化遗产保护高潮。美国国会图书馆美国民俗研究中心作为研究美国非物质文化遗产的重要机构，已将大量的民俗信息数字化，并在网络传播；成立于1946年的史密森研究院下辖民俗研究中心则专职研究美国的民俗文化，并进行数字化保存和展示。加拿大文化遗产信息网是加拿大上千个博物馆联合利用数字技术搭建的文化遗产虚拟展示平台，其中的虚拟博物馆展览可以按主题、博物馆名称、学科、展品类

① Schwartz S. Collecting audio cultural heritage [A]. Symposium of Network of Design & Digital Heritage [C]. NODEM, 3-5 December, 2012.

② Kenderdine S, Shaw J, Kocsis A. Dramaturgies of PLACE: Evaluation, embodiment and performance in PLACE-Hampi [C] //Proceedings of the International Conference on Advances in Computer Enterntainment Technology, ACM, 2009: 249-256.

③ Smith L, Rowley J. Digitisation of local heritage: Local studies collections and digitisation in public libraries [J]. Journal of Librarianship and Information Science, 2012, 44 (4): 272-280.

④ Allen B B, Echohawk D, Gonzales R, et al. Yo Soy Colorado: Three Collaborative Hispanic Cultural Heritage Initiatives [J]. Collaborative Libra Rianship, 2012, 4 (2): 39-52.

⑤ Van Vliet H, Hekman E. Enhancing user involvement with digital cultural heritage: The usage of social tagging and storytelling [J]. First Monday, 2012, 17 (5).

型浏览加拿大的物质和非物质文化遗产，极大增强了公众对加拿大文化遗产的了解。

1999 年欧盟国家实施了“内容创作启动计划”，确定多个国家联合开展文化遗产数字化建设。欧盟支持的欧洲视听材料保存和培训项目（Training for Audiovisual Preservation in Europe，TAPE）由奥地利科学院负责，该项目对音频、视频材料的数字化制定了标准及格式，主要对包含民俗、口述历史等文化遗产在内的视听资料进行数字化保护。英国作为欧盟成员国之一，也积极地着手本国的文化遗产数字化保护工程。英国文化、媒体、体育部主管全国的文化遗产保护，英国的文化遗产已经数字化处理并建立数据库，可提供一站式检索，英国遗产档案馆包含上百万张有关英国文化遗产的照片和文档，可以免费检索获得相关资料。

在亚太地区，名品虚拟展览（virtual collection of masterpieces，VCM）是隶属于亚欧博物馆网络（ASEMUS）的一个项目。该项目将亚欧地区博物馆珍藏的文化遗产通过网络虚拟展览，以增进亚欧各国人民之间的相互了解，来自近 50 个国家的、约 150 家博物馆的近 3000 件馆藏可以在线参观①。

1.2.1.2 国内研究与实践

联合国教科文组织启动的“世界记忆”工程，不仅引领了全球文化遗产保护的发展，也对我国文化遗产的保护与传播起到了积极的引导作用。1995 年，世界记忆工程中国委员会成立；5 年后国家档案局为促进档案文化遗产的保护，发起了中国档案文献遗产工程，参照世界记忆工程的模式设立了《中国档案文献遗产名录》，全国各地政府及图书馆、博物馆、档案馆、研究所等机构都踊跃参与其中，截至 2015 年，4 批共 142 件档案文献被列入《中国档案

① 数据来自名品虚拟展览（VCM）官网，数据截至 2021 年 6 月 30 日。

文献遗产名录》。

在数字化环境下，围绕文化遗产的保护与传播，图书馆界、博物馆界、档案馆界从多个角度进行了研究与实践，尤其是近年来对非物质文化遗产的数字化保护关注较多。

（1）理论研究。

数字技术在文化遗产保护中的应用是学者们研究的一个重点，高精度摄影技术、虚拟现实、3D扫描、信息可视化技术等均在文化遗产保护中发挥作用。如周耀林等对利用非时序图谱、时序图谱对非物质文化遗产数字资源的可视化组织进行了研究①；余日季研究了增强现实技术与非物质文化遗产结合的开发模式，以促进非物质文化遗产的展示和传播②；秦晓珠等分析了数字孪生技术在物质文化遗产保存中的应用③；彭建波根据中国美术学院图书馆的“皮影数字博物馆”项目建设实践，提出了非物质文化遗产特色资源的建设原则、内容、方法，指出数字博物馆是图书馆面向非物质文化遗产特色资源建设的新形式，并介绍了皮影数字博物馆的内容架构和技术体系架构④；靳桂琳介绍了3D打印、人工智能等技术在非物质文化遗产保护中的应用⑤。

在文化遗产数字资源建设与管理方面，谭必勇等梳理了美国、英国、法国、意大利、加拿大、日本、欧盟，以及我国的非物质文化遗产数字化保护主要路径与实践思路，认为中外在非物质文化遗产数字化保护方面形成了各具特色、形式多样的解决方案，既具有初始阶段

---

① 周耀林，程齐凯．非物质文化遗产的可视化图谱表示［J］．信息资源管理学报，2011（3）：67－72.

② 余日季．基于AR技术的非物质文化遗产数字化开发研究［D］．武汉：武汉大学，2014.

③ 秦晓珠，张兴旺．数字孪生技术在物质文化遗产数字化建设中的应用［J］．情报资料工作，2018（2）：103－111.

④ 彭建波．谈面向非物质文化遗产的特色资源建设——以皮影数字博物馆为例［J］．图书馆工作与研究，2012（5）：33－36.

⑤ 靳桂琳．我国非物质文化遗产的数字化保护研究［D］．昆明：昆明理工大学，2019.

技术驱动特点、政府引导效益明显等共同点，同时在管理体系、投入机制、保护体系、法律保障等方面存在不同之处①。刘向红以承德地区非遗数据库建设为例，讨论了用户协同下大众标注与专家分类相结合的非物质文化遗产资源分类模式②；张勇等探讨了元数据在非物质文化遗产资源建设中的应用；施旖等讨论了主图在非物质文化遗产数字资源整合中的应用③；赵宇翔等介绍了国外基于众包方式的文化遗产资源建设，总结了其建设和运作管理经验④。

在文化遗产数字化服务与传播方面，段运、邓爱东、张素鹏分别对省级和县级公共图书馆的非物质文化遗产数据库建设现状、存在问题及方法途径开展了调查研究，为图书馆非物质文化遗产数据库建设与服务提供了理论支撑⑤⑥⑦；李晨晖等以佛教文化遗产为例，介绍了视觉搜索在文化遗产检索中的应用⑧；李立睿等详细调查了 iSchool 联盟 27 所高校图书馆文化遗产资源的建设与服务，总结了其馆际合作、数字技术应用及服务管理的措施⑨；王伟华对文化遗产的数字展示与实体展示进行了比较分析，认为数字展示与实体展览结合，可以满足观众的需求，并进一步促进各地区之间的文化遗产信息交流⑩；王云

---

① 谭必勇，张莹．中外非物质文化遗产数字化保护研究［J］．图书与情报，2011（4）：7－11.

② 刘向红．基于用户协作的非物质文化遗产数字资源分类模式研究［J］．现代情报，2017，37（3）：21－25，31.

③ 施旖，熊回香，陆颖颖．基于主题图的非物质文化遗产数字资源整合实证分析［J］．图书情报工作，2018，62（7）：104－110.

④ 赵宇翔，练靖雯．数字人文视域下文化遗产众包研究综述［J］．数据分析与知识发现，2021，5（1）：36－55.

⑤ 段运．我国省级图书馆非物质文化遗产数据库建设现状与对策［J］．图书馆学刊，2010（6）：102－104.

⑥ 邓爱东．我国公共图书馆非物质文化遗产数据库建设调研［J］．图书馆学研究，2010（20）：36－39.

⑦ 张素鹏．县级图书馆非物质文化遗产数据库建设的思考［J］．河南图书馆学刊，2011（5）：122－123.

⑧ 李晨晖，张兴旺，秦晓珠．基于大数据的文化遗产数字图书馆移动视觉搜索机制建设研究［J］．情报理论与实践，2018，41（4）：139－144，133.

⑨ 李立睿，王博雅．iSchool 联盟高校图书馆数字文化遗产服务实践调查分析［J］．图书馆学究，2019（8）：63－69.

⑩ 王伟华．博物馆文化遗产的数字展示与实体展示［J］．东南文化，2011（5）：91－95.

庆等认为准确的展览定位、激发公众认知及以文化空间、现场展演、实体景观再现、声光电展示等多种手段综合，能有效提高非物质文化遗产展览效果[①]。还有一些学者关注基于App的非物质文化遗产信息资源传播。

（2）项目实践。

中国国家图书馆中国记忆项目组于2012年启动了“东北抗日联军专题”“明渤海积善堂手卷专题”“国家级非物质文化遗产及其代表性传承人专题”等多个实验项目。北京市首都图书馆的“北京记忆”项目也对北京地区的风土人情、民俗节庆等文化遗产资料进行了数字化处理与网络展示。中国的香港和台湾地区也都启动了记忆工程，“香港记忆”项目联合香港的图书馆、博物馆、档案馆建设了多媒体数码平台，包含专题特藏、展览、口述历史、社区参与4部分内容，让公众通过互联网可以免费浏览文献、图片、海报、录音、电影、录像等反映香港历史发展的珍贵文化遗产。

北京理工大学承担了数字圆明园增强现实系统研究，旨在直观地展现圆明园文化遗址的风貌[②]；故宫博物院利用AR、VR技术完成了“清明上河图”画音展示系统、数字故宫项目；敦煌研究院将珍贵的洞窟资源数字化形成“数字敦煌”[③]。百度公司联合国内多家博物馆推出的“百科数字博物馆”，引入了音频讲解、实境模拟、立体展现等多种参观形式，用户可以通过电脑和手机等多种途径访问博物馆里的珍贵展品。台北故宫博物院将FRBR模型应用于绘画和书法的元数据描述中，阐明了FRBR在描述文化遗产信息资源元数据及其关系中的有用性[④]。

---

① 王云庆，陈建．非物质文化遗产档案展览研究［J］．档案学通讯，2012（4）：36－39.

② 师国伟，等．增强现实技术在文化遗产数字化保护中的应用［J］．系统仿真学报，2009（7）：2090－2093，2097.

③ 胡雯彧．基于AR技术的文化遗产数字化展示设计研究［D］．济南：山东大学，2020.

④ 詹丽华．FRBR应用于网络信息组织研究述评［J］．图书馆杂志，2013（6）：26－29.

近年来，随着全国非物质文化遗产保护工作普遍推开，我国的研究重心逐渐转向利用文字、录音、录像、数字化多媒体等现代化科技手段实现对珍贵、濒危的非物质文化遗产的数字化保护与传播研究。江西省艺术档案馆的“江西省非物质文化遗产保护网”，成都图书馆“蜀风雅韵·成都非遗数字博物馆”“中国文化遗产网络”“中国非物质文化遗产数字博物馆”都是传播我国文化遗产的重要网络平台。许多省市档案馆也纷纷投入非物质文化遗产的数字化保护，如福建省龙岩市档案局（馆）广泛征集闽西汉剧、山歌剧、采茶灯、木偶戏等具有闽西特色的非物质文化遗产档案资料，并形成了包括文字、照片、录音录像、多媒体等各种形式的专题数据库①。四川省档案馆与重庆市档案馆联合开展巴蜀文化、地方特色文化、非遗项目资源的建设②。

1.2.2 数字环境下的图博档合作研究

1.2.2.1 国外研究与实践

1998 年，雷沃德首先在文章中提到了图博档馆藏资源的数字化及三者的功能整合问题③。2000 年，第 24 届图书馆系统研讨会探讨了图书馆、博物馆与档案馆在数字环境中的联合服务，认为三类机构数字资源的增多也会带来合作服务的增多，网络化编目、虚拟展览等让三馆的合作逐步变为现实。同年，欧洲图书馆自动化组织年会也就三馆基于数字化技术的融合服务进行了讨论与展望④。越来越多的学者

① 林永忠．福建龙岩市档案局（馆）建立全市非物质文化遗产档案和专题数据库［J］．兰台世界，2012（25）：56.

② 钟振宇．川渝档案馆将开展七大合作［N］．四川日报，2020 - 05 - 10（4 版）.

③ Rayward W B. Electronic information and the functional integration of libraries, museums and archives［M］//Higgs E. History and electronic artifacts, Oxford: Clarendon Press, 1998: 207 - 224.

④ 季晓林．图书、情报、档案一体化管理的探索和思考［J］．情报资料工作，2005（5）：91 - 93.

和机构认识到图书馆、博物馆、档案馆作为“记忆机构”在数字化环境下所面临的共同挑战和机遇，并进行了诸多的理论研究和实践探索。

三馆基于互联网的数字资源整合是机遇也具有社会发展的必然性，其面临的最大挑战不是技术层面的，而是相关机构工作人员的态度问题①。数字馆藏机构之间可以开展4种类型的合作：内容保管机构（图书馆、档案馆、研究中心）之间，基于数字内容长期保存的合作；标准机构、专业协会、数字保存专家之间的合作；基础设施供应商、软件开发商等服务提供商之间的合作；研究资助机构、课程开发机构的合作②。根据对澳大利亚国家图书馆在国内、国际层面与其他机构实施的合作分析，卡斯罗认为网站档案保存、物理存储设备上的数字资源迁移、数字化、馆藏备份与灾难恢复等都是图博档机构间可以利用的合作机会，三馆合作能够降低数字馆藏建设成本、增强馆藏内容在用户心中的价值③。普拉萨德对印度图书馆、博物馆、档案馆之间开展合作、建立合作组织的必要性进行了分析，并提出了合作模型④。

美国1995年启动“美国记忆”项目，这是美国国会图书馆与多个图书馆、档案馆联合实施的文化遗产数字化项目，已有图书、手稿、音乐、照片、影像、录音、艺术图片等各种媒体形式的上千万条数据可供在线检索。美国西蒙斯大学发起的“全球记忆”项目利用集合内容描述和DC兼容元数据，对各种类型的数字资源进行组织和

① Parent I. Internet-driven convergence between libraries, archives and museums: an opportunity, an inevitability or both? [A]. Cirinna C, Lunghi M. Cultural Heritage on line: Empowering users: an active role for user communities [C]. Florence, 15th – 16th December 2009, Firenze University Press, 2010: 31 – 33.

② Anderson M. Evolving a network of networks: the experience of partnerships in the National Digital Information Infrastructure and Preservation Program [J]. International Journal of Digital Curation, 2008, 3 (1): 4 – 14.

③ Cathro W. Collaboration Strategies for Digital Collections: The Australian Experience [C]. International Conference on Libraries Leading the Global Knowledge and Information Society, 2009, National Library of Korea: Seoul, Korea, 25 – 26, May, 2009.

④ Prasad N. Synergizing the collections of libraries archives and museums for better user services [J]. IFLA Journal, 2011, 37 (3): 204 – 210.

描述，并为用户提供多种检索方式，其主要目的是融合全球图书馆、博物馆和档案馆中的信息资源，以促进历史文化遗产数字资源的全面共享和服务融合。加拿大图书馆及档案馆共同建立了虚拟社区，利用数字化技术搭建的虚拟界面实现了跨越图书馆、档案馆物理界限的透明式文化遗产信息资源服务①；挪威成立了档案馆、图书馆与博物馆管理局，以促进三馆之间的合作服务②；丹麦建立的北日德兰半岛文化历史数据库，整合北日德兰县历史档案馆、文化历史博物馆、艺术博物馆及县中央图书馆的书目数据，以单一的网络门户为读者提供多机构馆藏检索服务③。

在档案馆、图书馆与博物馆联合委员会（CALM）、国际图联（IFLA）、联机计算机图书馆中心（OCLC）、美国博物馆与图书馆服务学会（IMLS），以及欧盟及英国博物馆、图书馆和档案馆理事会（MLA）等的积极推动下，开展图书馆、博物馆、档案馆文化遗产数字资源服务融合的项目逐渐增多。世界数字图书馆项目、美国国家网络化文化遗产项目、欧洲 Calimera 项目和 Europeana 项目、英国 Cornucopia 项目、德国 BAMP 项目、澳大利亚 Trove 项目等都是图书馆、博物馆、档案馆联合开展的文化遗产数字资源建设和共享项目。此外，谷歌实施的谷歌艺术与文化（Google Arts & Culture）项目联合上千家全球艺术机构，将 70 多个国家和地区的历史建筑、博物馆和艺术作品进行数字化处理，生成“虚拟展品”，让用户可以通过网络平台，以 360 度全景视角身临其境地游览每一个艺术展品。

学者们同时也对项目实践环节中的各种问题进行了总结和讨论，介绍了欧洲数字文化遗产项目 TRIS、澳大利亚图博档合作项目

---

① 季晓林．图书、情报、档案一体化管理的探索和思考［J］．情报资料工作，2005（5）：91－93.

② 李大青．试论图书馆、档案馆与博物馆的跨机构合作［J］．图书馆界，2012（6）：11－13，83.

③ 沙其敏．地方历史文献存取、检索的趋势以及遇到的问题［J］．国家图书馆学刊，2005（1）：12－16.

TROVE、德国文化遗产数字资源服务网站BAMP、欧盟Europeana的建设情况。如德国BAMP网站的元数据、搜索引擎、资料展示等的设计实施①，欧盟Europeana平台的基础体系结构设计②、多语言存储与检索功能的实现③。

1.2.2.2 国内相关研究

王重民先生较早地认识到图书馆、博物馆、档案馆在资料采编、鉴定、研究、传播过程与方法中的相通之处，是“三馆”研究的发起者；博物馆学家傅振伦将工作期间所接触的诸多国外实践及心得体会整理成专著出版，推动了“三馆”研究的丰富和发展④。进入20世纪后，“三馆”合作相关的理论研究仍在延续，众多学者对数字化环境下，“三馆”的合作服务进行了思考。

在“三馆”集中式管理与服务研究方面，学者们认为图书馆、博物馆、档案馆三者在社会功能上有共同之处，可以集中式管理馆藏资源⑤⑥；关泮从图书馆、博物馆、档案馆的机构组织性质和社会服务功能出发，主张“三馆合一”⑦。赵红杰较为全面地论述了图书馆、博物馆、档案馆合作的可行性和必要性，总结了“三馆”协作共建的模式与适用范围⑧，刘蔚认为图书馆、博物馆、档案馆打破行政界线集中式管理，应该建立在尊重各个机构管理方法和资源组织形式的基础

---

① Kirchhoff T, Schweibenz W, Sieglerschmidt J. Archives, libraries, museums and the spell of ubiquitous knowledge [J]. Archival Science, 2008 (4): 251 - 266, 258 - 261.

② Kaiser M, Nikolov - Ramirez J G, Veronika P, et al. EuropeanaConnect - Enhancing user access to European digital heritage [A]. Cirinna C, Lunghi M. Cultural Heritage on line: Empowering users: an active role for user communities [C]. Florence, 15th - 16th December 2009, Firenze University Press, 2010: 65 - 69.

③ Vivien P. Multilingual access to online contect-the Europeana experience [R]. Eurovoc Conference, 2010.

④ 赵红杰. 试论我国档案馆、图书馆、博物馆的协作与共建 [D]. 武汉：湖北大学，2009.

⑤ 许俊平. 档案馆与博物馆学界的对话 [J]. 档案管理，2000 (4): 21 - 23.

⑥ 夏忠刚. 档案馆博物馆图书馆社会功能之比较 [J]. 浙江档案，2001 (1): 15 - 16.

⑦ 关萍. 体制创新——“三馆合一”[J]. 科技情报开发与经济. 2006 (3): 75 - 76.

⑧ 赵红杰. 试论我国档案馆、图书馆、博物馆的协作与共建 [D]. 武汉：湖北大学，2009.

之上，实现物理上的“三馆”地域集中，而不存在相互渗透和融合[①]。

基于数字技术的合作研究方面，利用数字技术打破图书馆、博物馆、档案馆行政管理体系束缚，提供统一资源服务是否可行，如何实施成为研究的重点。肖希明等对国外“三馆”数字资源整合的背景、政策、合作关系、共用设施、平台建设、面临的问题及发展趋势进行了总结分析[②]；所进行的用户调查显示，公众对实现图书馆和博物馆资源的一站式跨库检索与融合服务有很高的期待[③]；李农认为在欧美国家，图书馆、博物馆、档案馆之间的跨界合作已见成效，足见“三馆”合作为用户提供资源共享服务的必要性[④]；朱学芳认为对于数字形态的图书、博物、档案信息的融合研究较少，数字档案、博物的共建共享和“三馆”数字资源的融合服务研究与实践有待加强[⑤]。在具体实施方面，张卫东课题组介绍了欧美图书档案数字化融合服务实践[⑥]，分析了我国图书档案数字化融合服务的研究内容与领域[⑦]，论述了数字化融合服务中的保障机制和评价模型[⑧⑨]；朱学芳课题组系统论述了“三馆”数字化协作的目标、原则、需求、协作框架、实施策略，以及数字化服务融合模式[⑩⑪]。

---

① 刘蔚．图书、档案、文物集中式管理研究［D］．济南：山东大学，2012.

② 肖希明，郑燃．国外图书馆、档案馆、博物馆数字资源整合的研究进展［J］．中国图书馆学报，2012（1）：1－15.

③ 肖希明，郑燃．公共数字文化服务需求的调查分析——以图书馆博物馆为例［J］．图书馆，2013（6）：41－43.

④ 李农，编译．图书馆、博物馆、档案馆馆际合作趋势［J］．图书馆杂志，2008（8）：59.

⑤ 朱学芳．图博档信息资源数字化建设及服务融合探讨［J］．情报资料工作，2011（5）：57－60.

⑥ 张卫东，赵红颖，李洋．欧美图书档案数字化融合服务实践及启示［J］．图书情报工作，2013（12）：22－27.

⑦ 赵红颖，王萍．图书档案数字化融合服务研究论纲［J］．图书情报工作，2013（12）：17－22.

⑧ 邓君，贾晓青，马晓君，赵红颖．图书档案数字化融合服务保障机制研究［J］．图书情报工作，2013（12）：28－33.

⑨ 王萍，王毅，赵红颖．图书档案数字化融合服务评价模型研究［J］．图书情报工作，2013（12）：34－40.

⑩ 赵生辉，朱学芳．我国图书馆、档案馆、博物馆数字化协作框架 D－LAM 研究［J］．情报资料工作，2013（4）：57－61.

⑪ 穆向阳，朱学芳．图书、博物、档案数字化服务融合模式研究［J］．情报科学，2016，34（3）：14－19.

在“三馆”合作开展文化遗产信息服务方面，吕鸿认为，图书馆、博物馆、档案馆在非物质文化遗产保护中发挥着重要的作用，应建立协同的非物质文化遗产知识整合与传播机制[①]；魏丽指出，三馆之间加强交流合作、共建数据库，能够促进对整个文化遗产信息资源的开发与利用、整合与共享[②]；谭必勇等认为，可从加强图书馆、博物馆、档案馆、文化馆等公共服务机构合作、探索数字化保护的多元化运作模式、为社会提供非物质文化遗产数字化服务等途径，来推进其公共服务职能的扩展和深化[③]；罗小臣等论述了图博档文化遗产数字资源整合服务的系统架构与用户服务保障体系[④]。

在国际研究与实践的影响下，我国2002年启动了全国文化信息资源共享工程，利用信息技术整合图书馆、博物馆、美术馆及其他文化机构资源实现文化信息资源共享[⑤]。中国国家图书馆参与了国际敦煌项目，制作了以丝绸之路为主题的数据库及网上展览。中国台湾地区实施的数字典藏与数字学习科技计划，将多机构重要文化资源数字化，并建立联合目录、提供网络服务，满足了各个行业领域的教育与研究需求[⑥]。在地区层面，浙江省景宁县、河南省鹤壁市、江苏省无锡市、浙江省义乌市、青岛市开发区等都对“三馆合一”或馆际协作进行了实践探索；广东省建立了包括数字图书馆联盟、网上图书馆、网上博物馆在内的数字文化服务网络[⑦]；天津市泰达图书馆、档案馆利用网络平台，实现了区域内图书馆和档案馆文化信息资源的一

---

① 吕鸿．基于三馆协同的非物质文化遗产知识整合研究［J］．图书与情报，2010（3）：127－129.

② 魏丽．网络环境下图书馆、档案馆、博物馆信息资源开发的一体化优势［J］．档案天地，2011（12）：50－51.

③ 谭必勇，徐拥军，张莹．档案馆参与非物质文化遗产数字化保护的模式及实现策略研究［J］．档案学研究，2011（2）：69－74.

④ 罗小臣，罗红，曾小红．图书博物档案三馆文化遗产数字资源整合与服务［J］．图书馆学刊，2016，38（4）：43－46.

⑤ 郑燃，李晶．我国图书馆、档案馆与博物馆数字资源整合研究进展［J］．情报资料工作，2012（3）：69－71.

⑥ 韩文靓．图博档数字化服务发展趋势研究［D］．南京：南京大学，2013.

⑦ 郑燃，李晶．我国图书馆、档案馆与博物馆数字资源整合研究进展［J］．情报资料工作，2012（3）：69－71.

站式服务。

1.2.3 总结

通过对国内外理论研究与实践应用的回顾可见，文化遗产信息资源的重要性已经得到了社会各界的重视，文化遗产数字资源的建设与服务在图书馆、博物馆、档案馆都有所开展，在数字化环境下，国内外都认识到三馆所面临的共同挑战与机遇，并展开了相应的研究与实践。从国内外的研究内容与应用实践总体来看，表现出以下特点：

特点一：国外图书馆、博物馆、档案馆界对文化遗产数字资源的建设、管理、服务、网络传播进行了诸多的研究与实践，对 Web 2.0 环境下的用户参与也进行了探讨，体现了面向用户的思想。国内的三馆也认识到文化遗产保护与传播的重要性，图书馆界利用馆藏文化遗产建设了大量数字资源；博物馆界更关注文化遗产资源的展示形式和服务；档案馆界基于用户视角的文化遗产信息资源数字化服务研究还不够深入。

特点二：国外很早就将图书馆、博物馆、档案馆共同视为文化遗产机构、知识服务机构，对三馆数字环境下的合作研究呈现出理论与实践并重的特点，不少国家已经推出了面向公众提供服务的网络平台，以改善用户体验为出发点，融入了大量的用户参与、移动服务形式。我国对三馆合作的研究呈现理论性探讨多、实践性研究不足的特点，图书馆界对三馆合作的可行性及意义、三馆资源整合模式和技术实现研究较多；档案馆界对三馆合作的档案文献遗产保护与传播也有探讨；博物馆界从用户的角度探讨三馆基于数字技术的馆藏资源数字化融合服务的比较少。

1.3 研究内容与方法

1.3.1 研究内容

本书以图书馆、博物馆、档案馆的文化遗产信息资源数字化融合服务为研究主题，以提出问题、分析问题、解决问题为逻辑主线展开研究。研究内容可划分为三大部分：

研究基础部分。首先，对研究背景进行分析，了解国内外研究现状；其次，对研究中所涉及的相关概念和理论进行概述，为研究的开展寻找理论依据。

研究主体部分。首先，论述我国开展三馆文化遗产信息资源数字化融合服务的必要性与可行性，对比国内外数字化融合服务现状，分析我国三馆数字化融合服务的影响因素、服务组成要素、动力机制、实施策略。其次，对图书馆、博物馆、档案馆用户展开调查，了解用户的文化遗产信息需求结构和数字化融合服务需求，根据三馆访谈和用户需求调查尝试，设计数字化融合服务平台；最后，以界面管理为研究视角，分析数字化融合服务体系的界面结构，构建管理模型并展开论述。

研究结论部分。对本书的研究进行系统归纳，总结研究结论、研究贡献，指出研究局限及后续研究方向。

1.3.2 研究方法

（1）文献研究法。

对文献的全面搜集和阅读分析是确定研究重点、开展深入研究的基础，主要从图书馆获取相关纸质文献，利用国内外文献数据库和百度、谷歌（Google）等网络搜索引擎检索获取数字文献，对所收集文献内容进行梳理和综合分析，确定研究的切入点和理论基础。

（2）比较分析法。

从横向角度对国内外图书馆、博物馆、档案馆基于文化遗产信息资源的数字化服务项目的管理、服务内容及模式进行比较分析，着重探寻不同项目的管理与服务特色，针对国内的不足之处，确立研究重点。

（3）问卷调查法。

设计调查问卷对图书馆、博物馆、档案馆的用户进行实地调查与网络调查，获取用户的文化遗产信息需求及对三馆数字化服务的使用情况，并据此确定图博档文化遗产资源数字化融合服务的内容与策略。

（4）跨学科方法。

运用多学科的理论、方法对研究对象进行系统分析，能够破除学科和专业间的狭隘门户观念、开阔研究视野和思路。研究中应用了社会学生活形态理论，以及管理学的界面管理理论、组织管理理论、行为管理理论。

第2章 相关概念与理论基础

研究工作的进行总是围绕具体的研究对象展开的，因此，清晰地分析研究对象的内涵特点是科学研究的首要前提。同时，理论来源于实践，并反过来指导实践，本书研究工作的开展也离不开科学理论的指导。本章主要对研究中所涉及的两个核心概念，即文化遗产信息资源和三馆数字化融合服务进行分析，然后介绍研究中所使用的五个基础理论，为后续各章的研究工作奠定基础。

2.1 相关概念

2.1.1 文化遗产信息资源

2.1.1.1 文化遗产

文化遗产从字面可以理解为关于文化的遗产，是个偏正结构的词语，强调的是遗产的文化性。最初，各国对文化遗产的称谓并不统一，中国称为“文物”“文化遗产”，但这里的文化遗产主要指狭义的文学方面的遗产。进入20世纪60年代后，文化遗产的概念得到了扩展和延伸，1964年的威尼斯宪章把“遗产”定义为文物和遗址，主要指建筑遗址[①]。1965 年美国在环境保护中引入“遗产”，指代“世界杰出的自然风景区和历史遗址”[②]，此时“遗产”的内涵和外延开始发生变化，代表“祖先留给全人类的共同文化财富”。1972 年，联合国教科文组织为保存和维护世界遗产，制定了《世界遗产公约》，对文化遗产与自然遗产的概念进行了正式的书面界定，从此“世界遗产”“文化遗产”“自然遗产”开始鲜活的在各国传播和使用开来。但此时的文化遗产概念还比较狭隘，仅指从历史、艺术、科学、审美、人种学或人类学角度看，具有突出普遍价值的建筑物、碑雕、碑画、建筑群、铭文、人类工程、考古地址、窟洞，以及自然与人联合工程等。从《世界遗产名录》中可以看出，这里的“文化遗产”更强调的是有形性、世界性的普世价值，偏重于大型的不可移动文化遗产。随着人们对文化遗产理解的深化，一些无形的、口头相传的民俗、技能等的文化价值日益凸显并开始受到重视，联合国教科文组织《非物质文化遗产公约》统一称之为非物质文化遗产（intangible cultural heritage），指被各群体、团体或个人视为其文化遗产的各种实践、表演、表现形式、知识体系和技能及其有关的工具、实物、工艺品和文化场所，如民族语言与文学、传统表演艺术、社会风俗礼仪节庆、民间信仰、民间知识、传统的手工艺技能、传统体育竞技等。

可见，文化遗产为正在存活或已经消失的文明提供了非凡的证明，它们从外在形态角度，可以划分为物质和非物质文化遗产两大类，前者有具象的物质形态，强调静态性、原真性保护，侧重修复、维护和展示；后者以精神、思想、技艺、知识等抽象形态存在，注重传承和发展、强调活态或动态保护[③]。同时，二者之间也存在无法割裂的相互依存关系，非物质文化遗产中有物质的因素，因为抽象形态

① 金露．游走于有形与无形之间的文化遗产——物质文化遗产和非物质文化遗产的定义、分类、特征和关系［J］．徐州工程学院学报：社会科学版，2012，27（2）：36－43.

② 苑利．文化遗产与文化遗产学解读［J］．江西社会科学，2005（3）：127－135.

③ 王云霞．文化遗产的概念与分类探析［J］．理论月刊，2010（11）：5－9.

必依附于一定的物质载体表现出来；物质文化遗产中也有非物质的因素，因为物质形态也通常是一定精神、思想、技艺、知识的反映和固化。物质文化遗产和非物质文化遗产相辅相成、缺一不可，共同构成了文化的整体形态①。文化遗产内容丰富，可分为农业、革命、音乐、服饰、体育、建筑等不同主题，各个民族也有着各具特色的文化遗产，如岭南醒狮文化遗产、西藏格萨尔文化遗产等。我国丰富多彩的文化遗产是中华民族历史的见证物、是历史长河中人类信息的载体，从不同领域和不同侧面反映出不同时期人们改造世界并改造自身的活动状况，体现了中华民族的物质文明和精神文明创造。

2.1.1.2 图书、档案、文物与文化遗产

清楚地认识事物的本质与属性，是科学地认识与分析事物的前提条件。从本质属性来看，图书、档案、文物与文化遗产之间有着内在的必然联系。

“文献”一词最早见于《论语》，早期的“文”指典籍，“献”同“贤”，因此文献指文字资料和贤能之人，随着历史演变与技术发展，文献外延逐步扩大，现在通常指用各种文字符号、图表、声音、影像等形式所表达信息的资料。所以，文献由内容、记录方式和载体三部分组成，其实质是符号化的知识信息，是人类思想和智慧的结晶②。记录方式和载体的不同决定了文献形式的多样性，以文字或其他信息符号记录于一定载体，借以传播知识的图书，也是文献的一种。另外，用于传播交流和舆论宣传的期刊、报纸、杂志，以及记录作者思维活动的日记、随笔其本质也都是文献。图书馆是我国重要的文化机构，其所收藏的图书、连续出版物、科技报告、会议资料、学

---

① 彭岚嘉．物质文化遗产与非物质文化遗产的关系［J］．西北师大学报（社会科学版），2006，43（6）：102－104.

② 吴江华．“文献遗产”与“档案文献遗产”概念辨析［J］．山西档案，2010（1）：26－28.

位论文、专利等都是文献资料，文献的收集、整理、典藏和服务构成了图书馆的主要工作内容。

档案指过去和现在的国家机构、社会组织，以及个人从事政治、军事、经济、科学、技术、文化、宗教等活动直接形成的对国家和社会有保存价值的各种文字、图表、声像等不同形式的历史记录①。可见，档案作为历史记录，具有历史凭证、参考作用及情报价值，其本质属于记录信息的载体。档案所记载的内容既有文献型信息也有非文献型信息，其所具有的原始记录性是档案区别于其他信息载体的一个重要特点。档案馆是我国主要的档案保存与服务机构，它与图书馆有着天然的联系，二者都是文献信息服务机构。

文物是指人类在社会历史发展进程中遗留下来的，由人类创造的或者与人类活动有关的一切有价值的物质遗存的总称。从我国颁布的《中华人民共和国文物保护法》可以看出，文物外延丰富，包括可移动文物和不可移动文物两大类，只要是具有历史、艺术和科学价值的遗址、建筑、石雕石刻、实物、艺术品、手稿、图书资料等都属于文物的范畴，它们从各个角度反映了人类社会各个历史时期的生产、生活面貌。当然历史遗留的遗物、遗迹无以计数，现今保存下来的只是其中的一部分精华。博物馆是我国主要的文物收藏和保护机构，也是保护人类文明、传播文化知识的重要机构。

文化遗产是人类文化的记忆存留之物，而文化作为一种精神产品，其记忆与保存需要依附于一定的物质上才能实现。纵观历史发展，文化记忆的外在存储形式主要有三种，即人脑记忆、文献记忆和器物记忆，文献记忆保存了社会发展的重大变革、重大发现和成果，其所记载的历史文化发展轨迹与社会知识积累形成了文献遗产，而器物记忆所反映的则是物化的人类概念、心理、体验、社会观念又形成

① 国家档案局．中华人民共和国档案法［EB/OL］.（1988－1－1）［2020－6－30］. http：//npc. gov. cn/wxzl/2000－12/06/content_4486. htm.

了文物①。可见，文献、档案、文物作为人类社会活动的衍生物，与文化之间都有着密切的联系，与社会文化发展形影相随，也是记录和积累文化的重要媒介，珍贵的文献、档案、文物构成了宝贵的文化遗产，是延续民族文化发展的重要载体。一般而言，事物的属性往往具有单一、排他性的特点。但也有些事物同时具备多个属性，文化遗产就属于此类。例如，《史记》手稿就兼具图书、档案、文物三重属性，而陈景润的“1+2”手稿则既是宝贵的科技档案，又是稀有的文物②。所以，图书馆之文献、档案馆之档案、博物馆之文物都是人类记忆的载体，均属于文化遗产范畴，且有着内在的必然联系。联合国教科文组织《关于保护可移动文化遗产的建议》已明确指出，记录和传递知识、思想以文献形态呈现的可移动物品也是文化遗产的一部分，如具有特殊意义的文件档案、照片、电影胶片、录音录像带、机读记录和手稿、古版图书、古籍抄本、现代图书等出版物。

2.1.1.3 文化遗产信息资源

信息资源是一个诞生于 20 世纪的新概念，它作为一个专业术语，70 年代流行于西方国家，80 年代中期以后开始流行于我国。国内外对信息资源概念的界定五花八门、各有千秋，总体而言，可以归纳为广义和狭义信息资源两类。广义信息资源指信息活动中所涉及的各种要素（如信息、人员、设备、技术、资金等）的总称；狭义的信息资源指以文献、数据等媒介形式形成的、经过有序组织加工的、有用信息的集合③。虽然信息资源类型和形式多种多样，但一般具有知识性和共享性的本质特性。

文献、档案、文物所记载的人类整体知识记忆，经过有序加工组织构成了文化遗产信息资源。文化遗产信息资源具有分散性、相对无

① 马学强．档案馆文化功能研究［D］．济南：山东大学，2006.
② 刘蔚．图书、档案、文物集中式管理研究［D］．济南：山东大学，2012.
③ 程焕文，潘燕桃．信息资源共享［M］．北京：高等教育出版社，2004：1－2.

序性、非对称性、稀缺性[①]特点。

①分散性。文化遗产形成时期有早有晚，其所反映的社会生活内容和科学技术发展程度也是千差万别的，因而造成了资源差异性大、信息离散度高的特点。图书馆、博物馆与档案馆所存储的只是一部分文化遗产信息资源，还有相当一部分文化遗产信息分散于其他机构，没有得到有序的整理与妥善的保护。

②非对称性。文化遗产信息资源呈现出地区非对称性，有的地区文化遗产信息资源丰富、数量集中，有些地区文化遗产信息资源相对较少。不同地区文化遗产信息资源的载体差异也较大，不同机构的技术条件差异，以及信息资源加工利用程度差异，造成了文化遗产信息资源保护和利用的非对称性。

③相对无序性。文化遗产信息种类繁多，地理位置的分散性和研究利用的分散性，决定了文化遗产信息资源的相对无序状态，在图书馆、博物馆、档案馆的某一单一机构，资源经过分类整理形成有序资源得以利用，但从全国整体来看，文化遗产信息资源还处于杂乱无序状态，缺乏统一的有序管理。

④稀缺性。文化遗产信息资源与文化发展密不可分，属于长期历史发展积淀而形成的文化资源，通常是独一无二的、特殊的和稀有的。载体的特点、历史跨度、内容记录都影响着文化遗产信息资源的稀缺性，越是历史久远、载体脆弱、研究价值大的文化遗产信息资源，对其保护和有效利用的迫切性越高。

本书重点研究的是图书馆、博物馆、档案馆以数字形态呈现的文化遗产信息资源，不局限于国家文化遗产名录和非物质文化遗产名录所列出的文化遗产，而是指三馆能够反映政治、经济、历史、文化发展，且具有重大经济价值和社会价值的文化信息资源，包括直接形式的文化遗产，如甲骨文片等，也包括根据文化遗产原型数字采集后形

① 彭远明．档案文献遗产保护与利用的方法论研究［D］．上海：复旦大学，2008.

成的各种载体信息资源，如拓片、图像、音频、视频、三维对象等。

2.1.2 数字化融合服务

2.1.2.1 数字化服务

芬兰著名服务营销学者克里斯廷·格罗鲁斯认为“服务是由一系列或多或少具有无形特征的活动所构成的一种过程，这种过程是在用户与服务提供者、有形资源的互动关系中进行的[①]”。也有学者认为，为满足他人的需求而提供的有偿或无偿的劳务即为服务，每一个行业或多或少都渗透着服务。简言之，服务是一种过程和体验，以服务提供者和被服务者之间基于各种服务资源的互动，完成服务产品的价值实现和被服务者愉悦的心理体验。

服务的内涵和外延具有时代性，进入信息时代后，信息服务的价值和地位被越来越清晰的识别。信息服务是指信息服务机构以用户的信息需求为中心，开展的信息搜集、生产、加工、传播等服务工作。网络技术和数字技术的发展，使得数字信息独占鳌头，人们的生活、工作、学习不仅依赖于数字信息与数字设备，而且也越来越习惯于接受数字形式的信息。信息环境的变化促进了信息服务方式的变革，数字化信息服务应运而生。

与传统信息服务相比，数字化服务的特点在于信息服务内容与信息服务手段有所不同。数字化服务就是以数字技术与软硬件设备为手段，向用户提供数字化的资源，以满足用户信息需求的服务方式，包括服务资源的数字化、服务手段的数字化、服务方式的数字化。数字化服务的开展离不开数字资源、数字技术、服务机构、用户，以及相

① Gronroos C. Relationship Marketing：value，exchange and dialogue process ［J］. International Trade Research，1998 （3）：33 – 35.

关的制度、标准、规范与服务理念，它们相互联系、相互影响，构成了数字化服务的要素①（见图2-1）。

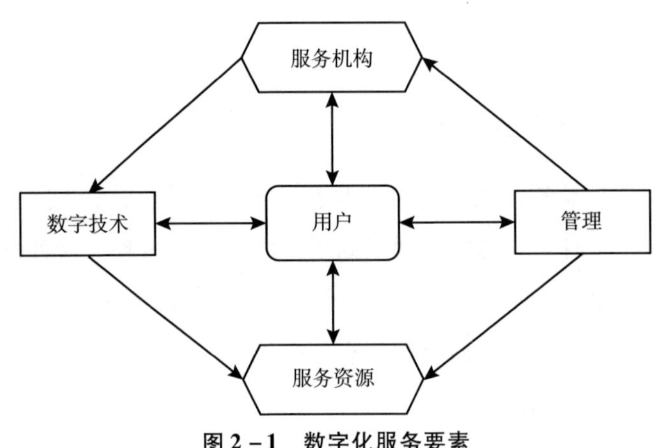

图2-1 数字化服务要素

资料来源：参考毛秀梅．高校图书馆数字化服务要素及优化策略［D］．长春：吉林大学，2006．绘制。

数字化服务的优势是快速、及时、精准。快速是指数字化服务打破时空限制，通过友好的服务界面能够快速满足用户信息需求；及时是指数字化后的服务资源更新周期快、服务资源存储和传递方便，能够提供及时的服务满足用户需求；精准是指数字化服务的服务对象可以精确到特定的用户，根据用户的信息需求对信息资源进行加工组织、为其量身定做准确的信息产品，提供个性化信息服务。

2.1.2.2 数字化融合服务

融合有“融为一体”之意，与集成、一体化、整合等词语意思相近。网络环境的开放性、动态性使信息资源数量激增，面对海量数据，用户希望能够方便、快捷、准确地获得信息，因而渴望信息服务机构能够提供信息融合服务。信息融合服务指将分散的多源多层次信

① 毛秀梅．高校图书馆数字化服务要素及优化策略［D］．长春：吉林大学，2006.

息进行取舍、加工和集合划分，减少信息冗余，使多源信息成为集成互补的有机整体，使信息的价值得到最大程度的发挥，以全面、快捷地满足用户的信息需求。

数字化融合服务是指以数字技术为手段，根据用户的需求，将若干分散却有着密切联系的异构分布式数字资源聚集在一起，建立共同的机制，使之相互渗透、融合，形成协调有序的有机统一体，为用户提供融合多源数据的一站式展示与信息获取服务。数字化融合服务表现出四个特点：以用户为中心，对资源进行动态聚合和优化重构；以规范的资源组织为基础；提供一体化的信息展示和智能获取途径；必须依托网络环境与数字技术实现①。

数字化融合服务作为一种现代化的服务模式，是基于系统论、知识组织基础之上的信息服务，不是信息内容和业务的简单拼凑，数字化、网络化、虚拟化的信息环境是开展数字化融合服务的最佳环境，用户需求、数字资源、数字技术是开展数字化融合服务的必备要素。如何面向用户需求，利用数字技术对数字资源进行科学有效的组织，并提供给用户高质量和高效益的服务产品，是数字化融合服务的核心。可见，用户需求是数字化融合服务的动力，数字化融合服务不仅要对已有的服务功能和服务能力的融合提供一站式的服务，而且要通过融合纳入更多的服务内容和服务方式，为用户提供整体化的数字资源服务保障，以获得更好的服务效果。

数字化融合服务有着不同的分类与层次，如按照集成的程度，可分为协作层次的融合服务、协调层次的融合服务、协同层次的融合服务、和谐层次的融合服务；根据服务的出发点和侧重点不同，数字化融合服务可以分为：面向资源的融合服务、面向技术的融合服务、面向机构合作的融合服务、面向用户的融合服务四类②。

---

① 胡昌平，等. 面向用户的信息资源整合与服务［M］. 武汉：武汉大学出版社，2007：95－96.

② 胡昌平. 信息服务与用户［M］. 武汉：武汉大学出版社，2008：357－361.

2.1.2.3 三馆数字化融合服务

网络环境下，分布于多地的图书馆、博物馆、档案馆共同面对跨越时空限制的多个用户。虚拟用户的激增促使这些机构的服务方式发生变化，将分散的信息资源以数字技术进行融合服务，已成为动态虚拟环境下满足用户信息需求的重要手段。图书馆、博物馆、档案馆的数字化融合服务是三馆基于用户的文化信息需求，形成相互渗透、互为补充、相互促进、扬长避短的虚拟服务联盟，利用数字技术对三馆数字资源进行统一序化组织，面向用户开展一体化数字服务的方式。此处，三馆的数字化融合服务包含两层含义：

第一，尊重各个机构原有的管理方法。图书馆、博物馆、档案馆虽然同宗同源，管理的资源本质上都是存储于不同载体的文化信息，但在长期历史发展中也形成了各自独具特色的管理方法和学科理论，并渗透到信息服务的方方面面。三类机构的数字化融合应当尊重其独立的学科属性特点，它们各自现有的科学管理原则和方法没有必要改变，对三个机构各自的行政管理不做干涉，即无须“创造”新的、共同的管理方法。

第二，主要对数字资源开展融合服务。数字资源具有不占用物理空间、加工存储转换方便、网络传输便捷、可共享的特点，以数字资源为主要服务内容开展三馆数字化融合服务，既不会影响三馆现有的文化资源及服务、管理方式，而且还能拓展三馆的信息服务空间。图书馆、博物馆、档案馆都是我国重要的文化信息服务机构，而且各有特色、缺一不可。在数字化融合服务中，三类机构应该是地位平等的合作伙伴关系，重点围绕数字化的文化遗产信息资源提供信息服务。

综上所述，图书馆、博物馆、档案馆的资源虽然在记录方式、内容、载体上各有差异，但都拥有珍贵的文化遗产信息资源，这些文化遗产信息资源互为补充，是了解我国历史文化发展的重要资源。分布于三馆的文化遗产信息主要是实体资源，对其进行一体化管理需要打破管理机构的体制界限，实践起来难度非常大、也不现实。但是在网络环境下，利用数字技术开展三馆文化遗产信息资源的融合服务，无论从用户需求、资源本身，还是技术上都具有必要性和可行性。所以本书所探讨的文化遗产信息资源数字化融合服务，主要是三个机构以数字化形态存储的馆藏文化遗产信息资源的融合服务，不强调地域上的集中性，而是借助网络技术和数字技术，将分散于三馆的文化遗产信息资源融合于一个服务平台提供信息服务。

2.2 理论基础

2.2.1 信息需求理论

在心理学中，需求是一种内心所产生的不满足感。马克思曾将人的需求划分为物质需求和精神需求，并强调精神需求将越来越重要；社会心理学家阿尔德曾提出生存需求、交往需求及成长需求是人的三种核心需求；美国心理学家马斯洛归纳出人类潜藏着由低到高的五种不同层次的需求；迈克尔·马科维茨提出人类需求可以分为生理需求和心理需求，前者具有经常性、重复性、习惯性和相对稳定性等特征，后者受到社会环境的影响，表现为对自身情感、精神、信仰的追求。

人类各个层次需求的满足离不开自然与社会实践，各种实践活动的开展都需要获取和传递信息，在此过程中产生了信息需求与信息用户。可见信息需求来自人类活动的总体需求，表现为对自然信息的需求和对社会信息的需求，包含社会生活知识、技能、行为方式、生活习惯，以及社会各种思想、观念等方面的共同内容，并随着社会变革、经济发展和科技进步不断变化。

2.2.1.1 信息需求状态与表达过程

科亨（Kochen）曾经将用户的信息需求状态划分为客观状态、认识状态、表达状态三个层次（见图2－2），客观状态的信息需求具有隐蔽性、客观性的特点，用户所处的社会背景与工作环境，以及所从事的职业性质都会对之产生影响。认识状态的信息需求是在工作与社会环境刺激下，由用户无意识的客观状态信息需求转化而来的，此时用户依靠自身的知识储备、信息素养、心理倾向能够感知到该层次需求。用户能够清晰表达的信息需求是其显性需求，用户的认知、表达、逻辑组织和信息交互能力在其中发挥了重要作用。

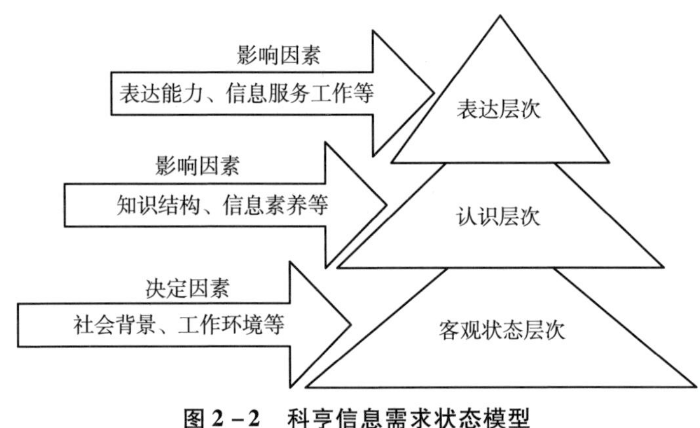

图2－2 科亨信息需求状态模型

资料来源：白光祖，吕俊生．基于信息需求层次理论的PIE可满足性分析［J］．情报杂志，2009，28（4）：45－51，111.

英国学者泰勒认为，用户对其信息需求的表达需要通过四个阶段实现（见图2－3）：第一阶段为内在无意识阶段，即信息需求实际存在而未被用户自身意识到或发觉到；第二阶段为意识阶段，即用户已经意识到信息需求，在大脑中开始尝试对需求进行描述；第三阶段为形式化表达阶段，即用户将意识到的信息需求以显示的方式加以形象化表达；第四阶段为折衷表达阶段，即用户向信息服务机构或人员提交已经形式化表达的信息需求①。这四个阶段中，前三个阶段的用户需求是隐性需求，第四阶段的需求则是显性需求。

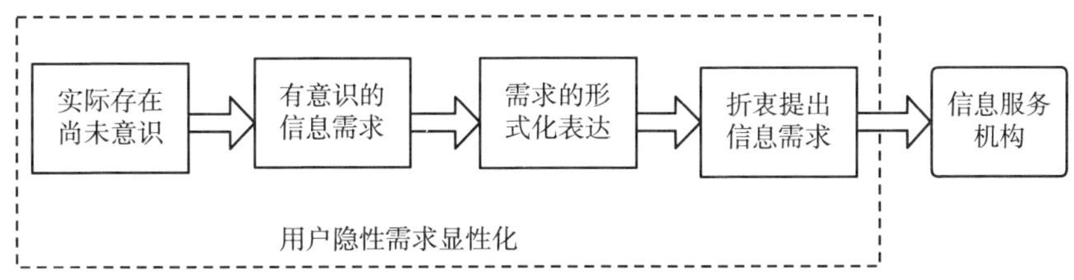

图 2-3 泰勒的信息需求表达过程模型

资料来源：白光祖，吕俊生．基于信息需求层次理论的 PIE 可满足性分析［J］．情报杂志，2009，28（4）：45-51，111.

2.2.1.2 信息需求结构、特点与影响因素

用户信息需求作为一种社会需求，其各种状态是一个有机结合的系统，并伴随个体的主观体验和社会时空变化处于一种“运动状态”。剖析不同时期不同类型的信息需求，可以发现用户信息需求结构的共性，即包含信息需求的认知结构、效用结构和内容结构三个维度②（见图 2-4）。

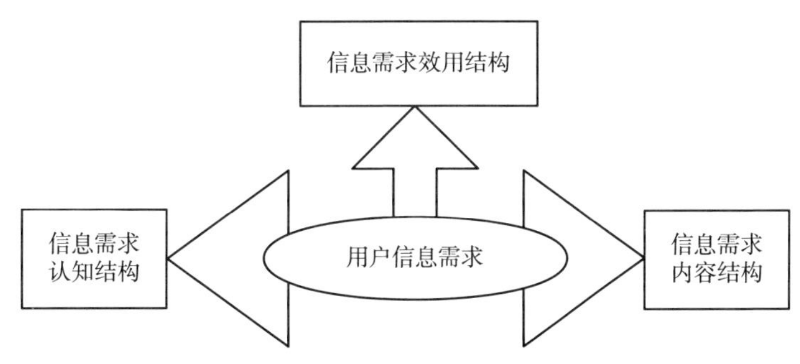

图 2-4 用户信息需求结构模型

资料来源：齐虹．用户信息需求立体结构模型探讨［J］．档案学通讯，2009（2）：32-35.

---

① 白光祖，吕俊生．基于信息需求层次理论的 PIE 可满足性分析［J］．情报杂志，2009，28（4）：48-51，111.

② 齐虹．用户信息需求立体结构模型探讨［J］．档案学通讯，2009（2）：32-35.

信息需求的认知结构是用户对信息需求的主观认识状态层次：即用户能够完全认识并表达的信息需求称之为显性需求，如处于表达层次的信息需求；用户无意识或部分意识到而又不能表达出来的需求就属于隐性需求，如处于客观状态和认识状态的信息需求。用户对信息的价值和效用进行的判断称之为用户信息需求效用结构，如马斯洛需求层次理论就是对信息效用结构的描述，而图书馆用户信息需求的效用结构就可以总结为与日常生活相关的普通信息需求、与娱乐消遣相关的信息需求、与教学认知相关的信息需求、与审美相关的信息需求、与知识创新相关的信息需求五个层次。从内容结构看，信息需求内容包括对信息自身的需求和对信息服务过程的需求两个方面，用户对信息类型、数量、载体的需求归属于对用户自身的需求，用户对服务环境、服务方式、服务设施、服务质量的需求属于后一类需求内容。

用户信息需求的特点：第一，信息需求具有明显的社会性，是社会发展的伴随物；第二，信息需求来源于用户的生产、生活实践，受到社会和自然因素的影响，具有动态发展性特点；第三，信息需求与用户的主观认识、思想行为存在内在的必然联系，具有多样的差异性；第四，具有有序的层次结构，同时兼具复杂性和随机性①。

由上述分析可见，用户个体特点、所处的外在自然和社会环境是影响用户需求的主要因素。个体因素如职业与工作任务、职责和作用、所受教育及知识水平、个人志趣与特点、个人信息素质、智力发展等，是影响用户信息需求的内因。政治制度和国家方针政策、国家法律和社会道德、社会人口、宗教信仰、教育、艺术、经济、军事、科学、生产技术、社会产业职业结构都是影响用户信息需求的社会因素；而自然资源状况、地理位置和地貌则是影响用户信息需求的自然因素，这两个因素是影响用户信息需求的外因。个体因素、社会因

① 胡昌平．信息资源管理原理［M］．武汉：武汉大学出版社，2006：107.

素、自然因素相互影响、不可分割①，共同在用户信息需求认识和表达中发挥作用。

2.2.2 信息服务理论

2.2.2.1 信息服务的特点及类型

信息服务指信息服务机构将信息资源进行搜集、选择、组织、加工生成信息产品，以合适的载体或方式提供给具有客观信息需求的社会组织或成员，以满足其信息需求的过程。可见，信息服务包含服务主体、服务对象、服务内容三个要素，其实质是解决信息供给与信息需求之间的矛盾。其中，信息需求是供求矛盾的主要方面，满足用户的信息需求是信息服务的最终目标。信息与用户的关系是开展信息服务的前提，信息服务正是从用户的信息需求出发，根据信息运动规律所开展的社会服务包括：信息资源开发服务、信息传递与交流服务、信息加工与发布服务、信息提供与利用服务、用户信息活动组织与信息保障服务等②。

信息服务的类型多种多样，有着不同的分类标准。根据信息所依附的载体，有实物型、文献型、数据型信息服务；从信息服务内容可区分为科技信息服务、经济信息服务、法律信息服务等；从服务方式看，有宣传报道、信息检索、信息咨询等信息服务；此外，信息服务还有主动式和被动式信息服务、无偿和有偿信息服务之分③。

2.2.2.2 信息服务与用户管理

信息服务的最终目标是利用各种服务方式满足用户的信息需求。

---

① 胡昌平．信息资源管理原理［M］．武汉：武汉大学出版社，2006：108－112.
② 胡昌平．信息服务与用户［M］．武汉：武汉大学出版社，2008：6.
③ 胡昌平．信息服务与用户［M］．武汉：武汉大学出版社，2008：232－235.

用户处于信息服务的中心位置，信息服务的内容和方式，以及工作机制与模式都要符合用户的需求与行为习惯。一般而言，用户对信息服务的需求受到两个因素的影响，一是决定用户自身信息需求的因素，二是信息服务的因素。然而，用户自身的个体差异及所受到的内外环境影响，使其并不能完全清晰地认识到自己的信息需求，并产生相应的服务需求。所以，信息服务工作的一个重点，就是研究用户的信息需求与行为，帮助用户将潜在需求转化为可以意识并表达的显性信息需求予以满足。

在信息服务中，心理学的内驱力理论、诱发力期望论在研究用户信息行为中起着重要的指导作用。内驱力指当有机体与外界环境不适应时，有机体自我调整以趋向适应环境的动力。美国心理学家赫尔是内驱力理论的主要代表，他认为有机体存在两种内驱力，即原始性内驱力和继发性内驱力，内驱力在习惯、诱因等作用下作为中间变量影响有机体的行为，即动机作用力 = 内驱力（D）× 习惯（H）× 诱因（I）。希尔加德在赫尔的研究基础上，提出用户信息行为的产生源于用户习惯、信息内驱力、外界信息刺激，以及信息素质等诱因的综合作用，即信息行为 = 习惯强度（H_R）× 内驱力（D）× 刺激（V）× 诱因（I），因此适当控制四个因子能够改变用户的信息需求心理与信息行为状态[①]。弗雷姆用诱发力和期望来描述人类动机作用模式，其诱发力期望论认为，外界诱因是促使人产生行为的动力，即行为 = 期望（E）× 诱因（I）。在外界诱因刺激下，用户对完成某一信息行为产生的成果期望值越高，越倾向于产生相应的信息行为。

综上所述，信息服务中既要关注用户的信息需求变化与信息行为状态，又要适时调整信息服务策略以达到最佳服务效果。此外，信息服务的针对性、易用性、费用、效率、灵活性，以及服务人员的素质与服务质量，都会影响用户对信息服务的感知，信息资源丰富、服务传

① 胡昌平，等. 信息服务管理［M］. 北京：科学出版社，2003：142－143.

递准确与及时、服务收费合理是用户对信息服务提出的最基本要求[①]。

2.2.3　生活形态理论

生活形态理论主要源自心理学与社会学，奥地利心理学家阿尔弗雷德首次提出生活形态的概念，认为生活形态是个体在所处特定的社会环境中表现的外在形态。美国心理学家乔治·凯利认为生活形态建立于个人认知建构之上，虽然个体根据自己的认知和对现象的观察构建的认知架构是有所不同的，据此产生的行为反应也是千差万别的，但其在生活形态上会表现出某些一致性[②]。威廉·莱泽在 1963 年将生活形态理论应用到营销学研究领域，借以描绘消费者内在的心理特性，弥补单纯的人口统计变量分析所具有的不足[③]，至此生活形态理论得到了广泛的关注。

虽然不同研究视角下，对生活形态的概念理解有所不同，但总体而言，生活形态的形成来源于外部环境条件和内部个人特质的综合作用，是学者们所形成的共识。生活形态与用户行为有着密切的关系，并在用户研究中得到了广泛的应用，主要有心理学、行为学、文化学、营销学、设计学等研究视角。生活形态研究可以分为两大类型：宏观角度着眼于个体生活全貌的一般化生活形态研究；微观角度侧重于个体对特定产品潜在需求的特殊化生活形态研究。生活形态研究从用户的角度出发，通过对特定族群日常生活模式的分析，挖掘用户的行为和需求特点，能够深度破译用户的需求密码。

生活形态主要包括世代、族群、生活观、价值观、传播观、消费观、审美观等，以及内在观念指导下显性表现的行为特点（见

① 胡昌平. 信息服务与用户［M］. 武汉：武汉大学出版社，2008：235 - 236.
② Kelly G A. The psychology of personal constructs (2 vols)［M］. New York：Norton，1955.
③ Lazer W. Life Style Concept and Marketing［J］. Toward Scientific Marketing，1963：143 - 151.

图 2-5）。其中，生活观和价值观处于核心地位，会对其他观念产生影响。生活观包括对工作、休闲、学习、家庭、权力、社交、爱情、健康、流行等多个方面的态度与观念，同一个体不同时期的生活观也会有差异；传播观指个体接受与传播文化的途径和能力，主要是信息媒体接触习惯、信息内容偏好等。

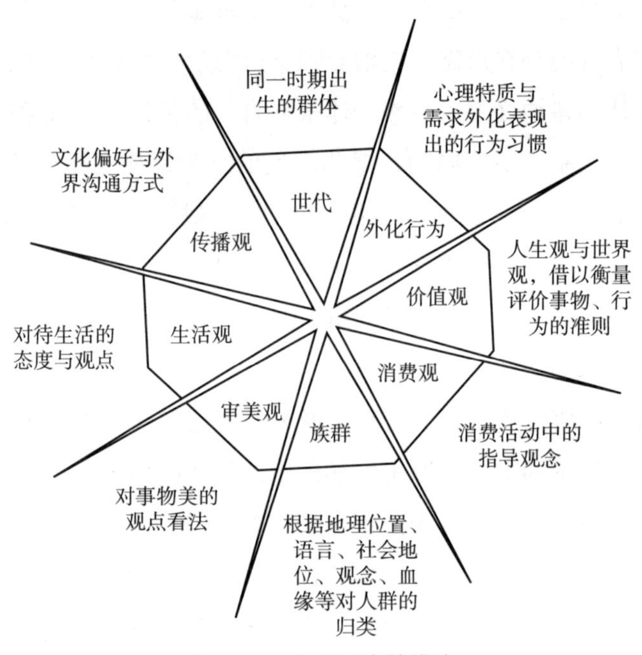

图 2-5　生活形态的维度

资料来源：笔者根据相关资料整理绘制。

国际上用于生活形态测量的方法主要有活动兴趣意见（AIO）量表、价值观与生活形态（values and lifestyles，VALS）量表、施瓦茨（Schwartz's）价值观模型。其中，使用较多的 AIO 量表以描述性语句直接询问研究对象的活动、兴趣、意见进行生活形态的测量，普卢默将 AIO 量表扩充为 4 个主要维度 36 个子维度①。国内生活形态研究

① Plummer，Joseph T. The concept and Application of Life Style segmentation [J]. Journal of Marketing，1974，1：33-37.

中影响较大的是我国台湾地区的东方广告公司提出的东方消费者行为资料库和我国学者吴垠提出的中国价值观（China – Vals）量表。

2.2.4　界面管理理论

界面管理（interface management）以界面为对象，研究界面和界面间的问题，并制定相应的管理措施。二战后，国际经济竞争的加剧使美国政府和企业开始重视科研成果转化能力，在相关研究中，学者们发现界面问题造成部门间的信息阻隔，并开始意识到界面作为研究对象的必要性。界面问题的研究发起于企业内部研发部门与营销部门的界面障碍，至今仍在科研开发、技术创新等领域占有一定地位。在国内，官建成、郭斌、赵玉林等都开展了一系列的界面管理研究，虽然界面交互的复杂性和界面管理应用情景的差异性，让学界很难对界面管理形成统一的定论，但随着对界面的深入认识，在界面障碍的成因、界面矛盾运动规律、界面管理的条件与原则，以及界面管理的内容方面已经形成了比较完善的研究成果。

界面一词既可指多个物体或独立实体之间的接口或接触面，也可指事物之间的相互作用关系，由于该概念能够体现事物多个组成要素之间的联结关系与状态，而管理系统中也存在要素之间的交互与连接，因而有学者将界面从自然科学和系统思想中抽脱出来，引入管理学各个研究领域中，并从各个视角拓展了其内涵和外延。管理学上的界面指为完成既定目的或解决特定问题，而涉及的组织之间、部门之间、人员之间，以及各种管理流程或管理结构之间的基于信息、物质、能量等要素的连接、交互状态。可见，管理学已将界面抽象到包括社会和物质双重属性的范畴，涵盖实体、虚体及实体与虚体之间的界面。

按照范围、性状、作用距离、交互方向、具体内容的差异，界面有不同的类型划分。如按照范围可分为微观界面、中观界面和宏观界面；按性状可分为实体间界面、虚体间界面和实体与虚体间界面；按距离可分为超距界面和非超距界面；按交互方向有垂直、水平、斜向界面之分；按具体内容有组织与环境间界面、部门间界面和部门内界面之分。

2.2.4.1 界面管理的条件

观念性的条件、技术性的条件和制度性的条件是实现界面管理的三个基本条件。

第一，观念认识是开展界面管理的前提条件。社会生产、生活中的分工协作是由客观发展环境造成的，分工协作使每个人或组织能够各司其职，促进了社会劳动生产率的提高，但是这种分工将事物之间千丝万缕的关系割裂于不同个体或组织内，人们或组织不得不通过交互合作或协作完成特定任务。无论是企业还是非营利组织，都必须树立界面管理的观念，认同跨界面合/协作的价值，理解和掌握实现跨界面合/协作的各种手段，营造开放的组织管理体系，促进高效的界面管理。

第二，技术应用是开展界面管理的必要条件。界面管理中，不同界面之间的沟通协调离不开信息的传递，信息是界面管理中必不可少的媒介手段。据研究结果显示，信息因素是造成很多界面问题的罪魁祸首，信息粘滞、信息延迟、信息失真与缺失都是造成界面矛盾的主要因素，尤其是信息粘滞对界面管理的阻碍最为突出①。信息时代，网络技术和数字技术的应用大大缩短了信息传递的时间，减少了界面双方的信息不对称，对有效地进行界面管理起到了促进作用。对于组织机构而言，利用信息技术手段，营造畅通无阻的信息沟通渠道，是开展界面管理必不可少的一环。

第三，制度建设是开展界面管理的保障条件。制度泛指规则或运

① 聂柯渐．界面管理理论研究［D］．福州：福州大学，2006.

作模式，是规范社会个体共同遵守的办事规程或行动准则。俗话说没有规矩，不成方圆。制度可谓是组织的灵魂，组织则是制度实施的载体①，制度建设是有效开展界面管理必不可少的因素之一。界面管理中的制度建设包括组织结构的设计和制度安排②。组织结构的设计适宜采用扁平结构或网状结构，以利于信息的快捷传递，避免因信息因素造成的界面障碍。制度安排中要考虑市场机制的作用，形成包括利益平衡、产权保护、绩效控制等在内的全面制度体系，营造有利于跨界面合作的完善制度环境。

2.2.4.2　界面管理的原则

第一，整体观念下的集成管理原则。界面管理的开展需要放在系统大环境中来考察，组织管理活动的开展往往涉及多个界面的竞争与合作，多种界面的交叉相互作用会形成网状模式。单一界面问题的解决有时非但不能有效消除当前界面冲突，还会为未来的界面冲突埋下隐患。界面管理中需要坚持整体观，深入剖析各个界面的结构、信息传递模式，以集成管理的思想全盘考虑界面障碍的解决，促成管理界面和信息界面的无缝沟通，形成多层次、多形式的立体式界面管理网络。

第二，共识性基础上的开放性、约束性、约定性原则。界面管理中的界面各方可能是来源于一个机构的不同部门，也可能是来自不同机构的不同部门，不同机构、部门对同一问题的理解会出现认知差异。参与界面管理的各方要客观看待认识偏差，对界面管理中的所要达成的目标形成统一的共识，建立有利于信息在各方间开放传递的信息沟通界面，形成规范的正式制度约束各方的权利义务，以非正式的制度约定规则自发调节各方的行为，建成责权利明确的跨界面利益共

① 袁庆明. 新制度经济学［M］. 北京：中国发展出版社，2005：239，331.
② 马娇. 科技中介服务体系界面管理研究［D］. 秦皇岛：燕山大学，2010.

同体。

第三，多种协调手段相结合的原则。界面的类型多种多样，界面冲突的解决也需要多种手段并用。例如，对于纵向的界面冲突，可以采用等级协调模式，或打破等级界限采用无等级协调模式；横向界面管理的准则是模糊处理，可以采用跨职能部门整合、跨文化沟通、自组织协调等方法①。当然，很多时候界面冲突的形成是由多种原因造成的，界面冲突的方向也可能是纵向、横向、斜向界面都存在的，需要细分各种界面的类型及界面双方的联系，运用多种方法整体性解决界面冲突。

2.2.4.3 界面管理的内容流程

界面管理主要是围绕组织既定的目标，发挥计划、组织、指挥、协调和控制五大管理职能，通过识别界面管理要素、构建界面管理模型、界面管理的实施与控制等步骤，实现组织的和谐界面交互。

（1）识别界面管理要素。

界面管理要素的识别需要立足于组织所处的具体环境，因而环境分析与预测是识别界面管理要素的第一步。组织所处的环境包括外部环境和内部环境，外部环境分析主要考察与利益相关者之间的界面交互；内部环境分析主要关注部门之间、业务流程之间的界面状态。对于交互状态较好的界面，需要维持并将之转化为战略优势；对于交互不利的界面关系，要寻根究源，找到症结所在，并尽可能改善界面运行方式。同时，还要以动态发展的眼光看待现有的界面发展运动趋势，预测未来可能发生的界面冲突及实施管理的难度。第二步是根据识别的界面要素，制定界面管理的目标。目标在实现的过程中，总会遇到一些来自外界客观环境或者人为因素的意外干扰。因此，界面管

① 赵玉林．高技术产业化的界面管理原理［J］．武汉理工大学学报，2004（3）：100－102.

理的目标不光要满足当前管理的需要，还要为预防突发界面冲突事件的发生留有余地。

（2）构建界面管理模型。

根据识别的界面管理要素和管理目标，进行界面设计，构建界面管理模型。界面设计主要是通过有效组合界面要素的连接方式、交互强度等，来实现既定的界面管理目标。界面设计的内容包括组织结构设计、制度设计、文化建设等。界面管理中，物流、资金流、信息流、价值流和工作流会在不同的界面之间流动，坚持集成、同步、共享的界面设计原则非常重要①。集成原则体现在界面设计中，要充分把握不同层面、不同维度界面之间的纵横交错的连接关系，以集成的思想全盘考虑界面的设计；信息因素是产生界面管理障碍的主要因素，同步原则即要缩短信息和各种管理要素的传递距离，实现信息界面和管理界面的同步处理和优化；信息充分共享的界面有利于界面管理目标的实现②，共享原则要求界面设计中要增加界面单元之间的接触面积，打破界面主体之间的信息不对称。

（3）界面管理的实施与控制。

界面设计后确定的界面要素交互关系，需要经过实施运作来检验其有效性。在界面管理的实施阶段指挥、协调和控制必不可少。指挥是管理者的日常工作，界面管理中的指挥对管理者的沟通能力和协调能力要求更高。具有强烈的沟通动机，能够灵活组合运用多种沟通方式，具有突出的协调能力，这些是界面管理者必须具备的基本素质。协调是解决界面矛盾冲突的重要手段，根据界面矛盾类型与所处环境，采用恰当的协调方式解决界面矛盾冲突，也是界面管理实施中的重要一环。控制能够起到检验和纠偏的作用，界面管理中的控制对象

---

① 谢朝武．顾客服务体系的界面管理：理论、机制与酒店业的实证研究［D］．厦门：华侨大学，2009．

② 尤建新，朱岩梅．设计—制造链的界面管理及效果评价［J］．上海管理科学，2007，29（1）：37－39．

是具有动态变化特点的界面矛盾，既要有必要的监控，又要强调控制的方法手段。界面控制中还包括对界面管理有效性的评价，界面实施效果与既定的界面管理目标，以及界面管理中各种要素投入的分析比较，有助于进一步优化完善界面管理体系、积累有益的界面管理经验。

2.2.5 系统论

系统在人类社会和自然界中无处不在，系统的存在决定了人类的系统意识，比如大禹治水、田忌赛马、都江堰和丁渭工程等都是系统意识指导下的成功实践活动。可以说系统思想源远流长，贯穿于从古至今的人类社会实践之中，经历了由经验上升为哲学、由思辨进展到定性论述的不断发展。1937 年，美籍奥地利理论生物学家冯·贝塔朗菲（L Von. Bertalanffy）首次提出一般系统论，并归纳总结了系统的四个原则，即整体性原则、动态结构原则、能动性原则和有序性原则。随后，贝塔朗菲所发表的《关于一般系统论》（1945）、《抗体系统论》（1952）、《一般系统理论基础：发展和应用》（1968）等著作，奠定了系统论的理论基础，系统论作为一门新的学科由此诞生。

2.2.5.1 系统概念

系统是由相互联系、相互作用的若干要素以一定结构形式连接而成的、具有特定功能的有机统一体①，其中，元素是系统的基本构成；结构是系统中元素的组织形式、相互关系，是发挥系统功能的重要保证，有机、有序、相对稳定是其主要属性；功能是系统在元素、结构、核心、环境等相互作用下表现出的性质、能力和功效。系统之间虽然千差万别，但都具有集合性、关联性、层次性、整体性、涌现性、目的性、动态平衡性等共同的属性。

---

① 孙东川，林永福．系统工程引论［M］．北京：清华大学出版社，2004：3－7.

系统论认为，在人类社会中系统是普遍存在的，任何事物都可视为多个要素组成的简单或复杂系统，这些要素相互联系而且发挥特定功能，因此系统整体功能的充分发挥依赖于系统内部各要素的有机组合。系统论就是利用各种数学方法揭示系统的共同特征，把握系统的运动规律，并建立具有通用性的系统原理与模型。系统论主张从整体分析系统的结构、功能、组成要素、环境之间的相互联系和变化规律，通过调整系统的结构和各要素关系实现系统优化。

2.2.5.2　系统的基本规律与原理

系统论概括了系统的五个基本规律[①]：①结构功能相关律，指结构和功能辩证统一于系统之中，二者相互联系、相互制约，相互区别、相互分离，相互作用、相互转化。②信息反馈律，指信息反馈是影响系统稳定性的因素，在正负信息反馈的作用下，系统实现了稳定性和发展性的统一，并推动系统持续演化。③竞争协同律，指系统整体统一性表现为协同，个体差异性表现为竞争，竞争和协同具有创造性与目的性，二者之间以非线性相互作用，推动系统的演化发展。④涨落有序律，指系统的发展演化是偶然性和必然性的有机统一，系统经历涨落变化、突变分叉，实现由无序到有序、由低级到高级的发展。⑤优化演化律认为，优化是系统组织、结构、功能的改进，演化标志事物和系统的运动变化，系统的整体优化能够促进系统向更高形态演化。

系统论的基本原理主要反映对系统、要素、结构、功能、环境、时间等之间关系的认识，是一般系统论的基本观点和原则，主要有：①整体性原理，指系统的要素关系影响系统的功能，要素组合的变化不会是系统功能的简单叠加，即整体大于部分之和。②层次性原理，指系统组成要素的差异使系统呈现出一定的等级次序，不同层次在系

① 魏宏森，曾国屏．系统论的基本规律［J］．自然辩证法研究，1995，11（4）：22－27.

统中有不同的功能。③开放性原理，指系统的演化与稳定必然存在于开放环境中，需要不断与外界环境进行物质、能量、信息的交换。④目的性原理，指系统的特定功能在开放环境中不会轻易变化，具有倾向预定状态的特性，目的性与开放性相联系，合目的的运动系统必定是一个开放系统。⑤突变性原理，指系统状态的变化源于系统失稳而引起的突变，突变的多样性带来了系统发展的丰富多彩。⑥稳定性原理，指系统在开放环境中具有自我调节和稳定的能力，系统的稳定首先，是一种开放中的稳定，其次，系统的稳定具有不完全性，即系统整体的稳定之中可能存在局部的不稳定性。⑦自组织，指开放系统受到内外因素复杂非线性相互作用影响，内部各个要素自发组织起来实现涨落有序的发展演化能力，称之为自组织。系统的自组织运动以系统的内部矛盾为依据，由系统自发进行，不受特定外来干预影响。

本书以系统论为指导，综合应用信息需求理论、信息服务理论、用户生活形态理论、界面管理理论开展图博档文化遗产信息资源数字化融合服务研究，五种理论之间的相互关系如图 2－6 所示。

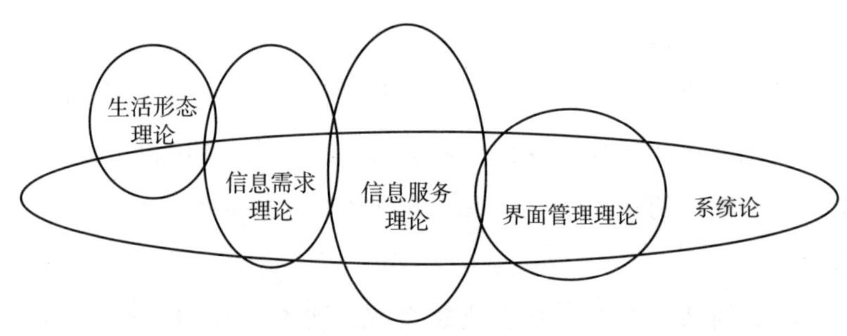

图 2－6　基础理论关系

资料来源：笔者根据相关资料整理绘制。

第3章 文化遗产信息资源数字化融合服务分析

推动图书馆、博物馆、档案馆之间的跨系统合作，实现文化遗产信息资源数字化融合服务，对进一步满足人民精神文化需求具有重要意义。本章主要介绍我国开展三馆数字化融合服务的有利因素，分别对比分析国外和国内的相关服务实践，对影响我国文化遗产信息资源数字化融合服务的因素进行分析，提出面向用户开展文化遗产信息资源数字化融合服务，并简要阐述动力机制、实施策略。

3.1 三馆数字化融合服务的必要性与可行性

3.1.1 必要性分析

3.1.1.1 公众日益增长的文化遗产信息需求的必然要求

近年来，我国公众更加关注个人全面发展，对文化信息资源的需求与消费快速增长，而且趋于个性化、多样化。文化遗产可谓是历史锤炼出的精品文化资源，作为历史与文化信息的重要载体，它们是人们精神生活必不可少的组成部分，越来越多的人渴望走近和了解这些珍贵的文化遗产。服务场馆空间有限、服务信息不对称带来了各个场馆用户的“冷”“热”不均，节假日高峰时间段的“井喷”让图书馆、博物馆颇感压力，也影响了用户的服务体验。数字技术和互联网的发展为图书馆、博物馆、档案馆的文化遗产信息服务带来了新的契机，面对公众高涨的文化遗产信息需求，它们纷纷利用现代信息技术开展服务创新，数字图书馆、数字博物馆、数字档案馆的推出，打破了公众在信息获取中受到的时空限制，适时地缓解了这些机构在文化遗产信息服务中所面对的服务压力。

然而，互联网络充斥的海量信息、分散而置的文化遗产信息资源客观上增加了公众的信息搜寻与获取成本，各个场馆参差不齐的文化遗产数字资源种类与数量也让公众很难全面、深入地挖掘文化遗产信息资源的精髓，公众渴望能够实现三馆之间文化遗产信息资源的存取网络化、信息使用共享化。国外已经有多个国家图书馆、博物馆、档案馆开展合作，利用数字技术实现了文化遗产信息资源的融合服务。我国图书馆、博物馆、档案馆界都已经认识到社会公众对文化遗产信息的需求变化，部分学者已经展开了对三馆合作提供文化信息服务的研究。三馆打破行政管理藩篱、携手合作，共同利用数字化手段丰富文化遗产信息资源供给正是社会的渴望。

3.1.1.2　最大程度地发挥文化遗产信息资源价值的需要

文化遗产在历史研究、文化审美、科研教育、情感交流等多方面所体现的存在价值意义重大，能够让子孙后代借以认知自我、认知中华民族，形成民族自豪感。文化遗产的价值以其所传达的信息体现出来，而信息必须依附于一定的物质载体而存在，故文献、文物、档案虽然在载体形式和内容上有所不同，但都是一种表现信息、传达信息的方式，其本质上都是记录历史文化发展的信息，成为重要的文化遗产信息记录载体。图书馆、博物馆、档案馆的设立，旨在以科学有效的方法保护文化遗产信息、传播中华文明。

文化遗产信息价值实现需要经历自在、自为、再生三个阶段。处于自在阶段的文化遗产信息价值既具有客观存在性，又具有一定程度的隐蔽性；处在自为阶段的文化遗产信息价值具有主观性，不同认识主体发挥主观能动性所认识到的价值是不相同的；再生阶段的文化遗产信息价值是认识主体对文化遗产信息价值的创造性发现①。图书馆、博物馆、档案馆发现馆藏文化遗产信息的隐蔽价值，对珍藏的各种文献、文物、档案进行加工、标引、组织等有序化整理，并形成各种类型的信息资源，即发挥主观能动性实现文化遗产信息从自在阶段向自为阶段的转换，挖掘隐性价值转化为显性价值的过程。图书馆、博物馆、档案馆向社会公众提供种类丰富的文化遗产信息资源，即完成文化遗产信息从自为阶段向再生阶段的转换，是促进文化遗产信息多种价值的实现。

可见，对于文化遗产信息而言，其价值的充分实现受到自在阶段的信息记录、自为阶段的信息加工和再生阶段的服务方式的影响。由于文献、档案、文物在记录文化遗产信息时各有侧重，例如档案是对历史的原始记录，强调原真性、不能事后编写，而文献是对信息的编辑整理，重视知识的系统性，不具有直接性和原始性②；文物看重的是历史价值和审美价值，既有实物形式、也有文献形式和档案形式。所以，在文化遗产信息资源价值实现的过程中，文献、档案、文物能够互为补充、相互印证，帮助人们全面了解和利用文化遗产信息资源。然而，现实中，经过加工整理的文化遗产信息资源被分散保管于图书馆、博物馆、档案馆，由三馆分别向公众提供文化遗产信息资源服务，这种时空分割在客观上为人们系统利用文化遗产信息资源造成了障碍，阻碍了文化遗产信息资源价值的充分实现。

数字技术和网络技术的最大特点就是能够打破时空阻隔，图书馆、博物馆、档案馆将馆藏文化遗产信息资源加工成数字资源，提供网络化服务，拓展了文化遗产信息资源的价值实现空间，同时也为文

① 谭晶．档案信息资源的开发与社会价值的实现［J］．兰台世界，2006（5）：8 – 9.
② 索聪．浅析档案与图书之异同［J］．黑龙江科技信息，2010（2）：211，88.

化遗产信息资源的再生和共享提供了便利的条件。三馆利用数字技术联合实现文化遗产信息资源的融合服务，能够将文献、文物、档案连接为“一体”，有助于共同挖掘三馆文化遗产信息资源的隐藏价值、合作实现其显性价值，并面向更多的用户群体最大限度地实现文化遗产信息资源的再生性价值。

3.1.1.3 推动图书馆、博物馆、档案馆事业向前发展的需要

图书馆具有搜集、整理、保管和利用文献资料的社会功能，博物馆的社会职能是收藏、保护、研究、传播并展出人类及人类环境的文化遗产，档案馆的社会职能是积累和管理档案、提供原始凭证维护历史真实面貌、传播档案信息和开展宣传教育。可见，图书馆、博物馆、档案馆的文化存贮、社会教育、情报服务职能有很大的相似性，为了保存和传播我国五千年文明发展所积累的宝贵精神财富，图书馆、博物馆、档案馆都在不遗余力地利用数字技术开展文化遗产信息资源建设和服务。

图书馆在长期的文献信息资源保存与管理中积累了丰富的经验，尤其擅长数字资源的建设与服务。全国各级各类图书馆建设了种类丰富的文化遗产信息数据库，如上海图书馆的“上海年华数据库”；南京图书馆的“老商标老广告数据库”“中国近代文献图像数据库”；江西省图书馆的“非物质文化遗产资源库”；兰州大学的“敦煌石窟艺术库”；海南大学图书馆的“张云逸专题库”等。丰富的资源、多样化的数字服务，让公众更多的走向图书馆获取各种文化信息资源。但是，图书馆在文化遗产资源的保护方面力量有限，一些图书馆简陋的设施让部分文化遗产信息资源遭遇了二次损毁。

档案馆长期被认为是“为政府机关服务的机要部门”，在新的信息环境下，档案馆确立了档案安全保管基地、爱国主义教育基地、档案利用服务中心、政府信息查阅中心、电子文件中心“五位一体”

的功能定位[①]，并积极地接收文化遗产档案和利用数字技术开展文化遗产信息资源服务，但是“以藏为主、秘而不宣”的传统工作模式使公众产生了思维定式，加之档案馆信息传播渠道的有限、缺乏与公众的互动、馆藏档案加工简单、创新性的文化挖掘匮乏，都让公众对档案馆的信息资源服务不太满意。调查显示，只有 27.8% 的公众认为档案馆是公共文化服务部门，观看过档案展览和浏览过档案网站的调查对象分别只有 26.6% 和 30%，而仅有 7.8% 和 8.9% 的调查对象感觉档案展览和网络服务还不错[②]。档案馆在自身形象的塑造方面，以及面向公众的数字文化遗产信息资源建设和服务都有待进一步提高。

博物馆长期以来是公众获取文化遗产信息资源的首选场所，一直在文化遗产信息资源的展示服务上独树一帜。在数字信息技术环境下，博物馆以立足公众需求、增强服务体验为目的，将语音导览、多媒体视频、虚拟现实、增强现实、全景漫游、FLASH 动画等多种技术手段应用于馆藏文化遗产信息资源的展示，动态、交互的展览形式深受公众欢迎。然而，博物馆系统琳琅满目的文化遗产至今还没有统一的分类标准，在数字资源的描述方面也缺乏统一的元数据规范，各馆自成体系的资源分类标准和难以统一的数字资源描述规范在客观上影响了各个博物馆之间的信息资源建设与共享。

由此可见，迅猛发展的网络环境下，馆藏文化遗产信息资源的数字化建设与服务成为图书馆、博物馆、档案馆需要面对的共同课题。三馆在文化遗产信息资源的数字化服务中各有优势、又互存“短板”。三个文化机构联合开展数字化融合服务，既能在资源上形成互补，满足公众的文化信息需求，同时又能进一步推动三馆事业向前发展，即图书馆能够借鉴博物馆和档案馆的文化遗产保护技术和经验，

---

① 程结晶，朱松涛，彭小芹．档案馆形象塑造现状的调查分析［J］．档案学研究，2012（6）：27－32.

② 彭小芹．公共档案馆形象塑造研究［D］．南昌：南昌大学，2012.

提高馆藏资源的保护水平；档案馆能够分别从图书馆和博物馆吸收数字资源的建设与服务经验，增加“人气”、提升服务水平；博物馆能够从图书馆借鉴数字资源的分类组织经验，从档案馆获取佐证材料，以丰富馆藏文物的信息描述。

3.1.2 可行性分析

构建图书馆、博物馆、档案馆文化遗产信息资源数字化融合服务体系的本质是为了利用数字化技术最大限度地满足用户的文化遗产信息需求。从图书馆、博物馆、档案馆的馆藏信息特征、三馆的历史渊源，以及数字化技术发展和应用来看，三馆的数字化融合服务具有理论上和现实上的可行性。

3.1.2.1 三种资源相似又互补，可以共同进行数字化管理

承载文化遗产信息的文献/图书、档案、文物虽然被保存在不同的文化机构，但它们都是人类文化历史发展的产物，从不同角度反映了文化发展。

文献/图书、档案的产生是以文字的形成和发展为前提的，如殷墟出土的甲骨文就是记录祭祀、卜筮等方面的档案，《尚书》是用殷周两代的档案材料编纂的图书[①]。文物的前身是器物，经过一定历史时期自然转化形成，如原始社会的石器、商周时期的青铜器、记录文字的甲骨都是文物。三者之间的关系可以用“大同小异”来概括[②]：

首先，本质相同，都是反映社会历史文化发展的信息载体。档案和文献/图书属于记录性信息载体，文物则是兼有记录和实体信息或者只含实体信息。

---

① 吴祥瑞．我国档案、图书史简述［J］．江西社会科学，1982（3）：99－101.

② 陈贤华．试论档案与文物、图书的异同［J］．四川档案，1984（2）：21－22，24.

其次，来源相似，都是源自人类的社会实践活动。档案产生于机关、组织、个人的实践活动，文物源于人类的社会生活实践遗留，文献/图书是对社会实践活动的思考与总结。

再次，功能相同，都能证明历史，发挥科学研究价值和艺术价值。文物和档案是客观反映历史发展的原始性资料，属于一手资料。文献/图书是经过一定加工整理形成的二手资料，受到主观性因素的影响。

最后，在一定条件下可以相互转化。档案可以经过编辑、整理、出版、转化为图书，图书经过历史积淀可以转化为档案、文物，如宋代、元代的旧刻本书，档案和文物也可合二为一，如甲骨文。

文献/图书、文物、档案之间的天然联系为三者的集中管理提供了可能，事实上，早在奴隶社会，文献/图书、档案、文物就被共存于象征神权社会宗法制度的宗庙里。《周礼》记载，周代的宗庙谓之“天府”，收藏了具有档案性质的法典、谱牒、盟约、文书等，具有文物性质的镇国宝器——青铜器、玉器等，以及具有图书性质的“贤能文书”[①]。从历史发展来看，从先秦到唐朝，档案和文献/图书一直被封建统治阶级特设场馆集中管理，而历朝对文物的收藏也从未停止，如隋炀帝将魏以来的古籍字画分别存放于妙楷台和宝迹台[②]。直到宋代，文献/图书、档案、文物逐渐分开存放，档案仍由官府管理，图书放开后私人著作增多、民间藏书风行[③]，同时，统治者将皇家图籍档案与中央政府图籍档案分开保管，皇家档案库仍然集中管理皇室的档案、图籍、宝物，如龙图阁、天章阁等，这种做法也沿用到了其后的明清两代[④]。

当然，现今的图书馆、博物馆、档案馆都保管了大量的文献/图书、文物、档案，并形成了各自完善的管理体系，重新将三者从物理

① 韩文靓．图博档数字化服务发展趋势研究［D］．南京：南京大学，2013.
② 苏东海．博物馆演变史纲［J］．中国博物馆，1988（1）：10－23.
③ 吴祥瑞．我国档案、图书史简述［J］．江西社会科学，1982（3）：99－101.
④ 刘蔚．图书、档案、文物集中式管理研究［D］．济南：山东大学，2012.

上合并，耗费巨大，但是利用数字化手段将三馆资源集中在一个数据库系统中共享和共用，则具有现实的可能性，既有利于宏观管理全国的文化遗产信息资源，又有利于社会公众对文化遗产信息的获取。

3.1.2.2 三类机构工作职能相似，可以联合开展数字化服务

图书馆、博物馆、档案馆都是古老而长青的机构，它们都是一定时代的经济、政治、文化、科学的产物，是在历史发展的长河中不断演变而形成的。

虽然图书馆、博物馆、档案馆三个名词是在近代以后才进入人们的视野，但类似的机构在我国古代已经存在。正如前文所述，周代的“天府”就同时具有图书馆、博物馆、档案馆的性质，而清朝的国史院、起居院、会要所等皆属于档案馆性质；唐朝的弘文馆、宋朝的崇文院、元朝的宏文院、明朝的文渊阁、清朝的四库七阁等皆属于图书馆性质；汉代的兰台、隋朝的宝迹台、宋朝的博古阁，元朝的奎章阁等都具有博物馆的性质。1840 年以后，我国开始正式出现图书馆、博物馆、档案馆，如今，它们已经形成三个独立的机构并且有着各成体系的管理方法。

共同的历史渊源决定了图书馆、博物馆、档案馆之间存在许多共同之处：

首先，性质相同、职能相似。图书馆、博物馆、档案馆都是国家支持的非营利性文化信息服务机构，它们最初的职能都是收藏，随着历史发展，逐渐增加了科学研究、社会教育功能，而今发展成为保存人类文化遗产、传递知识信息、辅助科学研究、开展社会教育、提供休闲娱乐的多功能复合形态。三个机构所具有的专业性保管职能和面向社会的服务性职能决定了它们具有相同的服务对象和服务目的①，尤其是面对网络环境下公众信息需求的变化，三馆完全可以合

① 季晓林．图书、情报、档案一体化管理的探索和思考［J］．情报资料工作，2005（5）：91－93.

作开展数字化服务，提供更为丰富的文化信息产品，以满足更多公众的信息需求。

其次，管理对象本质上相同、工作内容相通。虽然图书馆、档案馆和博物馆分别管理的是文献、档案和文物，但是三者同为记录文化信息的载体，本质上是相同的。图书馆、博物馆、档案馆的工作重点是文化信息资源管理与服务，图书馆的工作内容是文献采访、分类、编目、典藏、流通推广、情报服务；博物馆的工作内容是藏品收集、鉴定、登账、分类、编目、保护、陈列、社会教育①；档案馆的工作内容是收集、整理、鉴定、保管、检索、编研、利用。由此可见，三馆的工作内容可以概括为收集、整理、收藏、服务四类，它们在信息组织、管理与保护、信息技术利用等方面具有相通之处②，有条件联合开展文化遗产信息数字化服务。

3.1.2.3　三馆已有的数字化建设实践，提供了坚实的合作基础

20 世纪 90 年代，数字技术在信息传播及利用方面的独特优势开始引起社会各界的广泛关注，我国图书馆界、博物馆界、档案馆界也敏锐地抓住数字信息技术发展带来的机遇，开展了一系列研究与实践。

从 1997 年“中国试验性数字图书馆”立项起，图书馆学界可谓是一直活跃在数字图书馆研究领域的中坚力量，它们在数字资源建设与评价、信息组织技术标准规范、信息检索与服务、知识产权保护、移动图书馆等方面的理论研究与实践应用中都取得了显著的成果。中国国家数字图书馆、全国文化信息资源共享工程、大学数字图书馆国际合作计划、中国高等教育文献保障系统等的实施扩展了文化信息传播的渠道，许多公共图书馆和高校图书馆也都纷纷对馆藏资源进行数字化建设，并建立了数字图书馆，如上海图书馆的古籍、家谱、拓片

① 马继贤．博物馆学通论［M］．成都：四川大学出版社，1994：96－105.
② 魏丽．网络环境下图书馆、档案馆、博物馆信息资源开发的一体化优势［J］．档案天地，2011（12）：50－51.

及音视频资料数字图书馆，北京大学古籍拓片数字图书馆、清华大学的建筑数字图书馆等①。

博物馆界对数字博物馆的研究稍晚于图书馆界，但是在数字化应用方面是与发达国家同步的。数字故宫项目、国际敦煌项目、大学数字博物馆项目、中国数字博物馆工程等的实施将大量珍藏的文化遗产资源数字化并搬到了网络上②，以多种形式生动地展现了文化遗产的魅力，也推动了国内数字博物馆的建设与发展。目前，许多博物馆都建立了数字博物馆，如国家博物馆、故宫博物院、北京空竹数字博物馆、中国台湾史前文化博物馆、中国澳门艺术博物馆、北京中医药大学中医药数字博物馆、山东大学考古数字博物馆等。

在数字图书馆建设的启发下，档案馆界在20世纪90年代末也提出了建设数字档案馆的设想，将馆藏档案数字化，以提供网络检索和共享。2000年起，国家档案局开始在全国试点建设数字档案馆，深圳市档案馆、青岛市档案馆、中国第一历史档案馆都是率先开始尝试数字档案馆建设的机构。高校系统内，南京大学档案馆较早地搭建了数字档案馆信息管理平台，上海交通大学档案馆、浙江大学档案馆、复旦大学档案馆在档案资源的数字化建设和网络服务中也都比较有代表性③。目前，国内档案馆也基本上都进行了馆藏数字化，搭建网站开展了数字化服务。

综上所述，经过十多年的数字化建设实践，图书馆界、博物馆界、档案馆界在数字化建设实践中已经取得了丰硕的成果，并积累了丰富的经验，三个行业都有应用成熟的元数据标准，如DC、MARC、FRBR、EAD、CEDARS、VGA Core、CIDOC CRM、MPEG－7、CDWA

---

① 凌霄娥，周兵．近年来我国数字图书馆建设状况综述［J］．科技情报开发与经济，2010（12）：129－131.

② 李华．面向知识服务的传统农具数字博物馆设计与构建［D］．南京：南京农业大学，2008：18－20.

③ 李翠萍．高校数字档案馆建设的现状、问题与发展［J］．文教资料，2011（7）：182－183.

等，也都建立了部分数字化建设标准规范，如中文文献著录规则、数字图书馆服务政策指南、数字图书馆资源建设指南、数字图书馆安全管理指南、数字图书馆资源建设和服务中的知识产权保护政策指南、档案著录规则、数字档案馆建设指南、博物馆藏品信息指标著录规范、博物馆藏品二维影像技术规范等。这些实践也为三馆开展数字化融合服务提供了坚实的合作基础。

3.1.2.4 科技发展为三馆的数字化融合服务提供了技术支撑

万维网的蓬勃发展为三馆数字化融合服务提供了应用大环境。语义网将Web技术与人工智能结合，基于可扩展标识语言（XML）和资源描述框架（RDF）实现网络信息资源的描述和组织，使互联网增加了“思考”和“推理”功能，不仅可以更为快速、准确地查找信息，而且还可以自动实现机器之间的交互沟通，提供跨越异构应用系统的信息集成服务[①]。移动互联网的发展进一步扩大了互联网的信息传播媒介，移动终端、移动网络的接入，实现了信息与用户之间的快速信息传递和精准信息推送，人们再也不用“困守”在电脑前，而是可以随时、随地遨游信息空间，享受信息服务。借助语义网和移动互联网技术，图书馆、博物馆、档案馆可以基于异构系统建立文化遗产信息资源的数字化融合服务，利用移动互联网将文化遗产信息传递给更多的人群。

目前，图书馆、博物馆、档案馆都以元数据作为数字资源描述语言，建立了丰富的馆藏文化遗产信息资源数据库，然而三馆资源存在差异，元数据描述字段并不统一，元数据互操作的研究与应用为三馆开展网络环境下的文化遗产信息资源融合服务提供了可能。元数据在语义、语法、结构层面都可以实现互操作，语义层元数据互操作以建立元数据之间的转换对照表实现不同元数据之间的转换或映射，如

① 崔亚辉. 语义网的起源与发展［J］. 机械管理开发，2009（5）：186－187.

MARC 到 DC、DC 到 EAD、CDWA 到 DC 等，RDF/XML 组合实现了结构层和语法层的元数据互操作，METS、Z39.50 协议、OAI－PMH 协议、Z39.88 协议等从综合管理的角度解决了元数据之间的互操作问题。国外不少图书馆、博物馆、档案馆已经借助元数据互操作实现了馆藏文化遗产信息资源的融合服务，同样，元数据互操作也能应用于我国图书馆、博物馆、档案馆之间的数字化融合服务实践。

集成融汇（Mashup）技术立足于满足用户多元化的信息服务需求，可以在网络环境下实现信息资源的跨界调用，如数据层面的简单混合、分析汇聚；功能层面的基于时间、多维空间、展览馆、分类图表、主题空间的可视化融汇；表示对象层的数据型组件嵌入，都是常用的数据融汇方法①。集成融汇可以在不改变物理存储的前提下，通过开放接口调用不同图书馆、博物馆、档案馆的资源，以个性化的方式向用户提供丰富的文化遗产信息资源。

多媒体技术的发展为文化遗产信息资源提供了更为立体生动的展示途径。多媒体技术将音像技术、计算机技术和通信技术紧密结合，是以数字形式对文本、图形、图像、声音、动画、视频等进行综合处理，集成呈现于用户的交互性系统技术，目前在各个领域得到普遍应用。虚拟现实和增强现实都是多媒体技术领域的研究热点，也是在文化遗产信息展示中应用较多的技术手段。虚拟现实技术利用计算机模拟产生三维空间，能够提供视觉、听觉和触觉等多种实时感知交互手段，为用户营造身临其境的交互感。增强现实技术对真实世界在一定时空内难以体验的实体信息进行科学仿真，从而生成虚拟信息，通过真实世界信息和虚拟世界信息“无缝”对接，集成用户对物体的丰富感知。这些技术在图书馆、博物馆、档案馆信息展示中的应用，能够扩大人类的信息感知和认识能力，将文化遗产信息资源保护与展示推向一个新的高度。

---

① 李春旺．图书馆集成融汇服务研究［J］．现代图书情报技术，2009（12）：1－6.

综上所述，信息服务的开展离不开信息技术的发展，语义网、移动互联网、元数据互操作、集成融汇、多媒体技术的蓬勃发展与应用，能够为图书馆、博物馆、档案馆的文化遗产信息资源数字化融合服务提供技术支撑。

3.2　国外三馆数字化融合服务实践

3.2.1　世界数字图书馆

2005 年 6 月美国国会图书馆馆员詹姆斯在联合国教科文组织会议上首次提出建立世界数字图书馆（world digital library，WDL）的设想，希望依托互联网络搭建一个便于访问的文化交流平台，展现世界各国多样性的文化遗产资源，促进各国历史文化的相互认识和理解。该设想得到了联合国教科文组织和多个国家的支持，2007 年 10 月 WDL 原型推出。随后许多国家的文化机构积极参与，2009 年 4 月，WDL 正式服务于各国公众。世界数字图书馆项目受到全球的欢迎和支持，来自世界各地 170 个机构组成了 WDL 的合作伙伴团队，包括中国国家图书馆在内的许多国家图书馆都参与其中，还有众多的公共图书馆、高校图书馆，以及博物馆、档案馆、艺术馆，体现了全球图博档机构文化遗产信息资源共建共享的时代发展趋势。

3.2.1.1　组织管理模式

美国国会图书馆与联合国教科文组织是世界数字图书馆的发起者，二者于 2007 年缔结的关于世界数字图书馆发展的谅解备忘录，标志着合作的开始。世界数字图书馆项目的管理由执行委员会和项目主管单位负责。执行委员会有 7 名人员组成，5 人从项目参与单位中选举产生，另两人分别来自联合国教科文组织和项目主管单位。执行委员会主席从7名成员中选举产生，所有人员的任期为5年（可以连任），每年至少举行一次会议。项目主管单位任期5年（可以连任），由参与单位选举产生，负责世界数字图书馆项目工作人员的管理及维护项目的可持续发展、审核其他机构的项目参与申请，美国国会图书馆为第一任项目主管单位，WDL网络平台的日常管理维护由其负责。

执行委员会和项目主管单位在协商的基础上从项目参与单位中指定常设委员会，成员主要由参与单位的代表构成。WDL有3个常设委员会：内容选择委员会负责根据WDL确立内容选择标准，审核参与单位提交的各种类型数字化资源，以确保网站服务内容的质量；技术架构委员会承担世界数字图书馆网站整体的设计、更新、维护①；翻译和语言委员会负责所有数字资源和描述元数据的内容翻译。

任何国家的图书馆、档案馆、博物馆、音像馆、教育机构及其他收藏保存文史资源的机构都可以自愿参加世界数字图书馆项目，但必须向项目主管单位提交参与申请供其审核，审核结果通过经执行委员会批准，同意并签署世界数字图书馆章程后才能正式成为项目参与单位。参与单位自筹参与经费，所有参与单位至少每年举行一次年会。为了确保参与单位能够向世界数字图书馆提供高质量的数字化文化遗产资源，WDL与多个国家的合作伙伴协商在当地建立了数字转换中心，负责资源的数字化处理。

3.2.1.2　服务内容与形式

世界数字图书馆定位于为全球对文化遗产信息资源感兴趣的公众服务，学校师生、研究人员和普通公众可以用不同方式访问网站资

① 秦雪平．图书馆、档案馆与博物馆数字资源整合研究——以世界数字图书馆为例[J]．情报探索，2013（1）：69－72.

源。所有在线数字资源使用杜威十进制分类法进行主题分类，提供 7 种语言的用户服务界面，满足世界各地访问者的文化信息需求。网站的服务内容由 WDL 内容选择工作组确定，这些内容源自不同地区和时代，具有不同形式和语言。为了突出各国文化遗产特色和重大意义，WDL 与联合国教科文组织的世界记忆名录紧密协作，确定数字化内容的选择，以凸显网站服务内容的文化价值。

世界数字图书馆网站的资源类型有图书、期刊、手稿、地图、影片、报纸、图像、摄影作品、录音制品，主要提供的信息服务形式是信息检索和主题浏览，当然世界数字图书馆的特色是把这两种形式巧妙地融合在一起，用户可通过地点、时间、专题、条目类型、机构五种形式检索或浏览服务内容。主题浏览界面采用了可视化技术，直接可以看到每个资源的缩略图，在世界地图上点击浏览特定地区资源或拖动时间轴选择某一时间段的资源。检索结果包括缩略图和该资源的详细描述元数据信息，以杜威十进制进行的专题分类是世界数字图书馆的一大特色，确保了来自各个机构的资源能够纳入统一的信息组织体系，为用户提供多途径的信息获取途径；每个页面都有收听此页按钮，点击可以收听关于数字资源的语音介绍；缩略图下方有相似资源自动推荐，点击缩略图可以浏览放大、拖拽浏览被检索资源的细节，书籍可以直接在线阅读，支持语音和视频在线播放，所有的资源都支持高分辨率下载，利用社会化媒体或电子邮件发送给其他人。

世界数字图书馆采用集中式信息服务模式，项目参与单位需要向内容选择委员会提交 WDL 内容申请表，表中包含所提交资源的详细说明、数量、类型、提交方式、预计提交时间、相关负责人联系方式，以及不大于 2M 的附带说明内容。内容选择委员会 37 名成员根据《世界数字图书馆内容选择指南》确定内容是否符合要求。项目参与单位提交申请后，需要遵循《WDL 数字图像标准》《文件命名指南》《WDL 描述元数据元素集》《WDL 元素映射标准和详细说明》等对原始资源进行数字化处理，生成符合 WDL 要求的数字资源内容和格式，在拟定的时间内传递给内容选择委员会和相关专业委员会审核，审核结果一般两周内反馈给项目参与单位，根据反馈结果进行修改后重新提交内容选择委员会，最终审核通过的数字资源交给翻译和语言委员会转换成其他 6 种语言版本，所有资源导入数据库并最终在网站发布。

3.2.1.3 其他服务保障措施

（1）资金保障。

世界数字图书馆的持续性发展离不开稳定的资金支持。根据世界数字图书馆章程，所有的项目参与单位自愿参加，并自筹参与经费。世界数字图书馆网站的管理维护由项目主管单位负责，相关费用也由项目主管单位承担。WDL 网站的资金主要来源于各种基金会、私营企业、个人捐赠，例如，美国国会图书馆的第三世纪基金会、杰斐逊基金会、谷歌、微软、苹果公司、沙特阿拉伯的阿卜杜拉国王科技大学，还有相当一部分个人都曾赞助该项目的运作。联合国教科文组织、国际图书馆协会和机构联合会（IFLA）、联机计算机图书馆中心（OCLC）等国际组织的支持也促进了世界数字图书馆的发展。正是这些来源于多机构的资金援助保障了 WDL 项目的持续运行。

（2）知识产权保护。

世界数字图书馆接收来自所有参与单位的数字文献资源和相关描述元数据，文化遗产资源的数字复制与全球传播必然要面对知识产权保护问题。为此，世界数字图书馆章程中对各个项目参与单位的权利义务进行了详细说明，亦包括知识产权保护内容在内。

首先，WDL 的参与单位授权世界数字图书馆在世界范围内、免除版税、以非独享的方式存储及显示其所提交的文化遗产数字文献资源及相关元数据。即世界数字图书馆可根据章程，获得参与单位的特许全权，使用其所提交的资源和相关元数据，但不得用于商业开发利用，或侵犯任何第三方的版权、公开权、隐私权或其他相关权利。

其次，世界数字图书馆及项目参与单位对其他任一参与单位提供的数字文献资源和相关元数据不具备任何所有权或控制权，内容所有权仍属于提交资源的机构所有。参与单位任何时候都可提出书面申请移除自己提交的内容，但不得要求移除其他参与单位提供的内容。如果参与单位所提交的数字资源，已经/可能违反版权法或其他适用的法律，项目主管单位可以当即删除该内容。

最后，对本机构自有资源，参与单位享有自主权，即参与单位保留提交给世界数字图书馆的任何软件、硬件、计算机应用程序、翻译或其他知识产权的所有权，可不受约束地将自有资源内容用其他方式或其他文件格式提供给他人使用；基于商业用途的资源使用，必须与数字资源所属机构取得联系以获得使用权。

（3）元数据交互。

高质量的资源和有序的信息组织是开展信息服务的前提，世界数字图书馆的数字资源来自各个机构、数据格式各异，为了解决异构数据的组织，实现便捷的网络访问，WDL 制定了《WDL 描述元数据元素集》，包含标题、描述、创建者、出版者、出版地、创建时间、语言、地点、时间、主题、资源类型、附加学科、备注、物理描述、收藏标题、机构、相关网站字段，以及相应的元数据映射标准。WDL 支持的元数据格式有 MARC（XML/二进制）、都柏林核心元数据集（XML）、MODS（XML）、TEI（XML）、UNIMARC（二进制），国会图书馆机构名表、图片材料主题词表、盖蒂地名主题词表、杜威十进制分类法、ISO 639 -3 代码表等受控词表的应用进一步规范了元数据的描述。

3.2.2　欧盟的欧洲数字图书馆（Europeana）

欧盟委员会赞助实施的 Europeana 项目因涉及国家广、资源内容涵盖丰富而备受关注。早在 2000 年，欧盟委员会信息社会总局支持的一项调查报告就提出，要建立网络环境下欧洲图书馆、博物馆、档案馆合作框架，以统一的资源门户向欧洲公众提供创新性的文化信息服务①。2005 年，欧盟委员会宣布支持 Europeana 项目的实施，该项目的目标是为研究人员、学者和公众提供了一个访问、查询、参与、共享欧洲文化遗产的综合性数字资源服务平台，使欧洲图书馆、博物馆、档案馆、美术馆中丰富多样的馆藏资源能够在互联网环境下得到广泛传播。

2008 年，欧盟启动了旨在保护欧洲共同的文化遗产、促进文化遗产广泛传播于民众的 Europeana 项目。截至 2020 年初，Europeana 网站提供了对 5800 万个数字对象（书籍、音乐、艺术品等）的访问，其中，包含复杂的搜索和过滤工具，以及许多主题收藏、展览、画廊和博客②，Europeana 的最终目标是在 2025 年实现公众对欧洲全部文化遗产信息资源的在线访问。

3.2.2.1 组织管理模式

Europeana 基金会是 Europeana 项目的管理机构，它由 Europeana 网络成员、参与董事会和执行委员会三部分组成。执行委员会有 8 名成员组成，负责 Europeana 项目的战略与预算制定；参与董事会成员由来自欧洲图书馆、博物馆、档案馆等专业机构的代表，以及其他类型合作机构的代表组成，负责选举任命执行委员会成员和对 Europeana 项目的政策与策略提供建议；Europeana 成员均是 Europeana 项目参与机构的代表，作用是为基金会的重要决策提供建议、协商与讨论内容，Europeana 网络选举产生 6 名参与董事会成员。围绕项目开展的相关问题，Europeana 项目形成了不同专题的工作组与项目，如内容发展工作组、用户参与工作组、财务/可持续发展工作、社会意识

① Dempsey L. Scientific, Industrial, and Cultural Heritage: a shared approach: a research framework for digital libraries, museums and archives [J]. Ariadne22, January 2000.

② 数据来源于 Europeana 官网，数据截至 2020 年 8 月 13 日。

宣传工作组、技术工作组和法律研究工作组等，Europeana 项目合作机构可以选择加入不同的工作组。每年一度的 Europeana 成员全体会议，是一个泛欧洲的论坛，参会成员审议执行委员会关于本年度的工作汇报，就项目实施中遇到的问题展开广泛的讨论，并形成新一年度的工作计划。

3.2.2.2 数据收集与内部协调机制

Europeana 的各种类型合作伙伴遍布欧洲大陆，尤其是在各个国家/地区的文化遗产数据的收集整理涉及机构众多，为了提高机构之间的协调运作效率，Europeana 项目采取了基于数据聚合机构/项目（Aggregator）的沟通协调机制。

聚合机构/项目充当 Europeana 与内容提供机构之间的沟通桥梁，负责从内容提供机构收集资源传递给 Europeana，促进 Europeana 的服务理念和数据描述标准在合作机构的应用。Europeana 不直接从内容提供机构接收数据，而是由聚合机构/项目从内容提供机构接收数据进行映射后再传递给 Europeana 平台，Europeana 的各种标准、数据规范也依靠聚合机构/项目向其合作的内容提供机构传递与监督执行。层级式协调工作机制避免了 Europeana 与上千个合作机构之间的直接沟通，提高了项目运作效率。

Europeana 的资源聚合通过各种类型的聚合机构/项目实现（见图 3－1），聚合机构/项目可以是单一机构的项目，也可以是多机构协作的项目。聚合机构/项目又可以分为多种类型，如按照覆盖的地区划分，有欧洲级、国家级、地区级三类聚合机构/项目；按照涉及的领域可以划分为专题聚合、单一领域（垂直）聚合、跨领域（水平）聚合三种类型。专题聚合主要收集特定主题的数字内容，如犹太文物欧洲数字图书馆（Judaica Europeana）就是专门收集欧洲的犹太文化遗产，并提供在线访问的项目；单一领域（垂直）聚合则在国家级或地区级层面收集某一特定领域的数字内容，如 APENet 项目专门收集欧洲的档案资源；跨领域（水平）聚合指同时收集来自图书馆、博物馆、档案馆等不同部门资源的项目，如欧洲生物多样性遗产图书馆（BHL - Europe）、HOPE、ATHENA 等项目，国家级聚合通常都属于此类。

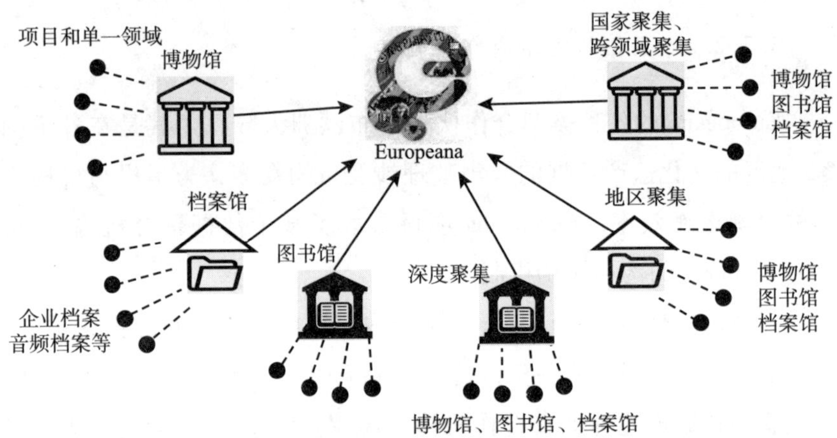

图 3 - 1　Europeana 的资源聚合模式

资料来源：Friberg A，Smith D，Scholz H. Europeana Partner Strategy and Development Plan 2013［R］. Europeana，2013.

3.2.2.3　服务模式

Europeana 的定位是文化遗产数字资源的代理机构，它并不直接通过门户网站向公众提供文化遗产内容，而只是将收集整理的关于文化遗产信息资源的元数据，以及与该文化遗产信息相对应的缩略图提供给公众检索或浏览。文化遗产数字资源内容仍由参与项目的各个图书馆、博物馆、档案馆自行保存和维护，Europeana 平台仅负责对提交给网站的各种文化遗产元数据进行统一的编目索引和维护超链接的有效性。

Europeana 的资源服务模式如图 3 - 2 所示，整个过程可描述为：合作机构对馆藏资源数字化后形成数字对象、元数据和缩略图，然后将元数据、缩略图提交给 Europeana 的聚合机构/项目，再由聚合机构/项目依照 Europeana 的数据模型标准对元数据格式进行聚合转换后传递给 Europeana，由其专家团队依据标准化的分类框架和受控词表对聚合后的元数据进行编目和分类索引。当终端用户在 Europeana. eu 平台检索发现感兴趣的内容后，可以点击浏览详细的元数据信息，并链接进入合作机构网站获得数字资源，同时终端用户还可以直接通过聚合项目网站或合作机构网站直接获取数字资源。在技术层面，Europeana 设计了基于语义网的欧洲数据模型（Europeana Data Model，EDM），来自图书馆、博物馆、档案馆等的异构元数据都可以用统一的 Europeana 数据模型来描述。2011 年起，Europeana 将用户生成内容（User-generated Content，UGC）纳入资源整合中，注册用户可直接上传 UGC 到 Europeana. eu，然后由 Europeana 进行分类标引。Europeana 接受四种类型的用户生成内容：①元数据，如标签、地理标识信息和描述信息等；②数字故事，用户基于时间、空间或主题对数字资源进行串联后形成的故事/叙事作品；③数字对象，即与其个人记忆相关的摄影作品、纪念品、评论和注解等；④来自链接开放数据项目的特定数据集。

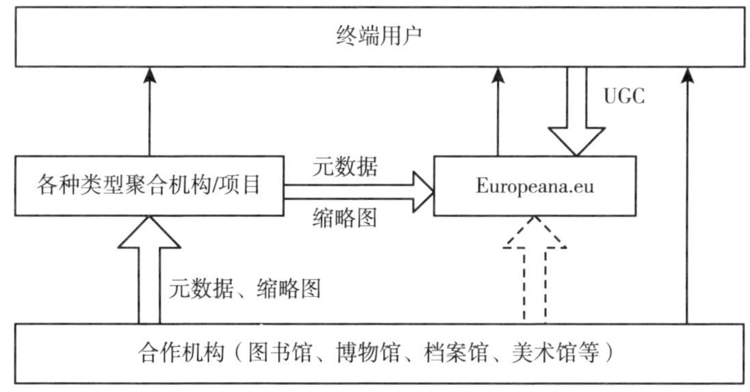

图 3-2 Europeana 的资源服务模式

资料来源：Friberg A，Smith D，Scholz H. Europeana Partner Strategy and Development Plan 2013［R］. Europeana，2013.

3.2.2.4 服务内容与形式

Europeana 网站的文化遗产信息资源包括来自各个领域的图书、照片、地图、绘画、电影、音频、博物馆展品、档案、用户生成内容等，将这些内容丰富的数字资源整合在一个知识库中提供给公众访问，正是 Europeana 平台的独特价值所在。Europeana 门户网站的服务方式主要有数据检索、虚拟展览、交互参与式服务、基于社会媒体的信息传递。

（1）数据检索。

Europeana 数据检索的特色之一，是提供基于所有字段、标题、创作者、主题、日期、地点的简单检索，以及提供基于媒体类型、语言、年代、来源国家、版权、内容提供机构和用户参与内容的高级检索功能。其中，基于版权的检索主要是基于知识共享许可协议（CC 许可）的检索，细分为 11 大类，用户可以清楚地查询文化遗产的版权信息；另一个特色是支持用户生成内容的检索，2011 年 Europeana 实施了“Europeana 1914—1918”项目，鼓励用户上传关于一战的数字化作品、描述信息和文本等，用户生成内容的检索大大丰富了 Europeana的文化遗产资源覆盖范围和类型，检索结果涵盖了文本、图像、视频、音频、3D 对象五大类型。

（2）虚拟展览。

虚拟展览是基于 Europeana 平台文化遗产的专题信息组织展示，虚拟展览打破了传统的图文单一介绍，嵌入了视频、音频等内容，以多媒体形式呈现欧洲过去的历史文化。为了避免语言为用户浏览展览带来障碍，Europeana 还将大多数的展览内容介绍进行了语言翻译，尽量以英语展现文化遗产内容。

（3）交互参与式服务。

“我的 Europeana”是 Europeana 平台为用户提供的个性化服务窗口，也是用户与 Europeana 进行互动的主要媒介。用户注册后就可以在个人空间保存某一特定主题的文化遗产信息、添加标签、上传文化遗产信息、向社会媒体分享资源、进行应用程序（API）开发、数据混合再利用等。“Europeana 1914—1918”项目是提供一战信息的主要服务项目，引入用户参与后，用户上传分享了 30 多个关于家庭的一战历史路线数字故事，该项目中提交的用户生成内容还允许用户进行混合再利用，生成新的媒体形式进行传播。支持 API 应用程序开发是 Europeana 平台提供的另一种文化遗产元数据再利用形式，开发人员注册成功后可以获得个人私有认证密钥，通过 API 控制台进行基于 Europeana 元数据的应用程序开发，已有 50 多个机构和个人在使用 API 服务功能。

（4）知识产权保护机制。

知识产权障碍是所有的文化机构在开展数字化服务中都会面临的一个问题，为了最大限度地促进各种文化遗产数字资源在 Europeana. eu 平台的传播与共享，Europeana 根据信息服务模式的特点，基于知识共享许可协议（Creative Commons Licences，CC）分别制定了数字对象、元数据、缩略图、用户生成内容的版权许可政策，并在《Europeana 数据交换协议》中明确了 Europeana 与其合作（者）机构之间在法律上的权利义务关系。

Europeana 认为，馆藏资源数字化后形成的数字对象、元数据及缩略图版权仍属于合作机构，但可以采取不同版权许可形式授权给公众再利用。数字对象和缩略图可以使用公共领域作品版权许可、免费使用版权许可、限定条件版权许可、版权状态不明四大类共 12 种许可标记进行版权状态声明。元数据是 Europeana 项目中资源整合的核心，为了最大限度地促进元数据的再利用，合作机构提交给 Europeana 的元数据进入公共作品领域后不再受知识产权保护，而是以 CC0 版权许可形式发布，任何人都可以不受任何限制地加以再利用，但在利用元数据时必须声明元数据的来源机构。

用户上传给 Europeana 的各种数字内容不仅是和 Europeana 的分

享，也是和 Europeana 其他用户（合作伙伴、赞助者、终端用户）的分享。基于这一思想，Europeana 对注册用户所提交的用户生成内容也制定了知识产权保护条款，比如，注册用户必须确保自己所上传的内容不会侵犯他人版权；Europeana 可以不受限制地使用用户上传的资源，但是必须清楚注明所有者信息；允许注册用户在CC BY - SA版权许可下对其用户生成内容进行再利用等。

3.2.3 美国 LMA 服务

在美国，国会图书馆和美国博物馆与图书馆服务学会（the Institute of Museum and Library Services，IMLS）是推动图书馆、博物馆、档案馆数字资源服务融合的重要力量。国会图书馆发起实施的“美国记忆”项目，以及与联合国教科文组织实施的“世界数字图书馆”项目，对世界各国文化机构的资源整合与数字化服务有着深远的影响和推动作用。美国博物馆与图书馆服务学会隶属于全美人文科学基金学会（NEH），该机构通过“数字化联通倡议”“数字化人文倡议”等项目，以及图书馆博物馆合作基金、IMLS/NEH 数字化合作基金支持了许多图书馆、博物馆、档案馆之间的合作活动，以经济赞助的形式推动三馆合作，以实现文化遗产资源的共享，成为文化遗产机构之间不断开展合作的背后推动力。

3.2.3.1 美国记忆（American Memory）

美国记忆即美国国会图书馆启动的国家数字图书馆项目，旨在让所有的图书馆、学校、家庭、社会公众通过网络自由地访问美国的文化遗产信息资源。美国记忆于 1990 年正式启动，第一阶段为 1990 ~ 1994 年，属于试点阶段，选择了一批国会图书馆馆藏的历史影片、录音、文本、照片等进行数字化，以 CD - ROM 形式分发到了全国各地的 48 个学校和图书馆进行使用，试点结束时对 44 个学校和图书馆的调查显示，读者、学校师生对这些数字资源反应热烈，尤其是初中和高中的教师希望得到更多的数字资源。考虑到文化遗产信息资源门类、种类较多，而单一机构实施很难确保高效、准确性的数字化建设，美国记忆在项目实施第二阶段，尝试多主体机构参与、分工协作的组织管理模式，1996～1999 年与美国科技公司联合实施“数字图书馆竞赛”项目，以竞赛方式吸引全国各地图书馆、博物馆、档案馆及历史学会等文化机构参与到数字资源建设中，并将竞赛中的特色资源纳入美国记忆资源库，形成了面向全美的历史文化资源整合服务网络，实现了不同机构间文化遗产资源的优势互补与服务共享。目前，美国记忆各个专题的在线内容均由国会图书馆信息技术服务处的系统工程组负责管理维护，与数字资源相关的技术标准均由网络开发与 MARC 标准办公室进行协调。

美国记忆中的资源有手稿、画作、照片、海报、地图、声音、动画、书籍、小册子及活页乐谱，时间跨度从 15 世纪至今，覆盖了美国各地及部分国外资料。具体提供的服务形式有以下五种：①信息检索，检索途径细化为所有信息检索、专题展览检索、个人收藏检索、书目记录检索和全文检索几个类型，根据不同的检索方式又提供了适当的辅助检索途径；②专题浏览，支持按字母顺序浏览、按主题浏览和按标题浏览 100 多个专题展览，此外，还可以通过主题、时间段、媒体类型、所在地区四大浏览模式观看自己感兴趣的内容；③特色栏目服务，包括“重点展览推荐”和“历史上的今天”两个栏目，它们是美国记忆数字文化遗产资源的挖掘与展示窗口，前者紧扣节假日和公众关注的热点推荐专题展览，后者则拉近了公众与历史的距离；④在线参考咨询，提供基于常见问题（FAQ）的咨询、基于数字化参考咨询服务（Question Point）表单的咨询和网上实时咨询，为用户答疑解惑；⑤教师资源服务，以教师为服务对象、促进文化遗产数字资源在学校课堂中使用的学习空间。该学习空间有教学资料检索、教师专业发展、TPS 合作等内容，为教师提供用于课堂教学的不同主题内容教案、谜语、游戏等，帮助教师开展自学、组织培训活动，通过与教育机构联合促进美国文化遗产资料在教学中的应用。美国记忆与教师的互动也很频繁，每月组织一次网上交流、鼓励教师通过视频参与美国记忆学习组，提供教师在推特（Twitter）、油管（You Tube）等社会媒体的互动，以及支持简易信息聚合（RSS）订阅和播客下载应用。

3.2.3.2 加州档案在线

加州档案在线（Online Archive of California，OAC）是美国 IMLS 曾经资助的多个项目之一，也是加州数字图书馆的一个重要组成部分。该项目缘起于 1993 年，1993～1995 年加州伯克利分校图书馆的丹尼尔·皮蒂（Daniel Pitti）及其同事开发了一个以标准通用标记语言（SGML）文档形成的原型系统，1995 年测试后被称为伯克利检索帮助系统（Berkeley Finding Aid Project，BFAP），该系统得到了档案界的热烈支持，后来使用范围进一步扩大，1995 年 9 月美国档案协会和国会图书馆将其发展称为档案元数据标准电子设计自动化（EAD）。随后，由 39 个来自各个文化机构的代表在加州大学召开了一次会议，决定寻求资金支持实施 UC－EAD 项目，在得到加州图书馆的支持后，1995～1997 年，UC－EAD 开发了档案检索帮助的原型系统，伴随 1997 年加州数字图书馆的建立，UC－EAD 项目更名为“加州档案在线”，成为加州数字图书馆的一个永久部分。1998 年加州数字图书馆发起了博物馆与加州档案在线项目，希望能将 EAD 格式应用到博物馆领域。目前，加州档案在线已经发展成为由包括加利福尼亚州大学、图书馆、博物馆、档案馆、历史学会等 200 多个机构联合形成的数字资源服务平台，成为公众获取加州历史文化信息的重要渠道。

加州档案在线经过多年的运行，已经收集了来自加利福尼亚州图书馆、博物馆、档案馆、历史学会及加州大学的艺术品、手稿、文件、历史照片等 2 万多个专辑的数字资源，包括 25 万个数字图像和文件，OAC 并不拥有这些资源本身，而只是借助 EAD 和 MARC 元数据将这些资源组织整理，为师生、研究人员及社会公众准确定位所需的资源提供帮助，以促进加州文化的传播。

加州档案在线提供的服务分为两类，即信息检索和内容浏览。信息检索框提供基于关键词的基本检索和高级检索，支持布尔逻辑检索。检索结果分为馆藏级和条目级两类，两种结果都可以按照机构、日期、是否数字化进一步缩减范围；内容浏览分为按收藏的专辑浏览、按馆藏机构浏览和按地图浏览三种类型，每种浏览都提供多种方式，如专辑浏览支持字母顺序浏览和手动输入内容浏览，按机构浏览可以看到每个机构的馆藏，有些内容已经数字化并能在线查看详细说明，而部分内容尚未数字化，需要联系相关机构获取；按地图浏览支持基于 Google 地图的机构查询和馆藏浏览。在收藏指南中介绍了每个机构的馆藏专辑内容、类型、数量，以及是否数字化。

加州档案在线的管理隶属于加州数字图书馆，这个非营利性联盟机构实行的是会员制管理，加州的文化机构可以向该组织提交申请成为会员，审核通过并同意签署《CDL/UC 数字资源提交协议》和《CDL/UC 数字资源提交目录》，即可成为会员并分配 coroEAD 账户，用于在线上传该机构的资源。按照知识产权保护协议，加州档案在线规定上传的资源版权仍属于上传机构所有。

3.2.4　加拿大 LMA 服务

在加拿大，图书馆、博物馆、档案馆三个机构素有渊源，1912 年成立的加拿大公共档案馆收集保存殖民地时期和联邦政府成立后的文化、政治、经济等各方面的文献材料，是加拿大历史文化资料渊薮，而后成立的国家图书馆、国家人类博物馆、战争博物馆、邮政博物馆、国家货币博物馆等文化机构很多馆藏都来自公共档案馆的移交。近年来，加拿大十分重视文化遗产管理与文化信息服务，不断调整文化政策，推动文化管理体制与经营方式的创新，以提高加拿大文化竞争力。

在国家文化政策的引导与相关法律的规范下，加拿大图书馆、博物馆、档案馆之间紧密配合，呈现出一体化的发展趋势，如图书馆与档案馆一体化的国家图书档案馆；博物馆与档案馆一体化的不列颠哥伦比亚博物馆集团、奇利瓦克博物档案馆、彼得伯勒博物档案馆；图书馆与博物馆一体化的南格雷博物馆与历史图书馆等。可见，加拿大的图书馆、博物馆、档案馆存在着千丝万缕的关系，它们开展了各个层次的紧密合作，创新性地为公众提供文化遗产信息资源服务，体现出共生共荣的和谐发展态势。

3.2.4.1 加拿大图书档案馆的数字化服务

加拿大图书档案馆（Library and Archives Canada，LAC）是在政府推动下，国家图书馆与国家档案馆于 2004 年 5 月合并后形成的机构。LAC 集文化遗产信息收藏与服务为一体，馆藏内容包括出版著作、档案记录、音频和视听材料、照片，艺术品、网站电子出版物。其宗旨是为公众获取反映加拿大政治、经济、军事、文化、民生发展的各种类型的文化遗产信息提供便捷的、一站式服务，主要服务形式有：馆藏目录检索、专题浏览与展览、虚拟参考咨询、预约馆藏、馆际互借、馆藏复制、交互服务等。

LAC 的馆藏目录检索包含图书馆检索、档案检索、图片检索和家族成员历史检索四大内容，每一个功能都提供基本检索和高级检索。图书馆目录检索范围从小到大分为加拿大图书馆目录、LAC 目录、加拿大国家图书馆目录（AMICUS）检索三种方式；档案检索支持建筑和技术图纸、艺术绘画、电影和视频、地图、照片、邮票和邮政资料、音频资料、文本材料八大类型档案材料的全宗级、系列级、文件级、条目级、获取级检索。其中，有一部分馆藏被制作成虚拟展览，以图文并茂的形式展现给网络访客，用户可以在浏览展览时添加社会标签，或者将内容转发到其他社会媒体。虚拟参考咨询服务形式多样，支持 FAQ、在线、传真、Email、电话、到馆、预约咨询，还提供兼职研究员协助服务、馆际互借服务。

LAC 基于论坛、电子邮件和社会媒体推出了交互服务，在雅虎（Flickr）、推特（Twitter）、油管（Youtube）、脸书（Facebook）上进行文化遗产信息发布和服务，基于重要藏品开发的专题播客节目均发布于社会媒体上进行广泛传播，这些播客不仅吸引了公众对馆藏的关注，而且也有利于历史文化知识发现和共享。

3.2.4.2 皇家不列颠哥伦比亚博物馆集团的数字化服务

皇家不列颠哥伦比亚博物馆（the Royal BC Museum Corporation，RBCM）集团是 2003 年 4 月合并不列颠哥伦比亚省博物馆、省档案馆和其他几家记录该省历史的文化机构组建而成的。RBCM 采用董事会管理机制，董事会成员由政府任命，含 1 名主席和 10 名成员，董事会包括财务和审计组，确保财务和审计政策符合博物馆法，财务报告满足董事会的要求；监管与提名组，负责监督董事会的管理、标准的制定、提名管理人员、评价董事会的管理；战略基金发展组，参与资金发展活动，支持资金计划的实施；场馆发展组，负责场地的管理与维护。首席执行官由董事会任命，负责 RBCM 的日常运作、政策执行和目标实现。

RBCM 馆藏 700 多万件文物、档案、照片、胶片、艺术品等，保存和研究不列颠哥伦比亚省的文化和自然遗产，同时激发公众的求知欲和好奇心，展示、发展、传播和共享该省历史文化是其神圣使命。信息技术的发展为不列颠哥伦比亚博物馆集团服务与项目的改进、商业化的资产运作提供了强大的支持，该博物馆上线的动态交互式网站成为服务宣传与延伸的重要平台，移动技术、社会媒体、虚拟现实技术充实了网络服务的内容与形式，吸引了越来越多的人在线获取不列颠哥伦比亚省的历史文化知识。

馆藏检索与展览是 RBCM 两大主要的数字化服务方式。馆藏检索涵盖自然、历史、人文遗产资源的检索，分为人类学、家谱、近代史、自然历史博物馆馆藏资源目录检索和专业档案资源检索，前者属于分类的目录检索，融合了 RBCM 所有资源类型的目录信息；后者包括各个历史时期的文本、图书、电影、音频、照片、图片、地图、法律文书的一站式目录检索。

展览服务的内容有展览回顾、展览预告、当前展览、在线展览、移动展览，利用馆藏历史档案资料分类组织，形成了反映不列颠哥伦比亚社会政治、经济、文化发展风貌的 11 个专题展览，图文并茂地讲述该省的历史文化发展历程，每个专题下都设有教师空间，介绍教师可开展的课堂教学活动和本专题资源的检索使用，以及相关的图书和二手资料。

皇家不列颠哥伦比亚博物馆集团还在展览制作中大量应用多媒体交互技术、移动技术。例如，我们身边的外来生物展览以交互地图的形式介绍了不列颠哥伦比亚的各种生物物种，该展览还支持移动设备浏览，支持用户通过手持设备提交自己所看见的物种名称、时间、地点、图片及描述信息，并标注到谷歌地图上，还可以就生物物种在线咨询专家。探索文化展览区以虚拟现实技术呈现了印第安文化展示区的全貌，使用户拖动鼠标就可以身临其境地体会不列颠哥伦比亚的文化。这些交互式服务增加了用户的参与，体现了以用户为中心的服务理念。

3.2.5 澳大利亚 Trove

澳大利亚较早关注到网络环境下数字馆藏内容的长期保存与服务，以及文化遗产机构之间基于数字馆藏集成服务的合作，澳大利亚国家图书馆在其中发挥着重要的作用。早在 1996 年，澳大利亚国家图书馆就与其他机构联合实施保存和获取澳大利亚网络文献资源（Preserving and Accessing Networked Documentary Resources of Australia，PANDORA）项目，有目的地选择澳大利亚网站上展现的在线出版物、信息，并加以保存，以确保这些原生的数字资源在未来仍然能够服务于澳大利亚公众。经过十多年的发展，澳大利亚国家图书馆联合图书馆、博物馆、档案馆和其他文化机构建立了九个单独的馆藏文化遗产信息一站式服务门户网站，它们是澳大利亚国家书目数据、网络档案 PANDORA、澳大利亚研究在线（Australian Research Online）、图片澳大利亚（Picture Australia）、澳大利亚档案与手稿中心（Register of Australian Archives and Manuscripts）、澳大利亚报纸（Australian Newspapers）、澳大利亚人民（People Australia）、澳大利亚音乐（Music Australia）、澳大利亚舞蹈（Australia Dancing）。

Trove 是澳大利亚国家图书馆于 2009 年 11 月发布的一站式免费搜索引擎，集成了 1000 多个图书馆、博物馆、档案馆和其他机构的文化遗产资源，整合了之前的九个文化遗产资源门户网站数据，以及开放图书馆（open library）、HathiTrust 数字图书馆、OAISTER 等国际项目的数字内容。Trove 所提供的 3.6 亿个各种类型数字资源大大满足了用户需求，网站每天接受 6 万多人的查询访问，其中，超过 10% 的用户使用的是手机移动访问方式①，可见，一站式的数字化融合服务方式为公众的文化信息获取与再利用提供了便利。

作为免费的搜索引擎，Trove 的与众不同之处就在于它整合的是有重大历史价值的深网资源，这些隐藏于各个文化遗产机构的数字资源是商业搜索引擎很难全面收录和准确检索的。

3.2.5.1 信息检索服务

各种类型文化遗产资源的检索服务是 Trove 的核心功能，Trove 包

① 数据来源于 Trove 官网，截止日期为 2021 年 6 月。

括任何与澳大利亚有关的数字资源，支持对图书、图像、期刊、文章、数据集、数字报纸、音乐、音频、视频、地图、日记、信件、档案、网站档案、人物、机构和列表的分类检索与跨库检索，但是它不存储数字资源内容，因此，检索结果只返回根据相关性排序后的详细描述元数据，以便于用户查找资源。

数字报纸检索、网站档案检索和列表检索是 Trove 的特色服务。数字报纸项目包括了 18 世纪至 20 世纪中期的澳大利亚报纸全文内容，由于部分报纸年代久远存在模糊不清、难以分辨的情况，因此 Trove 将所有的报纸内容利用光学字符识别（OCR）转换成文本格式（TXT），发动 Trove 用户进行文字校对，所以数字报纸检索结果可以便携文件格式（PDF）、图片文件格式（JPG）、TXT 三种格式查看，高分辨率的数字图像可以直接点击“Buy”按钮在线订购。网站档案检索内容包括了 1996 至今，以“. au”为顶级域名的商业、政府、教育等类型网站页面，涵盖政治、经济、文化、体育、法律、交通、大众传媒等多方面的内容，通过超链接可以查看网站的图片、文章、政府文件。列表查询可以检索 Trove 用户在个人空间中保存的数字资源，这是 Trove 个性化服务内容的一部分。

3.2.5.2 用户参与服务

Trove 把用户参与服务分为两大类：数据参与（data engagement）和社会参与（social engagement）。两者的区别在于：数据参与通常只是基于个体利益的参与活动，而社会参与鼓励和培养虚拟社区成员一起提供服务内容①。澳大利亚报纸项目实施过程中，发动用户参与报纸文本内容的校正，这种做法体现了 Web 2.0 中的众包参与，实践返回的良好效果使澳大利亚国家图书馆继续将该模式沿用到 Trove 中。

① Holley R. Trove：Innovation in Access to Information in Australia [J]. Arindae，2010，7(64)：1 -9.

在 Trove 中融入了社会媒体技术，注册成为 Trove 用户可以参与网站数字资源的组织与分享。Trove 的数据参与功能包括：为资源添加标签、评论、重要性评级；在评论中添加 Trove 与外部上下文环境的超链接；合并/拆分不正确地自动分组形成的条目内容；校正数字报纸文本内容；在个人空间中建立虚拟的列表，保存个人收藏的数字资源；公众通过 Flickr 平台参与 Trove 发起的项目，并上传有关澳大利亚的图片和描述信息到 Trove；在个人空间中查看数据交互的历史、RSS 订阅新的报纸内容、浏览最近的检索历史、浏览最近获得的条目、使用 Trove 的 API 查询功能。

Trove 的社会参与功能包括：通过主页的数据统计功能浏览每天、每月、每周用户与 Trove 的数据交互行为，即添加评论、标签、列表、文本纠正、拆分/合并内容；查看其他用户最近添加的标签、评论和文本校对；与其他用户合作以众包形式参与报纸文本的校对；在数字报纸检索结果中显示曾经校对该文本内容的用户名字；查看所有类型资源的增长情况、上传内容的机构、文本校正排行榜的月排名和整体排名；回复其他用户的评论；向 Twitter、掘客（Digg）、美味书签（Delicious）、Facebook 网站传播 Trove 超链接；在用户论坛中与其他用户合作、交互，帮助别人回答问题。

3.2.6　总结分析

网络环境下文化遗产机构联合开展数字化融合服务的重要性，已经在世界各国形成共识，世界数字图书馆项目、欧盟 Europeana 项目以及美国、加拿大、澳大利亚的图博档文化遗产资源数字化融合服务案例正体现了这一点。从这些项目与国家实践中可以总结出三点：

3.2.6.1　图博档机构的数字化融合服务离不开政府部门的支持

世界数字图书馆项目展示的是各国文化遗产之精品、体现了各国的文化风貌，作为世界级项目投资巨大，各个项目参与单位需要自筹参与经费。从已有的项目参与单位来看，多数都是各国的国家级文化遗产机构代表本国政府签署合作章程并参与内容贡献，政府部门为其提供项目参与经费支持；洲际项目 Europeana 的主要参与单位为欧盟成员国，该项目被纳入欧洲第七框架，得到欧盟委员会的支持；美国国会图书馆所实施的美国记忆项目在 1994 ~ 2000 年曾获得国会两党 1500 万美元的资助①，其他企业、基金会的捐赠也是项目发展的重要动力，美国各州所实施的文化遗产机构数字化融合服务项目大多得到了美国博物馆与图书馆服务学会、全美人文科学基金学会的资金援助；加拿大和澳大利亚则直接由国家图书馆、博物馆、档案馆领导实施本国的数字化融合服务项目，政府支持下的图博档机构合并重组以开展数字化服务是加拿大的显著特色。

3.2.6.2 信息服务内容和服务对象各有侧重

从世界数字图书馆和 Europeana 网站的信息服务来看，前者定位于世界各国对文化遗产感兴趣的公众，服务内容强调精而深，网站主要围绕文献信息检索与浏览提供可视化信息服务，每个数字资源都有清晰的分类编目、详细的元数据描述和支持高分辨率的在线浏览；后者定位于为研究人员、学者和公众提供一个访问、查询、参与、共享欧洲文化遗产的数字资源服务平台，服务内容强调综合性、广泛性，信息检索作为其网站的一项服务内容而存在，检索结果返回数字资源的缩略图和元数据，还有较多的在线展览和用户参与内容、API 应用。

美国 IMLS 以服务社区、为公众终身学习提供机会、提升教育效果为目标，支持图博档机构的数字化融合服务，因此，美国的

① 韩志萍，刘燕权．美国记忆——美国历史资源数字图书馆［J］．数字图书馆论坛，2009（7）：66－70.

合作项目多是以用户为中心和关注教育学习的，在项目中专门为教师和美国基础教育（K－12）的学生提供教育资源，项目的持续时间比较长，高校图书馆在图博档数字资源融合服务中也发挥着重要作用。

加拿大的图博档数字化融合服务项目以部门合作重组为基础，以服务社会公众为目的，强调资源的广泛性与综合性，涵盖内容比较齐全，另外新技术的应用展现也比较明显，例如，不列颠哥伦比亚博物馆集团网站结合交互地图引导用户参与到项目展览的互动之中。澳大利亚的数字化融合服务是对集成资源的再次集成，以服务社会公众为目标，倡导"和用户一起提供服务"，将9个单独的文化信息服务门户网站和国外的数字资源都集中在一起提供服务，网站档案查询功能、众包的报纸文本校对功能都是其信息服务特色。

3.2.6.3 普遍开展了基于社会媒体的参与式用户服务

社会媒体是提供用户与信息平台交互和用户之间相互建立联系的数字服务媒介，社会媒体已经在逐渐替代电子邮件，成为主流的个体通信交流工具。文化遗产机构也敏锐地认识到，用户在社会媒体中贡献的内容能够整合到文化信息服务中，丰富文化机构现有的元数据。本书调查的这些数字化融合服务项目中或多或少都应用了社会媒体技术，支持用户对馆藏内容的评论和转发，而其中欧盟 Europeana 和澳大利亚的 Trove 项目所开展的用户参与服务比较深入，二者在信息检索服务中都支持用户生成内容的检索，Europeana 服务平台出于丰富网站内容的目的，在专门实施的 Europeana 1914—1918 项目中，鼓励用户上传与一战有关的数字资源；而 Trove 发动用户对澳大利亚报纸项目中 OCR 转换后的报纸文本进行校对，即节约了服务成本，又增进了用户对该服务的深入了解。

3.3 国内三馆的相关服务实践

3.3.1 单一系统内文化遗产信息资源共享服务

3.3.1.1 图书馆界

我国的公共图书馆积极开展馆际合作和资源共享，形成了图书馆服务联盟，比如，浙江省公共图书馆信息服务联盟、吉林省图书馆联盟、“中三角”（湘鄂赣皖）公共图书馆联盟、陕西公共图书馆服务联盟。它们在资源建设和服务中紧密合作，具体到文化遗产信息资源方面，主要服务内容包括两类，一是各馆依托馆藏自建资源；二是文化信息资源共享工程中反映地方特色文化的信息资源。联盟成员馆之间开展文化遗产信息资源联合征集、联合编目、珍稀文献保护与开发、联盟培训与技术协作等，利用多馆资源查询、联合参考咨询、文献传递、资源互借、联盟讲座展览等多种形式，面向本馆用户和成员馆用户提供服务。

中国高等教育文献系统（CALIS）、大学数字图书馆国际合作计划（CADAL）作为高校系统全国性的信息资源共建共享工程，其中，也包括部分文化遗产信息资源。服务平台提供特色库浏览、学科导航、高级检索、全文获取、问题咨询和个人空间服务，支持基于库名、主题领域、学科的数据库浏览；高级检索提供基于资源题名、作者、摘要、类型、地区、年代、语种的组合检索；全文获取支持成员馆用户对电子原文的下载和传递获取；问题咨询和个人空间依托 CALIS 完善的服务体系，满足成员馆用户的参考咨询与个性化服务需求。

CADAL 服务平台整合古籍书画、篆刻、建筑工程、戏剧、工艺品等在内的多种资源，面向国内外用户提供一站式个性化知识服务。服务平台的资源包含古籍、民国书刊、现代图书、学位论文、报纸、英文资源，以及“以珍藏中华文化”为主题的音像、书画资源，资源总量将近 260 万件[①]，有资源检索、书目推荐、资源借阅和基于个性化方式的互动参与服务，其中，灵活多样的检索和个性化互动参与服务是 CADAL 的两大特色。CADAL 提供快速检索、高级检索、图像检索、视频检索、书法字检索功能[②]，其中，图像检索支持基于语义和基于内容的两种检索形式，每种检索方式下都可浏览或进行关键词检索；视频检索支持基于名称、作者、摘要、版权的关键词检索；书法字检索包括按书法书籍、书法作品属性的关键词检索或字母顺序浏览，按朝代或字母顺序的书法家浏览，按文字或按形状的书法字检索。在互动参与服务方面，CADAL 为注册用户开辟个人空间，注册用户可以在线借阅资源、管理书架、添加资源评注、接受系统资源推荐、参与资源描述信息的修订，还可以与其他用户相互关注、分享资源与评注信息。服务平台在首页中部和下部动态显示资源的借阅情况、推荐书目和注册用户对资源所做的最新评注信息。

3.3.1.2　博物馆界

博物馆界在联合开展文化遗产信息宣传、满足公众文化需求方面也进行了尝试，如教育部 2001 年发起的中国大学数字博物馆项目，以及百度与多家公共博物馆合作推出的百度百科数字博物馆。

大学数字博物馆门户网站以 23 所大学博物馆馆藏为基础，实现了超过 10 万件自然遗产和文化遗产信息的在线展示与共享[③]。网站

① 潘晶. 大学数字图书馆国际合作计划的回顾与展望［J］. 大学图书馆学报，2013（4）：19 –25.

② 毕玉侠，隋晶波，于占洋. CADAL 数字图书馆评介［J］. 医学信息学杂志，2012（1）：68 –70.

③ 云霞，鲁东明，袁庆曙. 大学数字博物馆 IPv6 升级和应用［J］. 中国教育网络，2013（5）：56 –60.

囊括了从远古至近现代各个时期的藏品，分为人文艺术、生命科学、地球科学和工程技术四大主题特色展馆，每个主题展馆下分设多个院校特色展馆。服务平台内容资源分为展品和展项两大类，对四大学科进行自上而下的细化，形成树状分类体系，服务平台提供资源检索、主题浏览、自建博物馆、三维互动展示几大服务功能，其中，资源检索功能提供快速检索和基于用途、年代、质地等的高级检索；主题浏览提供基于学科和基于主题的浏览模式，提供图片、视频、动画、三维模型等多种展示方式，并标明版权信息和原始出处；个人博物馆服务支持注册用户将自己感兴趣的展品和展项资源收藏，组织形成个人博物馆，便于自己访问，或设置成公开状态供其他用户访问；特色服务还提供三维互动展览。

百度百科数字博物馆涵盖综合类、专题类、纪念类、遗址类，共上线 337 家博物馆的馆藏资源①，提供基于关键词、地图、馆藏机构类型、专题的多种查询浏览形式，其中，地图检索支持面向特定地区的多个博物馆资源的浏览，每个博物馆都有多类型的馆藏品展示，同时，提供预约参观、服务指南、留言服务；专题浏览提供特定主题文物资源的系统知识展示，而且还可以连线专家进行咨询。每个展品都提供了文字、图片、录音解说、实境模拟、立体动画（Flash）等多种展示方式，全景展现了各家博物馆的权威信息和独家藏品知识，用户通过电脑端或手机端所提供的便捷同步展现途径，可以随时感受中华历史文化的无穷魅力。

3.3.1.3　档案馆界

档案界近年来在社会服务理念指导下，也在积极尝试档案信息资源的共建共享，比如，福建省公共档案信息共享平台、天津市档案信息资源社会共享平台。

---

① 数据来源于百度百科数字博物馆，数据截止日期为 2021 年 7 月 9 日。

福建省公共档案信息共享平台以“统一规划、服务大众、资源共享”为原则，联合省内 16 家档案馆进行馆藏资源的数字开发，建设公共档案和专题档案数据库，为公众提供便捷的档案检索查阅服务①。天津市档案馆集中了天津市档案馆及下辖各区县档案馆档案目录 132 万余条，提供网络一站式检索服务，用户可通过在家看档案、目录检索和专题档案三个途径浏览珍贵的馆藏档案资源②。

3.3.2 跨系统资源共享服务实践

3.3.2.1 全国文化信息资源共享工程

全国文化信息资源共享工程（以下简称“文化共享工程”）是 2002 年起，由文化部、财政部共同组织实施的一项国家重大文化惠民工程，目的是利用信息技术，实现全国范围内中华优秀文化资源的共建共享。

文化共享工程定位于大众性特色文化服务，实行国家、省级、基层三级资源与服务管理模式，服务平台主站和各省级分中心共同组成了面向大众的公共文化服务体系。服务平台主站中也提供了多种文化遗产信息资源，如经典剧场展现了中华戏剧曲艺文化，共享讲堂的名家讲坛、文艺鉴赏、文物瑰宝，向公众传播文化遗产信息。文化专题下的多媒体资源库、文物典藏、红色历史、人物传记、艺术欣赏、非遗专题从多方面展现了文化遗产信息。各省级分中心也是提供地方文化遗产信息资源服务的窗口，如江苏省分中心的老商标老广告数据库、中国古代体育图片库等，浙江省分中心的越地联匾集萃图文数据库、温州市家谱数据库、瓯海泽雅古法造纸数据库等，广西壮族自治

① 林萌山．福建省公共档案信息共享平台的设计与实现［D］．重庆：重庆大学，2011.
② 数据来源于天津档案方志网，截止日期为 2021 年 7 月 9 日。

区分中心的文物精品数据库和云南省分中心的青铜器文物数据库，都从各个侧面展现民族传统文化。

3.3.2.2 天津市泰达图书档案服务网

天津市泰达图书档案馆是天津市滨海新区以“搭建平台、服务社会、传承文明”为宗旨，所建立的区域性“信息中心、知识中心和文化中心”，该馆融图书、档案、情报服务于一体。泰达图书档案网站将图书馆和档案馆的常用服务融合在一个平台，提供图书文献资源和档案资源服务。地方文献数据库、珍藏档案，以及非物质文化遗产、传世国宝、中华民族风采等专题视频展现了天津市开发区的历史文化。除此之外，网站还推出了英文版、手机版和儿童版的服务形式。截至 2020 年，网站访问量达 140370 次、微信关注人数达 33893 人①。

3.3.2.3 香港记忆

“香港记忆”是文化机构、政府部门、商业机构、民间团体多方合作，实现历史及文化资料集中储藏，以数码形式展现香港历史及文化遗产的融合服务平台。香港大学的香港人文社会研究所和香港大学图书馆负责“香港记忆”项目的具体执行，香港赛马会慈善信托基金、康乐及文化事务署是其赞助与合办机构，服务平台的资源来自香港历史博物馆、香港文化博物馆、古物古迹办事处、香港特别行政区政府档案处及其他文化、娱乐机构，包括文献、图片、海报、录音、电影、录像。

“香港记忆”提供四种类型的文化遗产信息服务，即专题特藏、展览、口述历史和社区参与。专题特藏储藏了资源合作机构的数字资源，按内容和资料的性质分为历史与社会、地理与环境、艺术与文化、传播与媒体 4 个专题；展览服务对专题特藏资源精挑细选，按照

① 泰达图书馆档案馆．2020 年度报告［R］．天津泰达图书档案网，2020.

主题和故事制作成丰富多样的专题展览；口述历史中有专题档案和“香港留声”口述历史档案库，让公众通过服务平台的声音记录了解香港过去的生活面貌，提供工业、教育、社区、社会生活、日治时期、文化与艺术6个主题的检索；社区参与引导香港市民参与到历史文化资料整理中，旨在唤起香港公众的集体记忆、增强文化归属感。目前，推出了“记忆校园”和“我们的数码故事”两种参与形式，前者鼓励中学校师生组成团队，整理本校历史资料形成文字、图片、影音档案等，分享到记忆校园网站；后者鼓励市民利用数码技术记录和展示个人的生活片段，分享到服务平台，以见证香港历史文化的发展。

3.3.3 总结分析

在数字技术普及应用的环境下，我国图书馆、博物馆、档案馆都认识到用户文化信息需求的变化，以及加强合作、实现资源共享的重要性。从国内相关服务实践来看，在政府部门的支持与引导下，我国图书馆、博物馆、档案馆已经在行业内部推动文化遗产信息资源的共享，并形成了各具特色的管理模式和服务体系，图书馆界在其中表现突出，实施了包含文化遗产信息资源在内的全国性、地区性服务项目，博物馆界和档案馆界稍逊一筹，百度百科数字博物馆体现了文化机构与企业之间基于文物信息服务的跨界合作。国内也有少量的多机构数字化融合服务实践，文化共享工程中囊括了图书馆与博物馆的部分文化遗产信息资源，天津市泰达图书档案服务网体现了公共图书馆与档案馆的跨界合作，“香港记忆”的实践说明公共文化服务机构之外，高等院校、政府部门、商业机构、民间团体也是推动文化遗产资源数字化融合服务的有生力量。

从服务内容和服务形式上来看，上述所介绍的这些数字化服务实践项目既有共性又有个性。首先，它们都提供了多种主题、多种载体形式的文化遗产信息资源，同时立足信息检索、专题浏览/展览等基本服务形式推出了特色服务，如大学数字图书馆国际合作计划推出的在线借阅、基于内容的图像检索和基于文字形状的书画字检索，以博物馆文物资源为主的百度百科数字博物馆和大学数字博物馆都提供了立体、形象的三维展览。其次，都不同程度地融入了社会媒体的应用，但互动参与程度存在差异，还有更大的提升空间。中国高等教育文献保障系统（CALIS）专题特色数据库、大学数字博物馆都提供个性化服务；天津市泰达图书档案服务网、百度百科数字博物馆都有不同程度的社会媒体应用；“香港记忆”开辟了面向特定群体的用户参与专区；大学数字图书馆国际合作计划的个性化服务和用户参与都比较细致，服务平台基于社交网络（SNS）理念，强化了注册用户之间，以及注册用户与服务平台之间的互动交流，注册用户可以互相加为好友、分享信息，注册用户还可以对平台资源添加评注信息、参与资源描述信息的修订。

3.4 三馆数字化融合服务的实现探讨

3.4.1 三馆数字化融合服务的影响因素

从国内的相关实践来看，单一系统内的信息资源共享实践也带动了文化遗产信息资源的共享，跨系统的文化遗产信息资源服务还相对较少。图书馆界，以公共图书馆和高校图书馆为主的馆藏文化遗产信息资源的共享较多，博物馆界和档案馆界的资源共享合作相对较少，因此，博物馆和档案馆馆际文化遗产信息资源的共享不如图书馆界。剖析影响三馆资源共享的障碍因素，有针对性地采取措施，才能进一步推动三馆文化遗产信息资源的数字化融合服务。

文化遗产信息资源是图书馆、博物馆、档案馆文化信息资源的一部分，除了内容的历史价值高、载体有一定特殊性外，与其他类型的文化资源并无明显的划分界限。已有诸多学者对三馆的资源整合与融合服务开展研究，认为存在管理层面和技术层面的数字化融合服务障碍。首先，从管理层面来讲，由于三馆行政管理隶属不同，各自为政的资源管理，致使宏观层面缺乏统一的馆藏发展政策、标准体系，使得处于不同生命周期的同类资源难以在知识服务中得到整合利用。另外，机构差异所产生的思想观念和管理方式差异，也会影响三馆数字化融合服务的开展，档案馆基于机构特点的封闭管理体制，在一定程度上阻碍了档案馆与其他机构的资源共享与利用。其次，三馆基于不同技术环境形成了多头信息服务体系，资源描述与网络结构不统一，致使系统交互困难、缺乏信息共享服务界面、难以充分了解用户信息需求等，这些因素都是影响三馆资源数字化融合服务的障碍，档案馆在馆际资源共享实现中还需要考虑档案数据在转换与传递中的安全问题。因此，三馆信息描述与组织的标准化、资源整合检索系统、跨机构合作平台建设等仍是三馆合作中需要突破的难点。

在文献调查的同时，笔者所在的课题组也走访了部分图书馆、档案馆、博物馆，了解了三类机构的文化遗产信息资源建设与服务开展情况，同时获取三类机构在文化遗产信息资源数字化融合服务中所关注的因素。笔者对访谈资料进行分析整理后发现，就机构性质、馆藏资源特点，上述机构主要关注四个方面的问题。

3.4.1.1 机构协作问题

由于图书馆、博物馆、档案馆的机构差异，三馆之间的合作交流还不够紧密，因此，三类机构的合作最先需要解决馆际协调问题。实现规模化、系统化、标准化的数字资源建设与管理需要大量机构间的长期协作协调，需要调动各方的参与积极性，其中，离不开有效的激励机制和必要的经费支持。档案馆的机构性质，决定了其对档案使用的严格管理，因此，有图书馆、博物馆的工作人员表示，在加工数字资源时需要到档案馆查访档案，档案馆严格的使用管理往往会使他们在利用档案资料开发文化遗产信息资源时心存顾虑。另外，由于人力、物力、技术限制，图书馆、博物馆、档案馆在数字资源建设与服务中也采取了部分外包的模式，因此，访谈中也有机构表示，图书馆、博物馆、档案馆主要具有资源建设与管理优势，而百度、谷歌等互联网内容服务商在贴近用户、了解用户需求方面也存在优势，企业与文化服务机构优势互补，在保障知识产权和数据安全的前提下，由三馆提供资源、企业面向用户提供服务，也是一种可以尝试的做法。

3.4.1.2 知识产权保护

无论是物质文化遗产还是非物质文化遗产，都是人类智力劳动产生的成果，受到知识产权法的保护。基于文化遗产实体数字化形成的信息资源，作为无形知识财产同样受到知识产权法律的保护。数字环境下，便捷的信息传播也在一定程度上增加了三馆在文化遗产数字资源建设、传播、服务中的知识产权风险。笔者所访谈的机构都谈到了知识产权保护问题，图书馆更多的是面向社会提供服务，但出于知识产权保护的需要，它们所建立的文化遗产专题数据库，有些仅向本馆用户开放，有些是提供低分辨率资源供网络用户浏览，获取和使用高分辨率数字资源需要联系服务部门获得相关资源的使用授权。博物馆文物来源复杂，有些文物博物馆拥有财产所有权但未必拥有相应的版权，使得文化遗产信息资源在数字化和网络传播中受到限制。同时，文物和档案作为历史遗留物都具有稀缺性，出于保存和保护的需要，博物馆根据文物的稀缺性价值进行分级管理，档案馆根据保密级别对档案文化遗产资源有限度的公开，两类机构的资源特点加上知识产权保护的需求，使得博物馆和档案馆更多的是实现行业内部文化遗产信息资源的共享，而在社会服务中仅提供有限的目录检索和专题展览服务。利用数字水印技术对文化遗产信息资源进行知识产权保护是三类机构通用的做法，但是这种技术保护作用很有限，添加的水印不仅容易利用技术手段消除，而且又会干扰原有信息。因此，遵循知识产权保护法规范对文化遗产信息资源的使用，以及从技术层面与法律层面的联动保护更为必要。

3.4.1.3 数字资源组织

文化遗产信息依附于一定的载体而存在，图书文献、档案、文物都是文化遗产信息的记录载体。图书馆、博物馆、档案馆统一按照载体的形式特点实现馆藏资源管理，因此文化遗产信息资源也散落在不同载体的资源中，按照图书、档案、文物的分类组织体系进行管理。图书馆以学科知识内容体系为依据，采用《中国图书馆分类法》《中国分类主题词表》进行馆藏资源管理与描述，都柏林核心元数据和MARC是主要的资源描述标准，针对文化遗产信息资源也建立了组织规范，如古籍著录规范、金石拓片著录规范等。档案馆依据档案形成和运动规律，以职能分类为基础，基于全宗思想采用《中国档案分类法》《中国档案主题词表》对档案资源分类组织管理，在检索中实现全宗级、案卷级、文件级和全文检索，也囊括了甲骨档案、金文档案、简牍档案等文化遗产信息资源。博物馆馆藏文物资源庞杂，目前还没有形成全国统一的分类法，各馆都根据馆藏资源建立了分类管理体系，使用较多的有时代分类法、质地分类法、功用分类法。另外，博物馆内部对资源的著录描述也不统一，尤其在实物类型的文化遗产信息资源著录描述中更为明显。所以在数字化融合服务中，图书馆、档案馆的文化遗产信息资源统一组织管理更易于实现，而博物馆内部因缺乏统一的分类组织标准，客观上影响了博物馆界内部，以及博物界与其他文化机构之间的资源共享，因此，分类组织体系与描述规范仍是实现资源共享的一大障碍。

3.4.1.4 跨系统数据交互

图书馆、博物馆、档案馆同为文化服务机构，但是馆藏资源的特点决定了三馆在服务开展中的侧重点存在差异。图书馆更偏重于服务，博物馆和档案馆不仅是服务还要做好馆藏资源的保护，更为关注数字资源迁移和载体转换中的安全问题。在馆藏文化遗产信息资源共享方面，图书馆界已经在实践中积累了丰富经验，基于都柏林核心元数据集对手稿、图像与视频资料、古籍、甲骨、拓片等专门资源的元数据进行了规范和应用推广，能够借助 OAI – PMH 协议等实现馆际文化遗产信息资源的跨系统交互。档案馆界建立了《中国档案机读目录格式》《信息与文献——文件管理——文件元数据》国家标准，对明清档案和全国革命历史档案的采集、分类标引和著录形成了行业标准。各地也纷纷建立了地方性档案数据规范，如《江苏省文书档案文件级目录数据库结构与数据交换格式》《四川省档案资料数字化标准》《福建省文书档案目录数据交互格式与著录标准》等。因此，专题类文化遗产信息资源和区域内的档案资源数据交换易于实现，而跨区域的档案数据共享还有一定的难度。博物馆界与档案馆界类似，各馆基于馆藏资源建立文物管理信息系统，馆际之间的跨系统数据交互和资源共享还不易实现，但是博物界已经开始重视并推动文物数据资源共享。目前，国务院统一组织实施的第一次全国可移动文物普查正在进行，目的是全面掌握和科学评价各馆文物资源和价值，促进馆际文物资源的整合利用。

3.4.2 面向用户的三馆数字化融合服务

从前面国内外项目对比分析可见，我国的文化遗产信息资源共享大多数还局限于单一的行业之内，也有少量的三馆数字化融合服务实践。从服务内容与形式来看，国外的项目体现了以用户为中心、服务社会大众、关注教育学习等特点，整合的文化遗产信息资源内容广泛，而且引导用户参与到文化遗产信息资源建设与服务中；相比较而言，国内的相关实践在服务人群范围、服务内容规模、用户参与方面都还有待加强。

建立三馆数字化融合服务的本意在于促进文化遗产信息资源共享，满足社会公众的文化需求，因此，图书馆、博物馆、档案馆应当以用户为中心，树立面向用户的服务理念，探讨实施三馆文化遗产资源的数字化融合服务（见图3－3）。

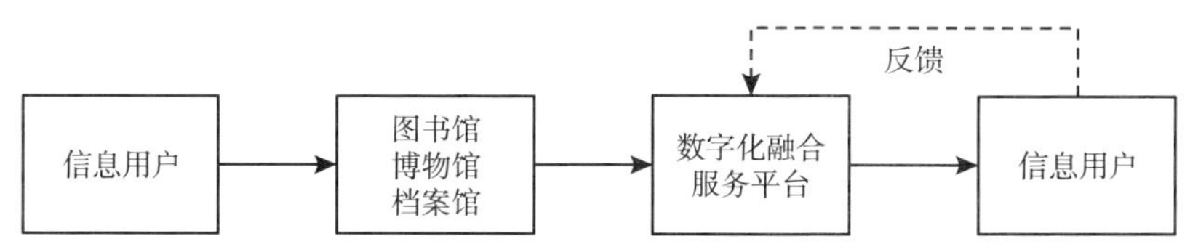

图3－3　面向用户的三馆数字化融合服务

资料来源：笔者根据相关资料整理绘制。

3.4.2.1　面向用户的服务理念

理论和观念是开展各种工作的指导，正确的理念是图书馆、博物馆、档案馆开展文化遗产信息资源数字化融合服务的保障。三馆开展文化遗产信息资源数字化融合服务需要以用户为中心，坚持智慧与服务、平等与开放、个性化与人性化结合的服务理念。

（1）智慧与服务。

智慧与服务是三馆开展文化遗产信息资源数字化融合服务的基本信念。“知识就是力量”，知识武装的民族才能智慧和强壮，文化遗产是中华民族的智慧结晶，其中所蕴藏的知识对于民族发展、国家强盛意义重大。首先，图书馆、博物馆、档案馆有必要以智慧传播为理念，整合三馆所保存的文化遗产信息资源，向社会提供更多的优质资源。其次，服务是图书馆、博物馆、档案馆联合开展数字化融合服务的主题思想，面对用户日益增长的文化信息需求，三馆应该始终保持公益性服务，充实多元化的服务内容和服务方式，提供高质量的、特色文化遗产信息资源服务。

（2）平等与开放。

平等与开放是三馆开展文化遗产信息资源数字化融合服务应当遵循的一个原则。这里有两层含义，首先，文化遗产信息资源是中华民族所共有的宝贵财富，每个用户都有权利合法、平等地获取相关的资源及服务，这就要求图书馆、博物馆、档案馆为公众提供平等、开放的服务空间，满足公众的信息获取需求；其次，要求图书馆、博物馆、档案馆以公众利益为重，打破行政体制束缚，以平等开放为理念开展更多的合作、互补和资源共建共享，充分挖掘各馆文化遗产信息资源并加工组织形成优质资源，向公众提供更大范围和更深层次的文化信息资源服务与共享。

（3）个性化与人性化。

在图书馆、博物馆、档案馆文化遗产信息资源数字化融合服务中，各种技术的应用不是万能的，用户才是文化遗产信息资源的最终使用者，也是三馆数字化融合服务中需要重点关注的主体。在信息化、网络化的环境中，用户不再满足于共性的信息服务，更加渴望信息服务机构能够提供多样化、智能化的服务内容和服务手段。图书馆、博物馆、档案馆明确认识用户的主体地位，以了解用户需求作为开展数字化融合服务的第一要务，结合用户的共性需求和多样化的个性需求，组织文化遗产信息资源和设计合适的服务形式才能确保三馆数字化融合服务取得成功。

3.4.2.2 三馆数字化融合服务的要素组成

三馆数字化融合服务中，用户是服务对象，图书馆、博物馆、档案馆构成了主要的服务机构，各种文化遗产信息资源是开展服务的数字资源，利用数字技术搭建一站式服务平台、建立相应的管理手段和保障措施是开展数字化融合服务的有力支撑。可以说，用户需求、文化遗产数字资源、数字化融合服务平台、管理措施和保障途径构成了三馆数字化融合服务的要素（见图3－4）。这些要素相辅相成，其中，图书馆、博物馆、档案馆在数字化融合服务理念指导下，以用户需求为出发点，组织文化遗产数字资源和建设相应的服务基础设施；管理措施和数字化融合服务平台的结合，不仅为公众提供了便利的服务途径，还可以与公众进行互动，针对信息技术发展和用户需求变化，适时调整文化遗产数字资源的服务内容和形式，提供更为丰富的文化服务；保障途径如同“后勤”机构，为各要素的有序运行提供全面保障，并提供一定的反馈评价机制，进一步调整和优化三馆数字化融合服务。只有几个要素相互支撑与协作，才能确保三馆数字化融合服务的顺利运转。

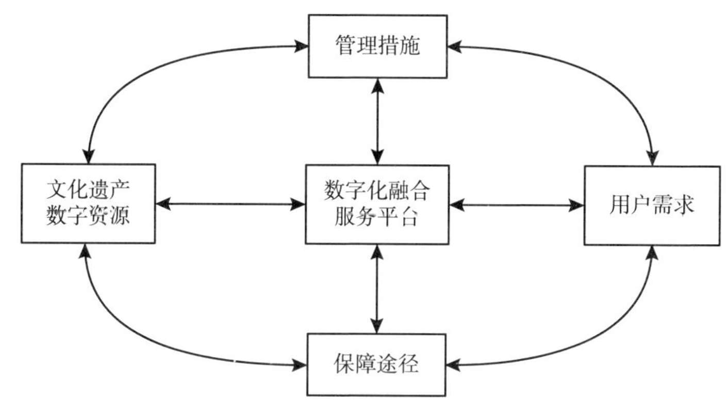

图3-4 数字化融合服务体系组成要素

资料来源：笔者根据相关资料整理绘制。

3.4.2.3 三馆数字化融合服务的动力机制

文化遗产信息资源数字化融合服务是社会公共文化信息服务的一个子系统，其成长和发展受到多方面因素的综合作用和影响，这些因素既有来自图书馆、博物馆、档案馆的内部因素，也有来自社会大环境的外部因素。三馆数字化融合服务的实现必须正视各种内因和外因的影响，区别分析、因势利导，建立有利于数字化融合发展的动力机制，推动数字化融合服务的实现。

数字化融合服务的发展很大程度上取决于图书馆、博物馆、档案馆的内在动力，对于用户需求的了解、对于机构使命的认识、对于文化遗产资源价值的认识能够推动三个机构联合开展数字化融合服务。除此之外，来自外部的因素，如政府政策和社会认识，以及由人才、法律、技术、社会力量等因素组成的支撑体系，也会影响三个机构的内部动力，推动数字化融合服务的顺利开展。另外，外在的动力主要是企业、高校、科研机构技术供给，及其他相关文化机构的支持，它们与用户需求相互协作，能够共同推动数字化融合服务的发展。因此，图书馆、博物馆、档案馆文化遗产资源数字化融合服务的实现依赖于“五种力量”的综合作用（见图3－5），三馆的内部动力、政府和社会的引力、用户需求的拉力、企业院所相关单位等的推动力，以及法律、人才、网络技术、社会力量的支持力共同作用，是实现我国三馆文化遗产资源数字化融合服务的必由之路。

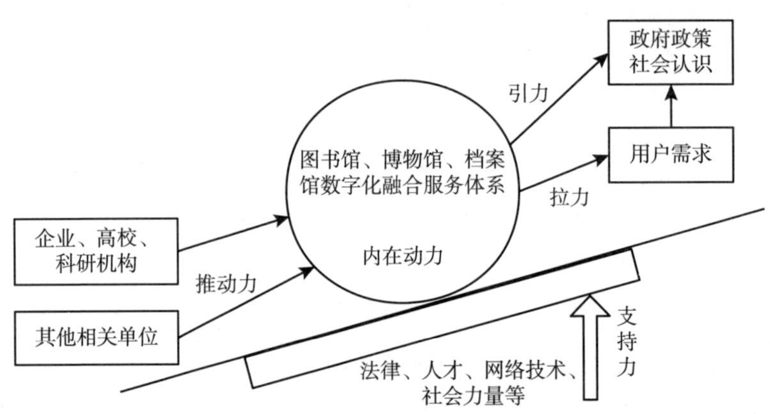

图3－5　三馆数字化融合服务的动力机制

资料来源：笔者根据相关资料整理绘制。

3.4.2.4　三馆数字化融合服务的实施策略

结合国内外现有的相关服务实践，以及影响图书馆、博物馆、档案馆数字化融合服务的障碍因素分析，在实施三馆文化遗产信息资源数字化融合服务时，可以具体从以下角度开展：

（1）坚持政府引导，建立跨组织馆际合作协调机构推动融合服务开展。

从调查的国外数字化服务项目来看，世界数字图书馆、欧盟Europeana项目分别由联合国教科文组织和欧盟委员会协调实施，美国的馆际合作支持机构主要是美国博物馆与图书馆服务学会（IMLS），加拿大采取实体机构合并重组模式，澳大利亚直接由国家图书馆领导实施馆际资源融合服务，它们无一例外都有专门组织或政府部门来协调实施。我国图书馆、博物馆、档案馆虽然同属于文化机构，但业务主管部门各不相同，开展跨系统的文化遗产信息资源数字化融合服务，首先，需要打破管理体制造成的合作壁垒，推动三个机构之间的各种交流合作；其次，结合国外实践和我国国情，由文化部、国家文物局、国家档案局共同协商，建立类似于美国 IMLS 性质的跨组织馆际合作协调机构，图书馆、博物馆、档案馆地位平等的参与其中，从国家层面推动文化遗产信息资源的数字化融合服务。

跨组织馆际合作协调机构发挥三个方面的作用，一是统筹规划确立三馆文化遗产信息资源数字化融合服务中的实施战略，包括推进步骤、资源内容、技术应用等；二是宣传和引导图书馆、博物馆、档案馆加强馆际合作和交流，鼓励和指导三馆开展馆际数字化融合服务项目；三是募集资金，为三馆文化遗产信息资源的数字化融合服务提供必要的资金支持。

（2）三馆资源共建共享，采取混合式服务模式为用户提供文化遗产信息服务。

当前国内外图书馆、博物馆、档案馆基于文化信息服务采取的合作主要有：机构合并重组模式、实体场馆集中模式、共建共享模式、资源共享模式（赵红杰，2009）。结合我国的国情，三馆文化遗产信息资源共建共享，基于数字技术实现资源融合服务更为合适，该模式既有利于促进三馆协作交流、共同发展，同时也能够实现馆际文化遗产信息资源的优化配置。三馆文化遗产信息资源的共建共享，必然涉及多种资源的交互协作，数字化融合服务体系在规划建设文化遗产数字资源时，可优先选择三馆内用户需求大、社会价值高、载体易损毁的文化遗产进行数字化建设，并发布到数字化融合服务平台供用户访问和获取。

数字环境下，异构资源的融合服务可以采取集中式、分布式或混合式服务模式，如世界数字图书馆采用了集中式服务模式，而欧盟Europeana项目采用了混合式服务模式。为了保护文化遗产知识产权和各馆数字资源安全，三馆数字化融合服务体系可借鉴Europeana的做法，采取混合式服务模式，即文化遗产数字资源仍然完整存储于图书馆、博物馆、档案馆之内，数字化融合服务平台仅接收三馆的文化遗产信息元数据和缩略图，用户如果希望获取原始资源，则通过链接进入馆藏机构网站，在获得馆藏机构许可后方能获得文化遗产信息资源。混合式服务模式可以减少数字化融合服务平台的资源存储，保护参与机构的知识产权，提高参与机构的网站访问量。

（3）鼓励多方参与，结合现有服务项目逐步推进数字化融合服务实现。

数字化融合服务的实施离不开资源数字化和多种数字技术的应用，而不少图书馆、博物馆、档案馆往往拥有丰富的文化遗产资源，却缺乏相应的资金、数字化设备和技术人员。澳大利亚Trove项目、大学数字图书馆国际合作计划、百度百科数字博物馆、“香港记忆”的实践已经证明，高校、科研机构、企业、社会团体、用户都可以参与到文化遗产信息资源数字化融合服务中，协助三馆开展文化遗产数字资源建设、建立数字化融合服务平台、策划专题展览等。

图书馆、博物馆、档案馆的数字化服务水平不一，齐头并进地推进数字化融合服务并不现实。从目前的数字化服务现状来看，三类机构都不同程度地开展了文化遗产信息资源共享服务，其中，图书馆界开展了多个全国性数字化服务项目，它们在机构协作、资源建设、服务管理中积累了丰富经验。因此，从集约建设、逐步推进的角度考虑，可以从两方面推进文化遗产信息资源数字化融合服务的实现：一是在现有的服务项目中融入多机构的文化遗产信息资源，例如，在中国数字图书馆工程全国联合书目数据库中，加入博物馆和档案馆的馆藏资源目录，在全国文化信息资源共享工程中纳入高校图书馆、档案馆的文化遗产信息资源，以中国大学数字博物馆和百度百科数字博物馆为基础，扩大博物馆之间的馆际合作；二是以先行业内后行业间、先局部后整体的推进策略为指导，分别推动图书馆内部、博物馆内部、档案馆内部的文化遗产信息资源数字化融合服务，同时，对于三馆共有的，且有规范数据描述标准的文化遗产信息资源，可考虑在三馆间试点开展横向的、基于特定主题的文化遗产信息资源数字化融合服务实践，解决三馆文化遗产信息资源的统一组织和跨系统交互问题。最终，将所有的文化遗产信息资源融合到一个服务平台，实现全国范围的文化遗产信息资源融合服务。

文化遗产资源数字化融合服务需求分析

用户需求研究即利用有效的研究工具和方法对目标群体展开深入细致的研究，以发现目标群体对产品或服务的需求特征与行为偏好，从而有针对性地开发产品与服务满足用户的期望。用户需求是开展信息服务的前提，也是用户研究的一部分重要内容。本章尝试将生活形态理论与用户需求理论结合，通过设计问卷展开调查，以研究图书馆、博物馆、档案馆用户群体对于文化遗产资源数字化服务的需求特点和偏好。

4.1 研究思路

成功的用户服务建立在对用户消费心理和行为特点的深入分析与精准服务之上，对于图书馆、博物馆、档案馆的信息服务也是毫无例外的。近年来“以用户为中心”的服务理念逐渐得到了上述各个文化机构的认可，信息服务管理与营销已经成为图书馆、博物馆、档案馆工作的一部分内容。仅仅依靠年龄、职业、教育背景、月收入等人口统计信息开展信息服务，已经不能满足用户日渐强烈的个性化服务需求。

公众关注什么类型的文化遗产信息资源？通过什么途径获得文化遗产信息？对图书馆、博物馆、档案馆的数字化服务使用情况如何？为了准确回答这些问题，就需要对用户需求有深入的了解。首先，本章研究思路是以信息需求、信息行为、生活形态理论为基础构造调研问卷，了解图书馆、博物馆、档案馆用户对文化遗产信息资源的关注与相应的数字化服务使用情况；其次，开展预调查检验调查问卷设计的合理性，结合预调查的反馈结果调整问卷内容并确定正式的调查问卷；然后通过网络和图书馆、博物馆、档案馆的实地调查获取调查样本数据；最后，对回收的有效问卷借助统计软件进行描述性分析，尝试进行因子分析和聚类，对目标用户进行人群细分，研究不同人群的文化遗产信息需求与数字化服务需求是否存在差异。

4.2　问卷设计与调查实施

4.2.1　问卷设计

开展用户调查的目的有两个，首先，了解三馆用户的文化遗产信息需求和对三馆的数字化服务使用情况，获取用户对数字化融合服务平台的服务功能需求；其次，借助生活形态理论，进一步探讨三馆用户的生活形态是否对其文化遗产信息需求、数字化服务使用和服务平台功能需求等产生影响。由于用户的数字化服务使用与其网络信息行为联系紧密，因此，考虑调查问卷设计包含四个方面的内容，即网络信息行为、文化遗产信息需求与图博档数字化服务应用、日常生活形态测量、用户背景信息。

（1）网络信息行为。

数字化服务的开展离不开网络设备的使用和各种网络工具的应用及交互行为的参与，因此，本章节主要是了解被调查对象经常使用的网络访问设备、浏览网站关注的因素，经常使用的 Web 2.0 工具和经常参与的网络交互活动，以及参与网络交互的动机。

（2）文化遗产信息需求与图博档数字化服务应用。

本章节是研究的重点，主要获取用户的文化遗产信息需求和对图书馆、博物馆、档案馆数字化服务的使用情况，分为三个层次：首先，基于信息需求理论了解被调查对象对文化遗产的关注，以及对文化遗产信息资源的需求认知结构、需求效用结构和需求内容结构；其次，了解被调查者对图书馆、博物馆、档案馆已有的数字化服务的使用情况；最后，了解用户对三馆文化遗产资源数字化融合服务的态度及服务需求。

（3）生活形态测量。

笔者希望通过分析三馆用户的生活形态，揭示生活形态与文化遗产信息需求及数字化服务应用的相关关系，考虑到地区文化差异，因此生活形态量表题项的选择，主要参考中国台湾和中国大陆地区基于信息产品和网络服务方面的相关研究成果，收集用户个人生活状态、人际交往、休闲娱乐、对科技产品的使用情况，以及价值观、消费观、传播观等，希望据此深入了解图书馆、博物馆、档案馆用户的态度观念与行为特点对其网络信息行为、文化遗产信息需求与数字化服务是否有关联关系。由此，提出以下四条研究假设：

假设1：图书馆、博物馆、档案馆用户可以分为几种不同的生活形态群体。

假设2：图书馆、博物馆、档案馆用户生活形态与网络信息行为间具有相关关系。

假设3：图书馆、博物馆、档案馆用户生活形态与文化遗产信息需求间具有相关关系。

假设4：图书馆、博物馆、档案馆用户生活形态与数字化服务需求具有相关关系。

本书研究具体的生活形态测量指标的选取，以AIO生活形态测量为指导，从普卢默（1974）的生活形态测量维度中选取12个维度（见表4－1），组成了含有60个问题的量表，采用李克特七级量表测量被调查者在生活形态各个方面的态度。

表 4-1　　研究制定的生活形态层面

活动	兴趣	意见	人口统计变量
工作	流行	自我	性别
交际	媒体	个性	年龄
休闲	成就	文化科技	教育程度
消费	审美	新事物	职业、收入

资料来源：Plummer，Joseph T. The concept and Application of Life Style segmentation [J]. Journal of Marketing，1974，1：33-37.

（4）用户背景信息。

用户背景信息是调查问卷中必不可少的一部分，主要是收集调查对象的性别、年龄、教育程度、职业、月均收入 5 项基本的人口统计变量，以此进行用户生活形态调研及用户群体确定的辅助分析。

4.2.2　预调查

为了保证问卷设计的质量和数据研究的效果，本章节研究在正式调查开始之前首先发放了 120 份问卷进行小范围的预调查，回收有效问卷 92 份并进行初步分析，据此对调查问卷的内容进行了调整和修正。

对调查问卷的内容、形式、措辞，以及问题的严谨性进行修改与调整，增加了两个问题，用于甄别受试对象所填答的问卷是否有效。问卷第一部分根据被调查者的反馈意见，删除了“您上网时通常浏览下列哪些信息”和“您看过新闻或者访问论坛、微博站点后的交互行为”两个不便于精确作答的题项，保留的 5 个题目对其选项进行了精简合并。问卷第二部分受试者反映选项过于详细、专业术语看不明白，删除了“您对哪个历史时期的文化遗产感兴趣”的题项，其他题项进行相应的调整：“关注文化遗产信息的原因”主要是从科研、学习、休闲娱乐等角度考察用户获取文化遗产信息的效用结构；“获取文化遗产信息的场所和途径”主要获取用户的信息获取途径，以便有针对性地向其传递文化遗产信息内容和服务信息；对涉及物质文化遗产和非物质文化遗产的题项进行了归类精简，将物质文化遗产信息分为 11 个主题大类，根据国家非物质文化遗产分类标准整理出 9 个大类的非物质文化遗产信息主题，分别用于了解用户的文化遗产信息内容需求结构。问卷第三部分主要对生活形态量表进行了信度和效度分析，多次因子分析和 Cronbach's α 系数值、KMO 值检验比较后，保留了能够体现用户个性特点、休闲观、媒体观、消费观，以及对文化科技、新事物态度的 30 个题项；第四部分人口统计特征变量对年龄、受教育程度、职业和月均收入的选项内容进行了合并优化处理，正式调查阶段采用的是修正后的问卷。

4.2.3　正式调查

本书旨在尝试性探究图博档用户的群体特征与文化遗产服务需求，加之研究经费、时间、精力有限，故采用图书馆、博物馆、档案馆实地调查与网络问卷调查相结合的调研方法。实地调研主要在南京图书馆、南京博物院、南京民俗博物馆、江苏省档案馆、河南博物院、河南省图书馆、河南省档案馆、苏州昆曲博物馆进行，调查样本的选取以自愿参与为原则。为了扩大样本用户的地域分布，委托同学、朋友在深圳市图书馆、国家图书馆、上海市图书馆，以及西安市历史博物馆回收了一部分问卷。考虑到实地场馆的调查并不能覆盖所有的三馆用户，同时运用方便抽样、判断抽样和滚雪球抽样三种非概率抽样方法结合，利用电子邮件、即时通信工具对企业、政府部门、事业单位、高校历史专业的学生、初高中历史教师进行了网络问卷调查，利用问卷星在线调研网站的样本服务也回收了部分问卷。

正式调查阶段共回收问卷 464 份，在人工排查中明显填答有误和数据填写不完整的无效问卷 26 份，根据甄别题和量表题的回答剔除无效问卷 93 份，最后得到用于研究的有效问卷 345 份，有效率为 74.35%。

为了验证调查问卷量表测试的真实性和有效性，对回收的有效问卷生活形态量表题项进行了信度和效度分析。统计学上经常利用 Cronbach's α 系数来衡量问卷量表的信度，Cronbach's α 系数值介于 0 ~ 1 之间，Cronbach's α 系数越高表示量表测试结果信度越高，测量误差值越小①。一般认为，Cronbach's α 系数至少要在 0.7 以上才可接受（Nunnally，1975；DeVellis，1991），信度理想的量表 Cronbach's α 系数要在 0.8 以上。效度分为内容效度、准则效度和结构效度三种类型，其中内容效度和结构效度的分析更为常用。内容效度的分析经常采用的方法是单项与总和的相关系数衡量，相关系数至少要在 0.4 以上，相关系数越高说明内容效度越高。结构效度的分析经常借助于因子分析进行，KMO 值、巴特利球形检验值、累积贡献率、共同度和因子负荷都是衡量结构效度的依据，一般要求共同度大于 0.2，因素负荷量大于等于 0.45。

在本问卷中效度主要指所收集样本数据能在多大程度上反映图书馆、博物馆、档案馆用户的真实生活形态特点。在内容效度方面，量表内容以生活形态理论为基础，量表题项基于 AIO 测量维度，借鉴了已有相似研究中的测试题项，并通过预调查修改而成，具有相当的内容效度。首先，在 SPSS 中进行的独立样本 T 检验和双因素 Pearson 相关分析显示，以 t 值大于 3、相关系数大于 0.4 来衡量，30 个量表题项的测试区分度都符合要求，具有良好的内容效度。对正式问卷生活形态量表部分进行内部一致性检验后显示，Cronbach's α 系数为 0.969，大于 0.8，信度较好。结构效度的衡量主要通过因子分析进行检验，反复试验后发现，删除 Q8、Q11、Q34、Q35、Q42、Q55、Q59、Q60 后，KMO 值由 0.958 提升至 0.961、Bartlett 球形检验值由 8696.097 升至 8866.711，Cronbach's α 系数由 0.969 增加至 0.972，因

① 吴明隆. 问卷统计分析实务——SPSS 操作与应用［M］. 重庆：重庆大学出版社，2010：239.

此，生活形态量表部分后续正式统计时仅使用了保留后的 22 个题项。

4.3 样本的描述统计分析

4.3.1 人口统计特征

本书主要调查了样本的性别、年龄、受教育程度、职业状况、月均收入五项信息，基本数据（见表 4－2）。

表 4－2　　样本特征描述

变量	指标	频数	百分比（%）	累积百分比（%）	变量	指标	频数	百分比（%）	累积百分比（%）
性别	男	154	44.6	44.6	受教育程度	初中及以下	2	0.6	0.6
	女	191	55.4	100.0		高中/技校/中专	21	6.1	6.7
年龄	<19 岁	8	2.3	2.3		高职/大专	54	15.7	22.3
	19~29 岁	69	20.0	22.3		大学本科	185	53.6	75.9
	30~39 岁	102	29.6	51.9		研究生	83	24.1	100.0
	40~49 岁	81	23.5	75.4	职业	学生	40	11.6	11.6
	50~59 岁	80	23.2	98.6		教师	50	14.5	26.1
	≥60 岁	5	1.4	100.0		事业单位人员	45	13.0	39.1
月均收入	≤1000 元	42	12.2	12.2		党政机关公务员	11	3.2	42.3
	1001~2000 元	9	2.6	14.8		企业/公司人员	157	45.5	87.8
	2001~3000 元	34	9.9	24.6		个体户/自由职业者	17	4.9	92.8
	3001~5000 元	100	29.0	53.6		离退休人员	12	3.5	96.2
	5001~8000 元	99	28.7	82.3		其他	13	3.8	100.0
	>8000 元	61	17.7	100.0					

资料来源：笔者根据调查数据整理。

从上表数据可以看出，19～59 岁的人群是使用图书馆、博物馆、档案馆数字化服务的主要群体，相应的比例分别占到 20%、29.6%、23.5%、23.2%；19 岁以下的人群使用图书馆、博物馆、档案馆的数字化服务相对较少，调查中也了解到该类人群对文化遗产的概念很模糊，不清楚文化遗产具体是什么，因此，不是本调查的主要目标人群；60 岁以上的人群由于年纪较大，接触现代网络、使用数字化服务也相对较少，在实地调查中部分老年人表示对数字化服务很支持，但是自己"玩不转"，不知道该怎么使用，而且学习起来比较慢、容易忘；部分老年人还表示眼睛花，对小字体看不清楚，影响网络使用和体验数字化服务。

在教育程度方面，本调查的样本主要是高职/大专以上学历的人群，其中尤以大学本科以上学历人群居多，占到 53.6%，超过半数以上。由于数字化服务要求有相应的计算机使用技术、较高的信息素养，因此，高学历人群更易接受网络变化带来的便捷和应用数字化服务，加之图书馆、博物馆、档案馆作为主要的文化场所，具所提供的信息服务往往吸引的是具有一定文化知识背景的人群。职业分布数据显示，被调查对象主要是企业/公司人员，占到 45.5%；学生、教师、事业单位人员所占比例也较高，党政机关公务员所占比例相对较低，这是美中不足之处；在月均收入方面，月均收入达到 3000～8000 元的人群占到 55%，符合正态分布的特点。

4.3.2　网络信息行为

4.3.2.1　浏览网站时看重的因素

调查数据显示在四种常用的上网设备中，智能手机所占比例为 81.45%，其次是笔记本电脑（79.42%）和台式电脑（71.88%），使用平板电脑上网的用户占到 40%。上网设备由固定变移动、由有线转无线的变化得益于近年来无线移动网络的发展，各种小巧便捷的移动应用程序的开发也推动了无线上网的发展。

网络设备的发展、多种终端的涌现，丰富了公众的信息获取途径，但是不论科技怎样发展，传播手段如何更新，面对海量的信息数据，“内容为王”的实质不会改变。在浏览网站信息时，对内容的关注仍是用户看重的因素，74.78%的用户表示内容准确很重要，73.62%的用户希望网站的内容权威可靠，关注内容全面性和内容更新频率的用户分别占到68.70%和53.04%；网站的易用性、知名度、访问速度的快慢和服务的多样性也是45.80%的用户会考虑的因素，相对而言，对网页简洁性的关注只有26.09%（见图4-1）。所以，图书馆、博物馆、档案馆在利用数字化技术开展文化遗产信息服务时，内容的组织与建设仍然是排在首位的。

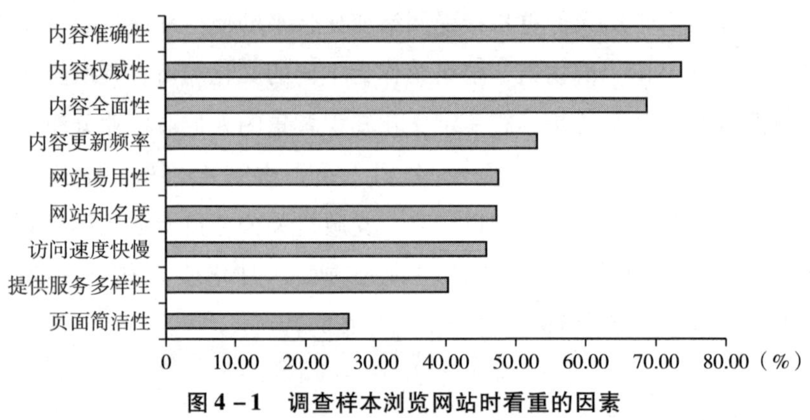

图4-1　调查样本浏览网站时看重的因素

资料来源：笔者根据调查问卷整理。

4.3.2.2　Web 2.0 工具使用

Web 2.0盛行的时代，交互与参与的理念已经深入人心，各种Web 2.0工具在各个年龄段不同职业的人群中都有着广泛的应用。总体来说，首先，即时通信工具、微信、微博以短、平、快的特点位列三位，所占比例分别达到 94%、75%、70%；其次，使用博客（36%）、视频分享的播客网站（28%）、SNS 类型的社交媒体应用（23%）的人群也较多，而 RSS 信息订阅、维基和标签的应用相对较少，分别是 13%、11% 和 7%。究其原因，大多数的被调查用户多是企业/公司人员，Web 2.0 的应用多是休闲、分享性质的，而后 3 种应用更加注重信息的推荐、组织，一般是对特定信息主题感兴趣的人群使用。

4.3.2.3　网络交互活动及交互动因

网上购物（83%）和论坛/空间/博客（83%）、下载/上传信息资源（65%）是被调查者参与较多的网络交互行为，经常在网络上咨询问题（48%）、参与网络游戏（33%）和进行协作学习（31%）的用户也占到 30% 以上；使用讨论组（邮件列表）交互的人群非常少，只有 23%。这说明在网络上，普通公众更多的是进行娱乐、休闲活动，如果图书馆、博物馆、档案馆能把信息服务与公众的网络交互行为结合起来，把信息主动地推送到目标用户经常参与的网络交互中，势必能营造更加有效的服务效果。

动机是产生行为的前提，用户的交互动机受到多种因素的综合影响，其交互动机在某种程度上也是马斯洛需求层次在参与行为上的反映。调查问卷从内在性动机和外在性动机、生理性动机和社会动机两个维度的调查显示（见表 4 - 3），用户参与交互的动力仍然源自对有价值信息的需求，调查样本参与网络交互主要是受内在的、生理性动机驱动，希望获得有价值的信息（93.9%）；“内容为王”是驱动网络互动蓬勃发展的根源，有 59.7% 的用户是为了满足个人的好奇心与兴趣，52.5% 的用户是为了体验参与的乐趣，还有 38.6% 的用户是希望发表意见获得他人认可或者能够帮助到其他用户，为了获得优惠或积分奖励的用户有 31.6%。这说明信息资源内容的建设、个人兴趣的驱动是推动网络交互的真正动力，信息服务机构必须充分挖掘用户的兴趣与需求，加强自身的信息资源建设、不断提供高服务产品的质量。

表 4 – 3　　调查样本参与网络交互的动因

参与网络交互的动因	动机类型		频数	百分比（%）
获取有价值的信息	内在动机	生理性动机	324	93.9
满足好奇心或兴趣	内在动机	生理性动机	206	59.7
获得优惠或积分奖励	外在动机	生理性动机	109	31.6
发表意见获得他人认可	外在动机	社会性动机	133	38.6
希望能够帮助他人	外在动机	社会性动机	133	38.6
体验参与乐趣	内在动机	生理性动机	181	52.5

资料来源：笔者根据调查问卷整理。

4.3.3　文化遗产信息需求

（1）关注文化遗产的原因。

图书馆、博物馆、档案馆面向社会提供信息服务，面对的用户群体中既有普通的个人用户，又有团体、组织机构用户。不同类型的用户对文化遗产信息资源的需求存在差异，调查问卷按照专业用户和休闲娱乐用户分类的方式对调查样本进行的调查发现，样本用户对文化遗产信息的需求是多方面的，其中，学习和丰富知识（79.7%）、个人兴趣爱好（65.2%）、休闲娱乐（60.6%）是比较主要的需求原因，30%以上的样本用户是出于工作/教学需要或给子女文化熏陶，可见大多数用户都认为文化遗产兼具知识性、趣味性、教育性，不仅能够丰富知识结构，而且能够调剂业余休闲生活。

（2）了解文化遗产的途径。

互联网络的发展让人们在电视、图书、报纸、广播等传统的信息获取渠道之外，又多了一种选择，而且网络的交互性、跨时空性也让更多的人首选利用网络获取信息。调查样本对于文化遗产信息的获取也不例外，网络媒体是样本用户获取文化遗产信息的首选途径，所占比例达到83.8%，博物馆、图书馆也是样本用户获取信息的重要阵地，分别由78%和74.5%的样本用户表示会在博物馆和图书馆接收信息，这一点也和公众对文化遗产的理解有关，许多公众将文化遗产与文物联系在一起，对文化遗产信息的获取场所主要是博物馆；而图书馆与公众生活联系紧密，近年来图书馆也加大了文化遗产信息的宣传。此外，电视媒体（71.6%）和图书杂志（51.3%）也是多数用户获取文化遗产信息的途径（见图4－2），如中央电视台的《国宝档案》和《寻宝》栏目都是公众喜爱的文化视频栏目，尤其是《寻宝》以用户参与的互动形式增加了文化遗产信息传播的趣味性，让用户了解了文化遗产及其价值。

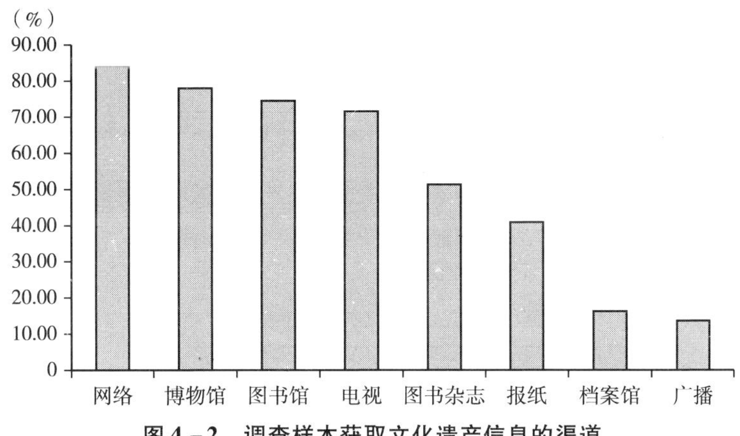

图 4－2　调查样本获取文化遗产信息的渠道

资料来源：笔者根据调查问卷整理。

（3）关注的文化遗产类型。

我国的物质文化遗产和非物质文化遗产分布于全国各地，且类型多样，笔者根据文化遗产所反映的内容大致分为若干类，以了解调查样本对文化遗产信息资源的需求结构。60%以上的样本用户对历史人物类、民族特色类、民俗生活类物质文化遗产感兴趣，相对而言，对家族谱牒类、商贸经济类的物质文化遗产关注较少，均不足30%（见图4-3）。对于非物质文化遗产，传统手工技艺（69%）、民间美术（55%）、民间知识（52%）、民族语言文学（52%）、礼俗节庆（50%）是多数样本用户所感兴趣的主题（见图4-4）。分析数据可以发现，样本用户所感兴趣的物质和非物质文化遗产类型多数是生活中通过网络、电视、博物馆、图书馆或旅游景点等各种渠道能够较多接触的。

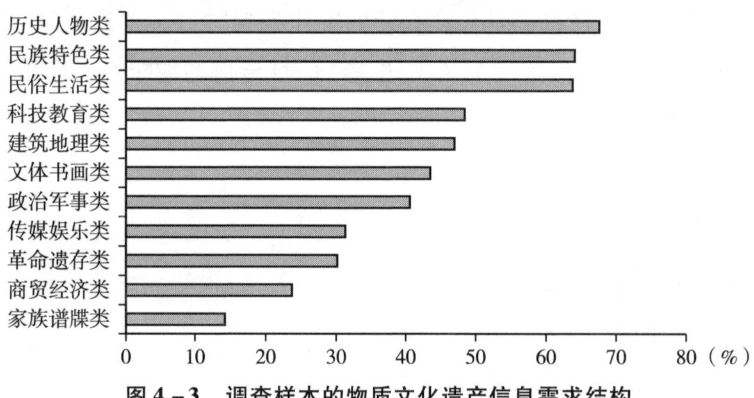

图4-3　调查样本的物质文化遗产信息需求结构

资料来源：笔者根据调查问卷整理。

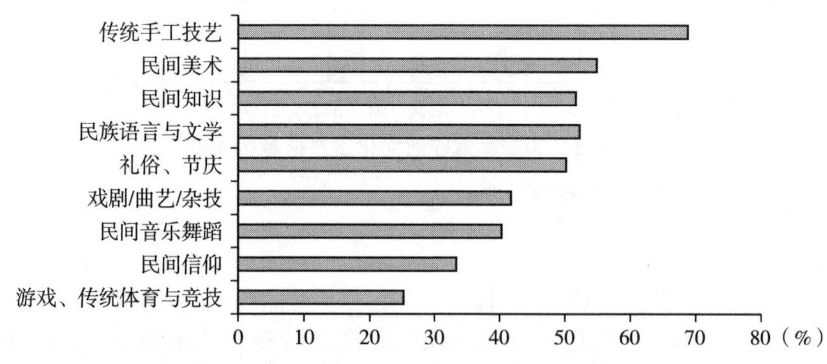

图4-4　调查样本的非物质文化遗产信息需求结构

资料来源：笔者根据调查问卷整理。

4.3.4 数字化服务的使用

4.3.4.1 图书馆、博物馆、档案馆数字化服务使用

通过对样本用户的调查可以看到，图书馆、博物馆是大多数用户都经常会去的场馆，比例分别为 86.4% 和 79.7%，去过档案馆的人数较少。数字化服务的使用情况分析发现，图书馆的数字化服务使用率最高，达到 85.8%，博物馆的数字化服务使用率为 57.7%，档案馆的数字化服务率只有 18.8%。数据经过对比分析还发现，去过图书馆的用户几乎都使用过图书馆的数字化服务，这与样本用户的教育背景有关系，因为除了公共图书馆，高校图书馆也是重要的信息获取场所，大多数用户都在学校使用过图书馆的数字化服务，与图书馆的高接触率也带来了较高的数字化服务使用率；去博物馆的用户相对较少，而且用户去博物馆的频率低于图书馆，一些用户只在节假日才会去博物馆，平常有意识地到博物馆网站获取信息的人数较少；去过档案馆的用户非常少，这与人们长期将档案馆视为行政机构而不是文化机构有关，但是数字化服务的使用却拓展了人们对档案馆信息的获取与利用渠道，样本用户中去过档案馆的只有 56 人，而使用过网站数字化服务的却有 65 人。调查样本中，三个场馆都没有去过的人极少，只有 13 人，但是没有使用过三个机构数字化服务的人有 33 人，这说明数字化服务的应用在一定程度上拓展了人们的信息获取和接受服务的渠道，尤其是对档案馆而言，这种作用更为明显，但是总体上来说，除了图书馆，博物馆和档案馆的数字化服务的使用率还有待提高。

目前，大多数图书馆、博物馆、档案馆都开通了网络平台和利用数字技术丰富服务形式，大大拓展了信息服务渠道。对使用过三馆数字化服务的用户进一步的调查分析可见，无论是图书馆、博物馆还是档案馆，资源检索、信息阅览（浏览帮助信息、服务信息和

展览讲座资讯）、在线展览/讲座、视频点播都是用户接触较多的服务形式。

图书馆是大众日常生活中接触较多的文化机构，信息资源数量众多、类型丰富，所提供的数字化服务形式也比较多，其中，馆藏书目检索、在线阅览、获取展览讲座资讯和服务指南是多数用户都使用过的数字化服务，数字参考咨询、文献传递也有较多的用户使用，但是馆际互借、文化共享工程资源和移动图书馆的使用率还不够高（见图 4-5）。

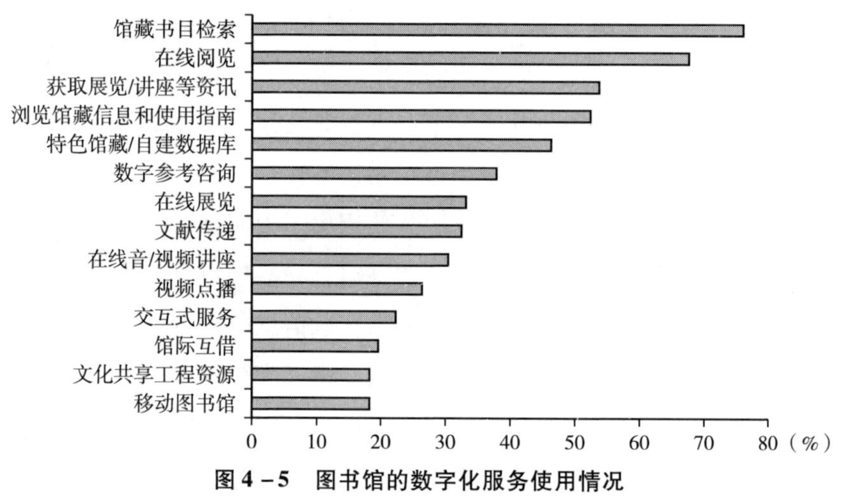

图 4-5　图书馆的数字化服务使用情况

资料来源：笔者根据调查问卷整理。

博物馆立足馆藏文化遗产资源的展览宣传，以数字化服务作为延伸服务的一种手段，也推出了较多的数字化服务形式。馆藏藏品检索、参观指南、特色资源、在线展览都是用户使用较多的数字化服务。另外，在线预约参观、语音导览的推出也为用户提供了较多便利，少数博物馆还推出了手机自助导览、移动博物馆、交互式服务，但用户对这些服务的知晓率低，使用率也相对较低（见图 4-6）。

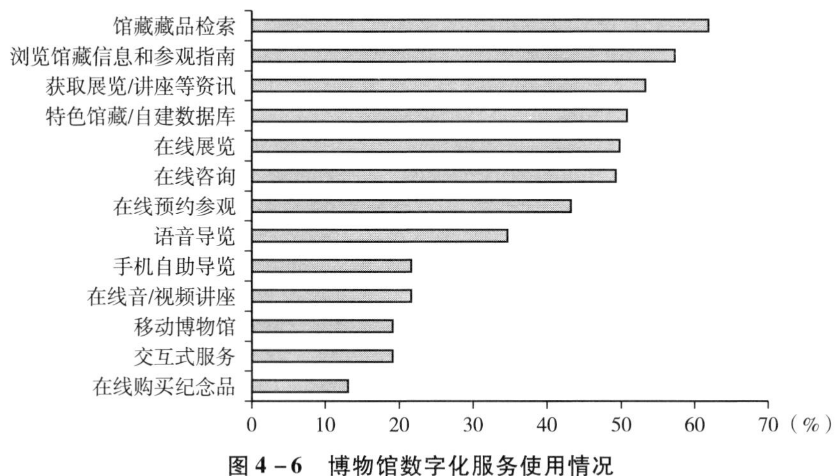

图 4－6　博物馆数字化服务使用情况

资料来源：笔者根据调查问卷整理。

档案馆的各种数字化服务形式与图书馆、博物馆类似，用户对档案检索、服务指南、展览讲座资讯、档案查证复制的使用率较高，档案编研成果、馆际文献传递、在线展览与咨询也有相当一部分用户使用，在交互式服务方面相对使用率较低（见图 4－7）。

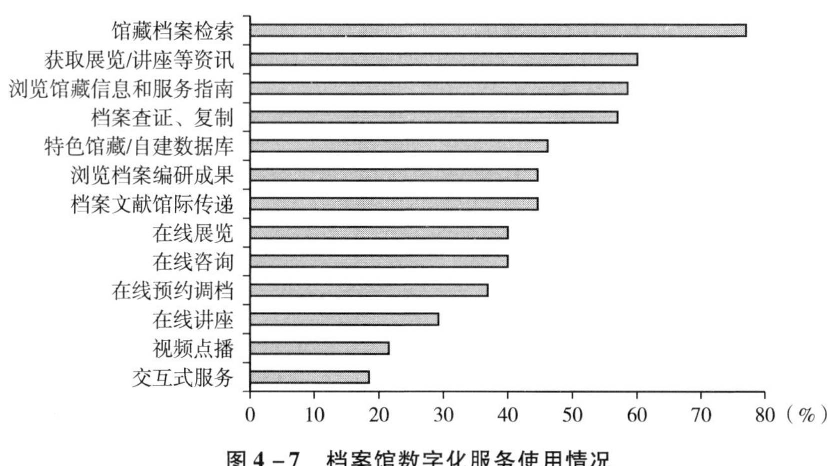

图 4－7　档案馆数字化服务使用情况

资料来源：笔者根据调查问卷整理。

用户普遍觉得三个场馆的馆藏文化遗产资源非常丰富，但是网站能够检索的数字资源在种类和数量上都还有限，而且资源比较分散、不易查找（46%），有些用户（31%）反映在服务中遇到问题得不得及时的帮助或专业指导。在服务改进方面，64%的样本用户希望能够增加与公众的交流互动力度；63%的用户希望信息数量能够进一步增加；希望提高信息质量和提高信息展示效果的用户有54%；51%的样本用户希望馆员的服务响应速度能够进一步提高；一半的用户表示可以开展机构合作，提供更多的信息服务；还有40%的用户希望能够改进服务界面和增加更多的个性化及移动应用。

4.3.4.2 图书馆、博物馆、档案馆数字化一站式服务需求

89%的用户都赞同将图书馆、博物馆、档案馆的文化遗产信息资源集成在一个平台提供服务，跨机构信息资源检索、支持移动设备访问、形象可视化的专题在线展览、展览/讲座/培训预告与查询、馆际资源互借是50%以上的用户希望一站式服务平台能够提供的服务形式，参考咨询（46%）、预约服务（38%）、定制个性化服务/上传资源（38%）、交互游戏/视频点播（36%）、分享信息到社交媒体（34%）也是较多用户希望能够提供的服务形式，而对RSS信息订阅、在线购买纪念品或出版物的服务需求并不多（见图4－8）。

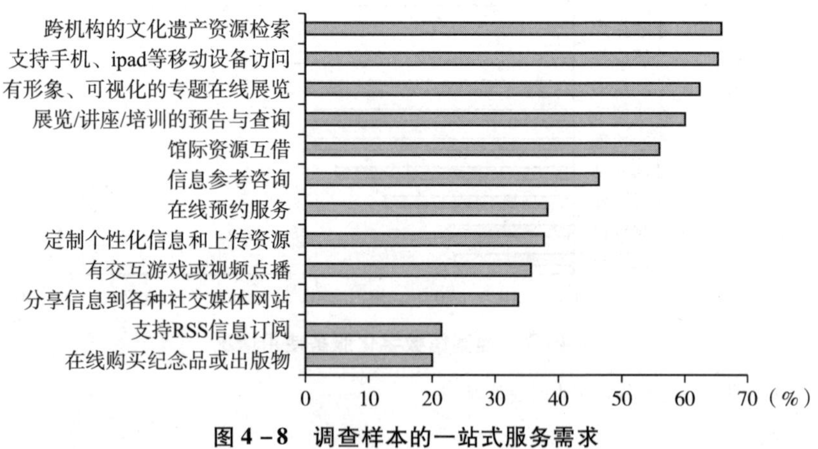

图4－8 调查样本的一站式服务需求

资料来源：笔者根据调查问卷整理。

可见，用户对一站式服务平台的服务需求首先是满足资源与资讯的获取需求；其次才是满足各种交互服务及应用需求，而且随着移动互联网技术的发展和各种移动终端的应用，用户希望能够使用移动设备访问服务平台的需求也是比较强烈的。

4.4　基于生活形态的样本分析

4.4.1　因子分析与聚类

4.4.1.1　因子分析

因子分析法最早由英国心理学家 C. E. 斯皮尔曼提出，在量表分析中经常使用该方法，目的是减少参与分析的变量数目，以较少的相互独立的公共因子变量来代替原有的大部分量表信息。采用因子分析方法的前提是所设计的量表变量之间需要有较强的相关性，通常是计算相关系数矩阵、KMO 值和巴特利球形检验来确定量表数据是否适合进行因子分析。

抽取公共因子变量是因子分析中重要的一个环节，需要确定抽取的公共因子个数、选择因子抽取方法和旋转方法，因子抽取方法有主成分分析法、最小平方法、最大似然法、主轴因子法、α 因子分解和映像因子分解，Promax 斜交法和最大方差正交旋转法是因子旋转的常用方法，通常主成分分析和正交旋转法在因子分析中使用较多。

本书研究所设计的生活形态量表经过信度和效度检验，各题项之间的相关系数都在 0.6 以上，KMO 和 Bartlett 球形度检验近似，卡方值分别为 0.961 和 8866.711，达到显著性水平，适合做因子分析。因为是探索性分析图书馆、博物馆、档案馆用户在生活形态上的特点，所以研究中并未以特征值大于1为确定因子数目的标准，而是根据碎石图分析确定的因子个数。研究中分别以主成分分析法、主轴因子法作为公共因子抽取方法，最大差异法、直接斜交法作为因子旋转方法进行了多次试验，发现采用主轴因子法和直接斜交法进行因子分析后确定的因子结果更为合理，最终抽取6个因子，能够解释的总方差达到81.650%（见表4-4）。

表4-4　　　　样本用户的生活形态公共因子

公共因子	量表题项	共同度	因子载荷	特征根	方差贡献率（%）	累积方差贡献率（%）
文化休闲	Q15 文化场所是我休闲时常去的地方	0.857	0.925	13.764	62.565	62.565
	Q14 我喜欢关注讲座或展览信息	0.830	0.906			
	Q19 我经常参加文化艺术活动以提升生活品质	0.826	0.899			
	Q22 我喜欢利用业余时间积累知识	0.863	0.893			
	Q13 我独处时，常阅读书籍、报纸，以求新知	0.772	0.870			
时尚新潮	Q32 我经常紧随时尚，变换服饰、造型	0.907	0.949	2.204	10.020	72.585
	Q31 我喜欢追求流行、时髦与新奇的东西	0.864	0.915			
	Q30 我很注意流行的趋势，总能很快的获悉最新时尚潮流	0.837	0.875			
	Q33 我会经常购买杂志，以跟上最新的潮流	0.750	0.850			
求新冒险	Q39 我在生活中更喜欢突破常规	0.888	-0.941	0.736	3.345	75.930
	Q41 我希望生活有新的刺激和变化	0.770	-0.874			
	Q44 我愿意尝试或接受新鲜的事物或观念	0.792	-0.792			

续表

公共因子	量表题项	共同度	因子载荷	特征根	方差贡献率（%）	累积方差贡献率（%）
信息敏感	Q6 任何时候，对信息的充分掌握都是很重要的	0.836	0.869	0.559	2.541	78.472
	Q7 网络已经成为我获取信息的重要渠道	0.814	0.863			
	Q4 我很注意通过各种途径获得信息	0.844	0.838			
	Q3 我总是希望借助最新科技方便地获取大量信息	0.802	0.757			
科技依赖	Q1 我常常是最早购买最新技术产品的人	0.837	0.897	0.559	1.717	80.189
	Q5 我经常追踪最新科技，我的手机经常更换	0.731	0.844			
独立自信	Q37 我在家庭、朋友中都十分有影响力	0.859	-0.913	0.321	1.461	81.650
	Q36 我比大多数的人更有主见	0.845	-0.901			
	Q38 到了一个陌生环境我能很快的适应	0.772	-0.825			
	Q43 我希望被视为一个领导者	0.666	-0.785			

资料来源：笔者根据调查问卷整理。

根据量表题项与旋转因子载荷的关系，6 个因子可解释如下：

因子 1：文化休闲因子，该因子下共包含 5 个题项，其内容与样本用户的文化活动、日常休闲行为有关，表现为是否经常去文化场所、参加文化艺术活动，注意知识积累与素质提高。

因子 2：时尚潮流因子，该因子共包含 4 个题项，其内容与样本用户日常生活中对待各种时尚新潮事物的态度与行为有关，表现为是否能准确把握潮流变化、并采取行动紧随时尚。

因子 3：求新冒险因子，该因子下涵盖 3 个题项，强调被调查者对新事物的反应，日常生活中是否喜欢寻求刺激冒险、尝试开拓性的创新活动。

因子4：信息敏感因子，该因子下涵盖4个题项，内容是与信息获取有关的态度与行为，表明被调查者对信息重要性的认识。

因子5：科技依赖因子，该因子共有2个题项，其内容体现样本对科学技术与产品的偏好行为，体现被调查者对科技应用的适应性。

因子6：独立自信因子，该因子下有4个题项，考查被调查者在日常生活中是否能够发挥意见领袖的作用，是否能够影响或引导他人的意见与看法。

4.4.1.2　聚类分析

聚类分析又称为群集分析、点群分析，起源于分类学，主要是根据“物以类聚”的道理将物理或抽象对象的集合根据其表现出的相似性特征分为多个类，该方法在管理学、计算机科学、统计学、生物学都有不同程度的应用，在信息服务领域可以采用聚类分析方法对服务对象的需求、行为特征进行分类识别，从而根据目标用户的特点提供更为有效的信息服务。

SPSS的分类功能提供了两步聚类法、快速聚类法（又称为“K－均值聚类法”）、系统聚类方法，这三种方法对于样本个案的聚类都是适用的，样本数据较多（通常观测个案在200个以上）时宜采用快速聚类法，该方法的优点在于计算量大、处理速度快，非常适用于大量样本数据的聚类，因此，本书采用快速聚类法分析调查样本的类群情况。

以生活形态因子分析所抽取的6个公共因子维度作为分群变量，对345个样本数据进行快速聚类分析，分别以三类、四类、五类分类方法进行测试，以各类中样本数量分配均匀，且每类样本数量不少于样本总量的5%为依据比较分析后笔者认为分为4个群体比较合适，进一步对群体进行一元方差分析，以检测4个群体对6个因子是否存在显著差异。结果显示，4个分类群体在6个因子上存在显著的差异（见表4－5）。

表 4－5　　样本用户基于生活形态的差异分析

因子名称	群体 1 N＝71	群体 2 N＝115	群体 3 N＝52	群体 4 N＝107	F 值	P 值
文化休闲	1.52707	－0.78737	0.11867	－0.22472	322.111	0.000
时尚潮流	0.70004	－1.03929	1.04542	0.14443	223.921	0.000
求新冒险	－1.18853	0.84940	－0.73328	0.23210	239.494	0.000
信息敏感	1.64295	－0.39549	－0.50113	－0.42158	380.865	0.000
科技依赖	0.53283	－0.90599	0.89486	0.18529	124.545	0.000
独立自信	－1.39504	0.79717	－0.41977	0.27291	295.507	0.000
群体命名	积极求知型	自信求变型	潮流追随型	多向活跃型	—	—

资料来源：笔者根据调查问卷整理。

4.4.1.3　群体命名

聚类群体的命名一般根据各群体在所抽取因子平均值的高低偏好来进行，得分高的因子通常体现了群体在该因子表现特征方面有显著性特点。将样本用户的人口统计特征与 4 个群体进行交叉表分析发现，4 个群体在性别分配上比较均匀，没有显著的差异，在年龄、受教育程度、职业、月均收入上都表现出显著差异性（见表 4－6）。因此，结合 4 个群体在 6 大因子上的得分情况，以及在人口统计特征上的表现特点，分析各个群体的特征，并据此进行命名。

表 4－6　　生活形态与人口统计特征的卡方检验

统计特征	Pearson 卡方值	自由度	Sig.	显著性
性别	3.725	3	0.293	不显著
年龄	57.312	15	0.000	显著
受教育程度	55.581	12	0.000	显著
职业	82.394	21	0.000	显著
月均收入	59.230	15	0.000	显著

资料来源：笔者根据调查问卷整理。

群体 1 的样本用户年龄段以 40 岁以上的人居多，尤其是 50～59 岁的用户较多，学历层次在大专与大学本科以上者居多，以企业工作人员为主，月均收入在 3000～8000 元之间。他们在信息敏感因子、文化休闲因子、时尚潮流因子、科技依赖因子中得分均较高，重视知识积累、文化熏陶，休闲时间经常到文化场所，喜欢参加文艺活动，并且充分认识到信息的重要性，具有较高的信息素养、对时尚潮流也较为敏感，会紧随科技变化及时更新产品，在独立自信因子和求新冒险因子中得分较低，可以命名为积极求知型，该类别含样本 71 个，占样本总数的 20.58%。

群体 2 的样本用户年龄主要分布在 30～50 岁之间，以 40～49 岁的人居多，大学本科学历以上者居多，企事业单位者较多，月均收入多在 5000～8000 元。他们在求新冒险因子和独立自信因子中得分较高，而在文化休闲、时尚潮流、信息敏感、科技依赖因子中得分较低，在日常生活中表现为喜欢标新立异、开拓创新，勇于尝试新事物，独立自信的性格使得其在社交中具有较高的影响力，能够以自己的言行影响周边的人群，而在文化素养提高、信息获取方面相对较弱，可以把这类样本归为自信求变型，该类别含样本 115 个，占样本总数的 1/3（33.33%）。

群体 3 的样本用户群体以 19～39 岁的青年人居多，大学本科以上学历、教师与学生居多，月均收入在 3000～5000 元之间。他们在时尚潮流因子、科技依赖因子、文化休闲因子上具有较高的得分，关注潮流发展动向，对科学技术发展也比较关注，科技产品的升级换代比较及时，闲暇时间也会到文化场所去补充知识、扩展视野，但信息获取方面不够及时，喜欢平淡生活、缺乏冒险探索精神，跟随性行为较多。因此，可以命名为潮流追随型，该类别含样本较少仅 52 个，占样本总数的 15.07%。

群体 4 的样本用户年龄主要分布在 19～39 岁之间，以 30～39 岁的人群最多，大专以上学历、企业人员、教师与学生较多，月均收入

3000～5000元及1000元以下。他们在独立自信因子、求新冒险因子、科技依赖因子、时尚潮流因子中的得分比文化休闲因子和信息敏感因子得分高，但4个方面差别不大，即在影响他人、冒险创新、科技依赖、时尚潮流方面都表现平淡，因子可以命名为多向活跃型，该类别含样本107人，占样本总数的31.01%。

4.4.2 生活形态与网络信息行为

经过交叉表分析和卡方检验发现，4个群体的网络信息行为存在差异性（见表4-7）。在网络设备使用方面，智能手机是4个群体使用最多的上网设备，此外积极求知型用户年龄段高于其他3类群体，所以更习惯使用台式电脑，其他3个群体则是使用笔记本电脑较多，自信求变型用户月均收入较高，因此，有半数以上的人使用平板电脑。

表4-7 生活形态与网络信息行为的卡方检验

网络信息行为	Pearson卡方值	自由度	Sig.	显著性
经常使用的上网设备	28.396	12	0.005	显著
浏览网站最看重的因素	63.022	27	0.000	显著
经常使用的Web 2.0工具	115.885	27	0.000	显著
经常参与的网络交互行为	106.565	21	0.000	显著
参与网络交互的原因	107.653	18	0.000	显著

资料来源：笔者根据调查问卷整理。

在浏览网站信息时，内容的准确性、权威性、全面性是4类群体都关注较多的部分，积极求知型用户和自信求变型用户最看重的是网站内容的准确性，而潮流追随型用户和多向活跃型用户首先看重的是内容的权威性，此外，积极求知型用户比其他3个群体更为看重网站的易用性和服务的多样性，自信求变型比其他3个群体更为关注内容的更新频率，潮流追随型用户是3个群体中对服务的多样性和页面简洁性考虑最少的用户群体，多向活跃型用户比其他3个群体更为关注网站的知名度和页面的简洁性（见图4－9）。

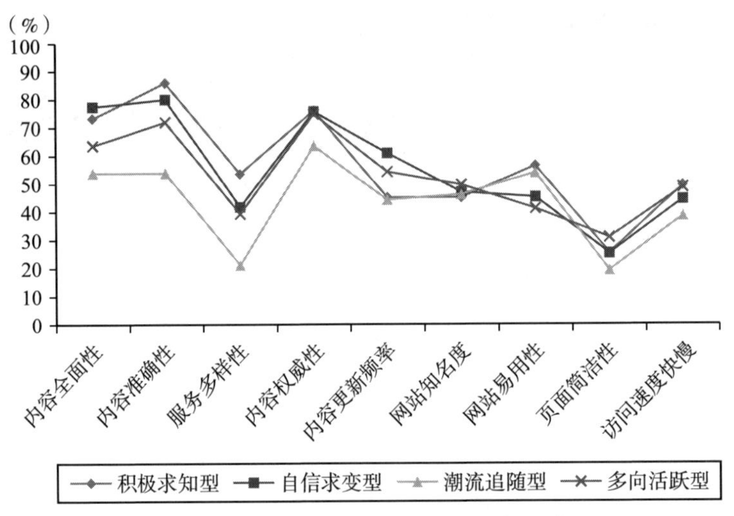

图4－9　4类群体关注的网站服务因素

资料来源：笔者根据调查问卷整理。

在多种 Web 2.0 工具中，即时通信工具、微博、微信的使用率在4个群体中都是较高的，积极求知型用户和自信求变型用户对 Web 2.0 工具的使用率普遍较高，前者是4个群体中使用微博、微信和维基最多的群体，后者在微信、RSS、播客的使用最多；潮流追随型用户整体对 Web 2.0 工具的使用不如其他3个群体，但是IM、微信的使用较多，而RSS和标签很少有人使用；多向活跃型用户是使用IM最多的群体，对RSS、维基和标签的使用率不高（见图4－10）。

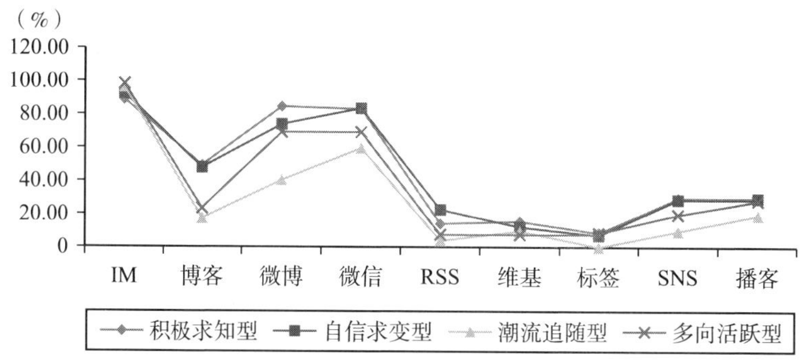

图 4－10　4 类群体的 Web 2.0 工具使用情况

资料来源：笔者根据调查问卷整理。

在参与网络交互中，论坛空间、网上购物、下载/上传信息是 4 个群体都应用较多的交互方式，积极求知型用户和自信求变型用户群体是参与网络交互比较活跃的群体，前者更经常使用网络空间/论坛（96%）、网上购物（90%）和协作学习（42%），后者经常网络购物（86%）、参与论坛（83%）和网络游戏（45%）。潮流追随型用户在网络交互中不如其他 3 个群体活跃，更习惯于上传或下载资源（69%），而咨询问题（21%）、网络游戏（12%）、协作学习（17%）、讨论组（10%）的使用率都非常低。多向活跃型用户对多种网络交互都有应用，其中，参与论坛和网络购物最多（见图 4－11）。

在交互动机中，获取有价值的信息、满足好奇心或兴趣是 4 个群体参与网络交互的主要动机。此外，积极求知型用户更希望能够帮助他人（56%）、自信求变型用户最主要的动力是满足好奇心（68%）、发表意见获得他人认可（54%），多向活跃型用户的网络交互驱动力主要是体验参与的乐趣（61%），潮流追随型用户的网络交互动机低于其他 3 类群体，主要是为了获取有价值的信息、满足好奇心与兴趣（见表 4－8）。

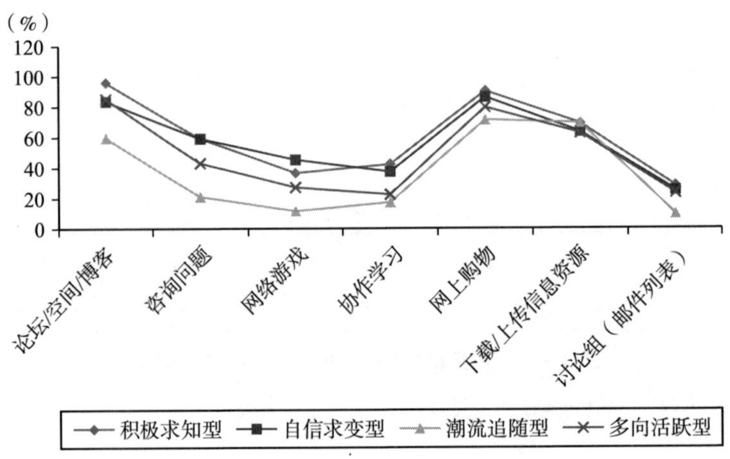

图 4－11　4 类群体的网络交互类型

资料来源：笔者根据调查问卷整理。

表 4－8　　4 类群体的网络交互动机　　单位：%

交互动机	积极求知型	自信求变型	潮流追随型	多向活跃型
获取有价值的信息	96	95	90	93
满足好奇心或兴趣	54	68	42	64
获得优惠或积分奖励	41	42	12	24
发表意见获得他人认可	49	54	17	28
希望能够帮助他人	56	46	10	33
体验参与乐趣	52	56	29	61

资料来源：笔者根据调查问卷整理。

4.4.3　生活形态与文化遗产信息需求

对 4 类用户群体的文化遗产信息需求进行卡方检验，发现 4 类群体在获取文化遗产的原因、获取途径及文化遗产信息类型上都存在差异性（见表 4－9）。

表 4－9　　生活形态与文化遗产信息需求的卡方检验

需求	Pearson 卡方值	自由度	Sig.	显著性
关注文化遗产的原因	84.570	21	0.000	显著
获取文化遗产信息的途径	84.220	24	0.000	显著
关注的物质文化遗产类型	61.420	33	0.002	显著
关注的非物质文化遗产类型	42.978	27	0.026	显著

资料来源：笔者根据调查问卷整理。

首先，学习丰富知识是 4 个群体关注文化遗产的主要原因；其次，是个人兴趣爱好与休闲娱乐，积极求知型用户对文化遗产信息的需求表现出以工作为中心、丰富知识的特点，如工作/教学需要（46%）、寻找创作灵感（34%）、学习及丰富知识（91%）；自信求变型用户主要是为了工作/教学需要（40%）和给子女文化熏陶（37%）；潮流追随型用户和多向活跃型用户对文化遗产的关注表现出休闲娱乐性倾向，多向活跃型用户还希望能够以文化遗产信息带给子女文化熏陶（36%），如表 4－10 所示。

表 4－10　　4 类群体获取文化遗产信息的原因　　单位：%

原因	积极求知型	自信求变型	潮流追随型	多向活跃型
工作/教学需要	46	40	27	22
科研需要	21	23	19	10
寻找创作灵感	34	21	6	13
个人兴趣爱好	76	65	58	62
学习及丰富知识	91	85	60	74
休闲娱乐	59	60	52	66
给子女文化熏陶	24	37	15	36

资料来源：笔者根据调查问卷整理。

图书馆、博物馆、电视和网络媒体是样本用户获取文化遗产信息的主要渠道和来源，而且网络媒介的信息获取已经超过了其他3种媒介，图书、杂志和报纸是介于中间的，档案馆和广播媒介使用的人最少，而且积极求知型用户和自信求变型用户通过档案馆获取信息多于使用广播获取信息，而其他两类群体使用广播多于档案；对于各个群体而言，积极求知型用户由于经常去文化场所，所以信息获取途径首选图书馆（86%）和博物馆（80%）；自信求变型用户的信息获取途径首选博物馆（90%）和网络媒体（87%）；潮流追随型用户主要的信息获取途径是网络媒体（85%）和电视（77%）；多向活跃型用户中的学生和教师较多，所以更经常利用网络媒体（86%）和图书馆（74%）获取文化遗产信息（见图4-12）。

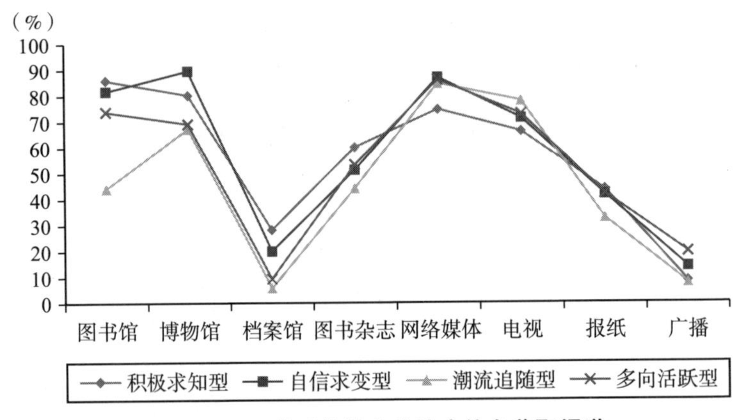

图4-12　4类群体的文化遗产信息获取渠道

资料来源：笔者根据调查问卷整理。

历史人物类、民族特色类、民俗生活类是一半以上样本用户都喜欢的物质文化遗产类型，商贸经济类和家族谱牒类是较少被关注的物质文化遗产类型。从各个群体分析来看，积极求知型用户更喜欢政治军事类（48%）、商贸经济类（35%）和民族特色类（72%）；自信求变型用户关注最多的是民俗生活类（69%）、科技教育类（59%）、革命遗存类（38%）和家族谱牒类（17%）；潮流追随型用户对各类物质文化遗产的关注都不太高，主要感兴趣的是民俗生活类（63%）、历史人物类（63%）、民族特色类（50%）和科技教育类（42%）；多向活跃型用户对历史人物（72%）、建筑地理类（54%）、文体书画（48%）和传媒娱乐类（36%）有浓厚兴趣（见图4－13）。

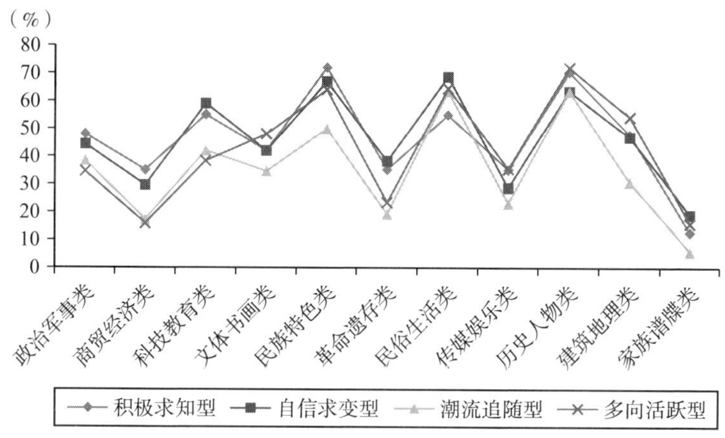

图4－13　4类群体的物质文化遗产信息需求类型

资料来源：笔者根据调查问卷整理。

在非物质文化遗产方面，传统手工技艺、民间美术、民族语言与文学、民间知识、礼俗节庆是所有群体较为感兴趣的内容，积极求知型用户对民族语言与文学（62%）、礼俗节庆（58%）、戏剧曲艺（48%）更感兴趣；自信求变型用户对民间美术（62%）、游戏竞技（31%）比较感兴趣；潮流追随型用户的关注重点是传统手工技艺（62%）、民间知识（44%）、礼俗节庆（40%）；多向活跃型用户对传统手工技艺（75%）、民间音乐舞蹈（47%）、民间知识（55%）、民间信仰（38%）有着浓厚兴趣（见图4－14）。

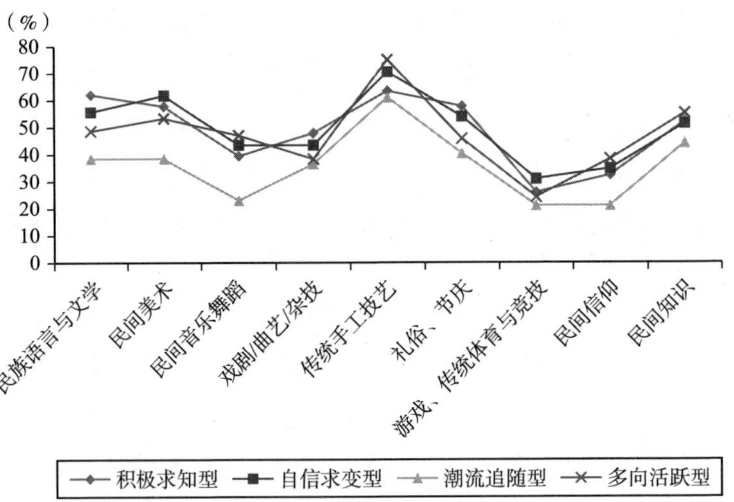

图 4-14　4 类群体的非物质文化遗产信息需求类型

资料来源：笔者根据调查问卷整理。

4.4.4　生活形态与数字化服务需求

利用交叉行列表对 4 类群体的数字化服务需求进行卡方检验，4 类群体对现有图书馆、博物馆、档案馆数字化服务的改进需求及“一站式”服务需求都有差异性（见表 4-11）。

表 4-11　　生活形态与数字化服务需求

需求	Pearson 卡方值	自由度	Sig.	显著性
现有数字化服务的改进需求	65.442	24	0.000	显著
图博档文化遗产一站式服务平台需求	51.764	36	0.043	显著

资料来源：笔者根据调查问卷整理。

积极求知型用户希望图书馆、博物馆、档案馆的数字化服务能够更多地使用新媒体技术增强信息展示效果（63%）和提高工作人员的服务响应（57%）；自信求变型用户希望增强与公众的交流互动力度（70%）、扩大信息数量（69%）、与其他机构合作提供信息服务（63%）；多向活跃型用户希望增强与公众的交流互动力度（70%）、增加更多的个性化或移动应用（52%）、进一步丰富服务界面及提高用户体验（51%）；潮流追随型用户主要希望扩大信息数量（65%）与提高信息质量（51%，见图 4－15）。

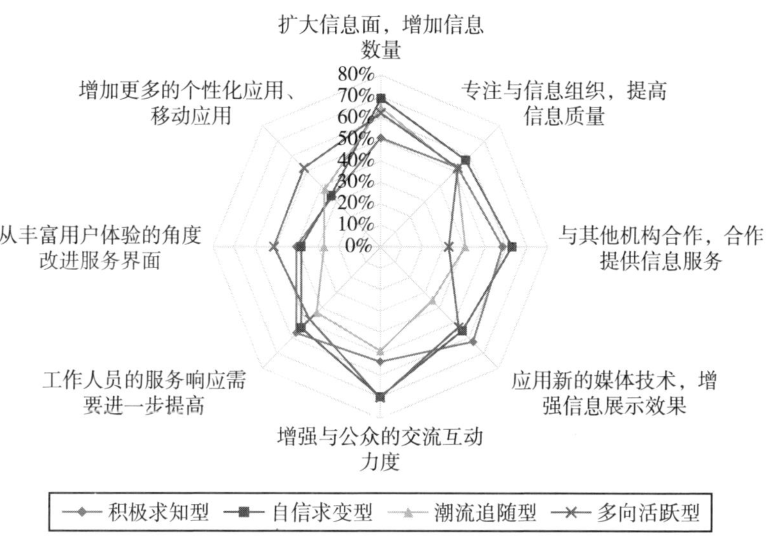

图 4－15　4 类群体对数字化服务的改进需求

资料来源：笔者根据调查问卷整理。

通过交叉行列表分析数据显示，4 类群体对“一站式”服务平台提供跨机构信息资源检索、支持移动设备访问、形象可视化的专题在线展览、展览/讲座/培训预告与查询、馆际资源互借都有很高的支持意愿。积极求知型用户更关注跨机构信息检索（71. 42%）、信息参考咨询（53. 66%）、个性化信息定制和上传资源（43. 44%）；自信求变型用户主要希望提供形象可视化的专题在线展览（73. 91%）、馆际资源互借（61. 74%）、在线预约（43. 74%）、RSS 信息订阅（28. 61%）和分享信息到社交媒体（39. 39%）；多向活跃型用户倾向于提供多种移动设备访问（72.09%）、交互式服务或视频点播（44.19%）；潮流追随型用户对展览/讲座/培训的预告与查询功能有很高的支持意愿（66.46%，见图4－16）。

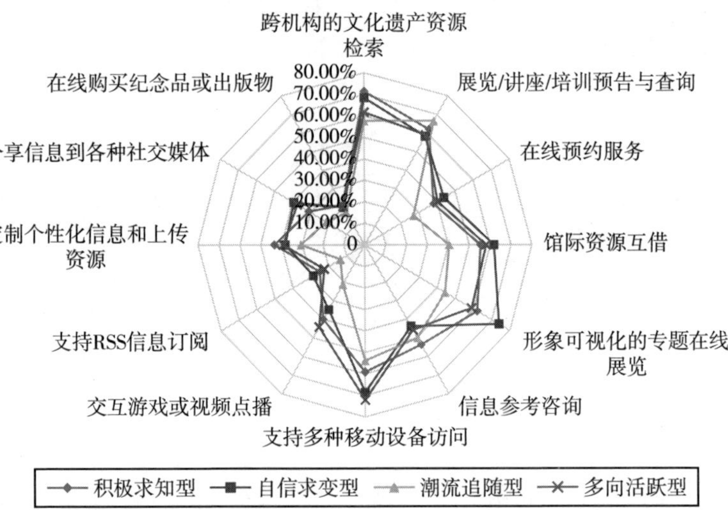

图4－16　4类群体对一站式平台的数字化服务需求

资料来源：笔者根据调查问卷整理。

4.5　研究结论与讨论

4.5.1　研究结论

以问卷调查的形式对图书馆、博物馆、档案馆用户展开调查，排除无效问卷后保留345份有效问卷，数据统计分析显示：

4.5.1.1　网络、博物馆、图书馆、电视是样本用户获取文化遗产信息的主要渠道

年龄19～59岁、高职/大专以上学历、企事业单位的人员构成了

图书馆、博物馆、档案馆数字化服务的主要使用群体，他们对信息内容的准确性、权威性和全面性关注最多，即时通信工具、微博、微信是主要使用的3类Web 2.0工具，网络交互中对论坛/博客、网络购物、资源上传与下载使用较多，交互动机主要是获取有价值的信息、满足好奇心、体验参与乐趣等内在的、生理性动机。样本用户获取文化遗产信息主要是为了丰富知识、休闲娱乐和满足个人兴趣爱好，他们获取信息的四大渠道是网络、博物馆、图书馆、电视，面对丰富多彩的文化遗产类型，他们主要关注历史人物类、民族特色类、民俗生活类物质文化遗产，以及传统手工技艺、民间美术、民间知识、民族语言文学、礼俗节庆等非物质文化遗产。

4.5.1.2　图书馆、博物馆是用户经常会去的场馆

图书馆、博物馆是大多数用户都经常会去的场馆，也是数字化服务使用率较高的机构，而通过网络平台使用档案馆服务的用户数量高于到实体馆的用户数量。部分用户虽然平常很少到三个场馆但是会通过网络平台利用三馆的资源与服务，这说明数字化服务作为一种延伸服务，可以与实体场馆的服务形成互补，为更多的用户提供文化信息服务。图书馆和博物馆的数字化服务使用率较高，但整体而言，用户使用较多的是信息检索、浏览馆藏和服务指南、资讯获取、在线展览等基本的服务，用户普遍觉得数字资源的种类和数量都还有限，资源分散不易查找、得不到及时的帮助或专业指导。半数以上的用户希望能够增加与公众的交流互动力度、增强信息数量与质量、提高信息展示效果与服务响应速度。

89%的用户都赞同将图书馆、博物馆、档案馆文化遗产信息资源集成在一个平台提供服务，对平台的服务需求首先是满足资源与资讯的获取需求；其次是满足各种交互服务及应用需求。所以跨机构信息资源检索、支持移动设备访问、形象可视化的专题在线展览、展览/讲座/培训预告与查询、馆际资源互借是50%以上的用户希望“一站

式”服务平台能够提供的服务形式。

4.5.1.3 4类用户群体的差异化表现

根据生活形态特点，图书馆、博物馆、档案馆用户可以被划分为积极求知型、自信求变型、潮流追随型、多向活跃型4类群体，他们在网络信息行为、文化遗产信息需求和数字化服务需求中表现出差异性。

（1）积极求知型用户。

积极求知型用户40岁以上，尤其是50～59岁的用户较多，以大专以上学历、企业人员为主，月均收入在3000～8000元之间。他们重视知识积累、文化熏陶，休闲时间经常到文化场所，喜欢参加文艺活动，并且充分认识到信息的重要性，具有较高的信息素养、对时尚潮流也较为敏感，会紧随科技变化及时更新信息产品。与其他3个群体相比，积极求知型用户更习惯使用台式电脑，获取信息时最先关注的是内容的准确性，更为看重网站的易用性和服务的多样性，对Web 2.0工具的使用率普遍较高，是4个群体中使用微博、微信和维基最多的群体，而使用RSS和标签较少，也是网络交互比较活跃的群体，希望能够在网络交互中帮助他人，更经常使用网络空间/论坛、网上购物和协作学习。

积极求知型用户对文化遗产信息的需求表现出以工作为中心、丰富知识的特点，如工作/教学需要、寻找创作灵感、学习丰富知识；由于经常去文化场所，该群体的信息获取途径首选图书馆和博物馆，偏好政治军事类、商贸经济类和民族特色类物质文化遗产信息，以及民族语言与文学、礼俗节庆、戏剧曲艺类非物质文化遗产信息。该群体希望3类场馆的数字化服务能够更多的应用新媒体技术增强信息展示效果、提高馆员的服务响应；他们希望三馆文化遗产信息资源“一站式”服务平台提供的服务形式主要是跨机构信息检索、信息参考咨询、个性化信息定制和上传资源。

（2）自信求变型用户。

自信求变型用户的年龄主要分布在 30 ~ 50 岁之间，以 40 ~ 49 岁的人居多，大学本科以上学历、企事业单位者较多，月均收入大多在 5000 ~ 8000 元之间。他们在日常生活中表现为喜欢标新立异、开拓创新，勇于尝试新事物，独立自信的性格使其在社交中具有较高的影响力，能够以自己的言行影响周边的人群，而在文化素养提高、信息获取方面相对较弱。笔记本电脑、智能手机及平板电脑是自信求变型用户使用较多的网络设备，他们获取信息时看重网站内容的准确性和内容更新频率，在多种 Web 2.0 工具中，使用微信、RSS、播客较多，网络交互比较活跃，经常参与网络购物、参与论坛和网络游戏，满足好奇心、发表意见获得他人认可是参与网络交互的主要驱动力。

与其他 3 个群体相比，自信求变型用户关注文化遗产信息的一部分原因是工作/教学需要和给子女文化熏陶，他们利用博物馆和网络媒体获取信息，对民俗生活类、科技教育类、革命遗存类、家族谱牒类、民间美术、游戏竞技类文化遗产信息比较感兴趣。该群体希望图书馆、博物馆、档案馆的数字化服务能够增强与公众的交流互动力度、扩大信息数量、与其他机构合作提供信息服务，形象可视化的专题在线展览、馆际资源互借、在线预约、RSS 信息订阅和分享信息到社交媒体是他们希望“一站式”服务平台能够提供的功能。

（3）潮流追随型用户。

潮流追随型用户以 19 ~ 39 岁的青年人居多，大学本科以上学历、教师与学生居多，月均收入在 3000 ~ 5000 元之间。他们对时尚潮流和科学技术的发展都比较关注，科技产品的升级换代比较及时，闲暇时间也会到文化场所去补充知识、扩展视野，但信息获取方面不够及时，喜欢平淡生活、缺乏冒险探索精神，跟随性行为较多。

笔记本电脑和智能手机是潮流追随型用户的主要上网设备，他们对信息内容的权威性比较关注，对服务的多样性和页面简洁性考虑最少。潮流追随型用户对 IM、微信的使用较多，为了获取有价值的信息或满足好奇心与兴趣也会参与网络交互，但不如其他 3 个群体活跃，更习惯于上传或下载资源，咨询问题、网络游戏、协作学习、讨论组的使用率都非常低。

潮流追随型用户对文化遗产的关注表现出休闲娱乐性倾向，主要通过网络和电视了解相关信息，主要关注民俗生活类、历史人物类、民族特色类、科技教育类、传统手工技艺、民间知识、礼俗节庆类文化遗产信息。他们希望数字化服务能在信息数量和质量上都有所提高，支持“一站式”服务平台提供展览/讲座/培训的预告与查询功能。

（4）多向活跃型用户。

多向活跃型用户年龄主要分布在 19～39 岁之间，以 30～39 岁的人群最多，大专以上学历居多，企业人员、教师与学生较多，月均收入 3000～5000 元及 1000 元以下。他们在影响他人、冒险创新、科技依赖、时尚潮流方面都表现平淡。智能手机、笔记本电脑、台式电脑都是多向活跃型用户经常使用的上网设备，是使用 IM 最多的群体，对 RSS、维基和标签的使用率不高。他们看重信息内容的权威性、网站的知名度和页面的简洁性，对多种网络交互都有应用，其中，参与论坛和网络购物最多，网络交互驱动力主要是体验参与的乐趣。

多向活跃型用户对文化遗产的关注表现出休闲娱乐性倾向，希望能够以文化遗产信息带给子女文化熏陶，网络媒体和图书馆是他们获取文化遗产信息的主要渠道。该群体对历史人物、建筑地理、文体书画、传媒娱乐、传统手工技艺、民间音乐舞蹈、民间知识、民间信仰都有着浓厚兴趣，希望图书馆、博物馆、档案馆的数字化服务能够进一步增强与公众的交流互动力度、增加更多的个性化或移动应用、丰富服务界面及提高用户体验，主要希望“一站式”服务平台能够支持多种移动设备访问、交互式服务或视频点播。

4.5.2 讨论

讨论一：公众对图书馆、博物馆、档案馆的文化遗产信息资源服务功能存在认知偏差，三馆还需要进一步加强与公众的信息宣传交流，完善形象塑造。

虽然图书馆、博物馆、档案馆都是国家拨款的公益性文化事业单位，但在公众的心目中对它们的认知却存在差异，所以导致了三馆的数字化服务认知度和认可度都不一样。

公众对图书馆的认知度最高，一方面，是因为图书馆分布广泛与公众接触较多，比如，各级各类学校图书馆可以说是伴随在公众的学习生涯之中，向公众开展信息素养教育和提供各类学习资料，所以公众普遍认为，到图书馆查阅资料是一件习以为常的事情，而且部分公众离开学校走入社会后仍会保留去图书馆的习惯。另一方面，图书馆所存储的主要资源是图书，而图书以传播文化知识为目的面向社会公开发行，是公众获取文化信息的主要精神食粮，随处可见的图书让人们对图书馆也并不陌生。公众已经认同图书馆的文化休闲、娱乐功能，并且乐于到图书馆或者使用其数字化服务获取文化遗产信息资源。

博物馆在不断演变中已经形成了与图书馆类似的功能，即面向公众开放、提供文化信息服务，但是公众仍普遍认为博物馆是个庄严而神秘的机构，这主要是因为博物馆馆藏文物都是稀缺资源，其所富含的文化信息没有专业的解读很难完全理解和传递，再加之严密的安检和保护措施，让公众觉得不如图书馆亲近。所以，虽然许多博物馆已经免费开放，但人们仍然视其为节假日旅游、休闲场所，而对其文化性和信息性认知不足，因而不会频频光顾。

在三类机构中，公众对档案馆的认知度最差，他们普遍将档案馆视为政府机关，严肃而不易亲近，日常生活中也尽量避免到档案馆查阅资料。这与档案的稀缺性和保密性不无关系，也是由于历史原因和信息宣传不足造成的。虽然档案界已经认识到社会服务的重要性，也在大力呼吁档案馆应该面向公众提供文化信息、休闲服务，但与图书馆、博物馆相比，档案馆经常门庭冷落、缺乏人气。

显然，在文化遗产信息服务中，图书馆和博物馆发挥的作用更大，而档案馆无论是到馆率还是数字化服务都稍逊一筹。三类机构一方面要互帮互助，共同提高文化遗产信息服务水平，另一方面需要利用各种信息媒体加大与公众的对话交流，宣传服务内容和服务形式、完善公共文化服务形象。所以，图书馆、博物馆、档案馆开展文化遗产信息资源数字化融合服务，有利于三馆共同提高信息服务水平。另外，三馆基于数字化融合服务平台开展全媒体信息传播，也可以进一步提高公众对三馆的全面认知。

讨论二：以小众化为理念，面向细分人群创新服务形式，有利于进一步提高图书馆、博物馆、档案馆的文化遗产信息服务

小众化的概念与营销学中的市场细分类似，同样是基于用户需求将用户细分为若干个群体，针对不同群体的需求定向提供产品或服务。互联网环境下依靠数据库技术可以获取每一个用户的需求特点、迅速聚焦相似需求的用户群体，这就为用户细分下的小众化服务提供了极大的便利，所以有人称之为个性化时代的来临。

小众化在互联网信息传播中也有所体现，尤其 SNS 网站的涌现和移动互联网的发展让小众化信息传播更为明显。小众化信息服务以族群为基本服务单位，而主题和成员构成了族群的两个基本要素。因而小众化信息服务基于信息用户特征或用户需求主题进行族群划分，为不同族群提供便捷、灵活、全方位的贴身服务，既有利于尊重用户、优化资源配置、缩小“信息鸿沟”，又有利于增强信息服务机构的市场适应力、竞争力。

目前，用户细分、个性化服务已经在部分图书馆、博物馆、档案馆得以实践，但总体而言仍以大众化服务为主要模式，仍缺乏对用户

特征和需求主题的深入分析。对于图书馆、博物馆、档案馆而言，以小众化为理念、以“主导价值 + 辅助价值”的定位开展文化遗产信息资源服务，主导价值就是强调知识普及，突出文化遗产信息资源的知识价值，辅助价值即文化遗产信息资源的娱乐休闲价值，即图书馆、博物馆、档案馆以尊重用户需求差异、增加用户满意度为出发点，从用户的人口统计特征和文化需求主题两个方面去研究用户的结构层次，分析用户的文化遗产信息需求特点和规律、需求趋向与动机，深入挖掘用户的潜在需求，将用户动态划分为不同的群体。将文化遗产的知识价值和休闲娱乐价值，与不同群体的需求特点综合考虑，搭建信息交互平台并优化组织文化遗产信息资源，为不同群体提供符合其需求的文化遗产信息服务。图书馆、博物馆、档案馆以小众化为理念开展文化遗产信息服务，能够在稳定原有目标用户的同时，扩大新的目标用户群体，最大限度地实现三馆文化遗产信息资源的社会价值，更好地满足用户的文化信息需求、提高自身服务质量。

第5章 三馆文化遗产信息资源数字化融合服务平台设计

从当前服务来看，图书馆、博物馆、档案馆所包含的丰富文化遗产信息资源与社会公众的文化信息需求之间还存在着一定的差距，三馆基于数字技术的融合服务将为进一步满足用户的文化需求提供便利。当然，在不改变三馆物理馆藏和行政管理体制的前提下，利用网络技术搭建数字化融合服务平台，是开展三馆文化遗产信息资源数字化融合服务的重要途径。因此，本章根据对三类机构的访谈，以及用户需求调查结果，对数字化融合服务平台进行了设计。

5.1 服务平台特征分析

从本质上讲，开展图书馆、博物馆、档案馆文化遗产信息资源数字化融合服务的目标是实现三馆文化遗产信息资源的共享。“共享”意味着“共”和“享”的有机互动与结合，以“共”为手段和途径实现“享”的目标。以上述理解为基础，文化遗产信息资源共享就是图书馆、博物馆、档案馆为了满足人民群众日益增长的多样化文化信息需求，在其资源组成、服务功能、运行机制上对文化遗产信息资源共有、共存、共同的主动追求，三个机构之间相互协调行动，并运用控制、规范等手段促成文化遗产信息资源在不同地域与机构之间的优化配置。从目的上看，文化遗产信息资源共享以最小的投入实现最大限度的共享，达到在最恰当的时间向用户提供最全面的文化遗产信息资源服务；从状态上看，各个文化机构在协调利用的机制下完成了资源的充分共享，实现了信息服务投入产出最优状态。

文化遗产信息资源的存在具有离散性，来自不同时代、分布于不同地理位置，将原本离散的文化遗产信息资源基于特定目的进行配置组合，构成功能集约的完整信息服务系统，就是本书所要构建的三馆数字化融合服务平台。以用户需求为中心、以数字技术为支撑、以资源与服务共享为目标，三馆数字化融合服务平台具有几个基本的特征：

（1）开放性。

数字化融合服务平台的开放性是与文化遗产信息资源共享的目标紧密联系的。虽然文化遗产信息资源分布于各个图书馆、博物馆、档案馆，属于不同部门管理与保存，但是文化遗产信息资源所蕴藏的重大价值，决定了这些公共文化服务部门应该提供开放的文化遗产信息服务。因此，文化遗产信息资源数字化融合服务平台也应当具有开放性。开放性决定了三馆在能够承受的成本范围内，应该根据社会公众的需求，以数字化融合服务平台为媒介尽可能地提供便捷的文化遗产信息资源访问与获取。

（2）互惠性。

数字化融合服务平台的建立，以及平台上基于用户需求的信息内容流动，都需要投入必要的人力、物力。如果图书馆、博物馆、档案馆等资源拥有者不能从数字化融合服务中获取收益以补偿其成本投入，则三类机构之间的文化遗产信息资源共享就难以得到持续发展。所以，互惠性是数字化融合服务平台必不可少的特征，寻找信息服务机构与用户之间的利益平衡点，使图书馆、博物馆、档案馆愿意主动共享信息，而用户也愿意在不损坏服务各方利益的前提下接受信息服务，是数字化融合服务平台持续运行的一个基础。

（3）集约性。

集约是以经济效益和社会效益为根本对资源要素重组，以期能以最小成本获得最大的投资回报。数字化融合服务平台的集约性体现在三馆资源的集约组合和平台建设与管理的集约性两个方面，首先，从图书馆、博物馆、档案馆之间互补的文化遗产信息资源出发，根据用户需求统筹规划与建设各个场馆的文化遗产数字资源，打破文化遗产信息资源数量和种类上的不均状态；其次，数字化融合服务平台的建立要在各个场馆已有数字化服务的基础上优化组合、填空补缺，合理降低信息技术、设备、人力、物力的投入，促进机构之间的信息交流与服务共享。

（4）互调性。

数字化融合服务平台是各个场馆为了满足用户的文化需求，对有限的文化遗产信息资源提供共享和利用的途径。文化遗产的稀缺性决定了相应的文化遗产信息资源也是珍贵和有限的，当多个机构组织同时对其产生共享需求时，必然因为需求无法满足而容易产生冲突和破坏性的行为。所以数字化融合服务平台应当具备互调性，比如，建立融合服务机构及相关的制度、流程、协议等，能够使各个图书馆、博物馆、档案馆之间相互协调，快速有序、经济合理地利用文化遗产信息资源，以及维护这些资源，实现文化遗产信息资源的数字化融合服务。

5.2 服务平台需求分析

5.2.1 功能性需求

结合前期访谈与用户调查的结果，文化遗产信息资源数字化融合服务平台应当具备服务功能、管理功能、交流功能。服务功能指为用户提供所需的信息服务，如信息检索、在线展览等；管理功能主要是用户个人信息的管理、三馆资源与服务的管理；交流功能服务于用户与服务平台的交流、用户与用户之间的交流，以及图书馆、博物馆、档案馆之间的业务协作交流。

5.2.1.1 服务功能

用户认为现有图书馆、博物馆、档案馆数字化服务中，信息服务的内容数量和质量都还有很大的提升空间，63%的用户希望能够扩大信息面、增加信息数量，54%的用户希望提高信息组织质量，50%的用户支持文化场所与其他机构合作提供信息服务，可见数字化融合服务平台首先应当具备满足用户文化需求的服务功能。

（1）信息资源检索。

信息资源检索是图书馆、博物馆、档案馆重要的服务功能之一，用户对三馆文化遗产信息资源的一站式检索有很高的期待。调查显示，66%的用户都希望“一站式”服务平台提供跨越三馆的文化遗产信息资源检索服务。因此，实现三馆文化遗产资源的集成检索应当是数字化融合服务平台的一个重要服务功能。

（2）专题在线展览。

组织展览活动是图书馆、博物馆、档案馆的一项重要教育职能，也是用户希望获取的服务功能。用户需求调查显示，62%的用户希望能够有形式丰富的专题在线展览。所以数字化融合服务平台可以应用多种媒体展示技术，综合呈现三馆多个专题的文化遗产，弥补用户在单一场馆观看展览所受的时空地域限制，并起到宣传传统文化与丰富用户知识的作用。

（3）资讯预告与查询。

60%的用户希望能够随时关注图书馆、博物馆、档案馆的各种资讯信息，比如，展览、讲座、培训的时间、地点，是否有同步在线视频等。因此，数字化融合服务平台应该具有资讯预告与查询功能，支持用户随时利用移动设备访问查询，并且考虑与用户的个性化服务需求相结合，能够允许用户定制自己感兴趣的资讯类型、收藏相应的影音资料等。

（4）个性化信息服务。

个性化服务体现了以用户为中心的服务理念，是适应多样性用户需求的一种信息服务形式。数字化融合服务平台应当为用户提供界面友好的个性化信息环境，用户可以对文化遗产信息资源进行上传、下载、收藏、分享、标注、评价，搭建个人的文化遗产展览空间、接受平台推送的定制资讯。

（5）移动应用服务。

移动互联网大行其道，为用户了解服务资讯和获取信息提供了便利，用户对图书馆、博物馆、档案馆的文化遗产信息服务也有类似的期待，65.22%的用户希望“一站式”服务平台能够有移动访问功能，便于用户随时随地查询资源和服务资讯、分享信息到社交媒体、定制信息等。

（6）其他服务。

除了上述服务之外，服务指南、参考咨询、在线预约、馆际资源传递、交互游戏、视频点播也是较多用户希望能够提供的服务形式，所以数字化融合服务平台还应提供类似的延伸服务或辅助性服务。

5.2.1.2 管理功能

数字化融合服务平台的管理功能可以分为用户自我管理、平台资源管理、服务管理和平台运行管理四类。

（1）用户自我管理。

数字化融合服务平台的注册用户可以自行修改个人信息，对个人空间中的文化遗产信息资源有权修改或删除，与服务平台及其他用户之间的交互信息也可自行管理。

（2）平台资源管理。

数字化融合服务平台的各类文化遗产信息资源来自图书馆、博物馆、档案馆，这些服务资源在数量、内容、形式上会发生变动，需要有相应的增加、删除、修改、更新等管理功能，也包括对资源版权的管理。

（3）平台服务管理。

数字化融合服务平台服务形式效果如何，需要有必要的跟踪反馈功能，所以服务平台还应当提供各种资源的访问、获取、点击等统计功能，便于从整体统计分析数字化融合服务平台的服务效果。

（4）平台运行管理。

用户权限管理、配置环境管理、性能监控、安全管理等都是服务平台持续运转必不可少的环节，也是数字化融合服务平台必备的管理功能。

5.2.1.3　交流功能

服务的开展离不开信息的传递，信息交流是数字化融合服务开展中必不可少的一个因素，用户之间、用户与服务平台之间、三馆之间畅通的信息交流是数字化融合服务平台应当提供的一个重要功能。

（1）用户与用户之间的交流。

数字化融合服务平台的用户交流能够激发用户的文化共鸣与文化遗产保护热情，为用户提供诸如寻找好友、评价资源、论坛参与等 Web 2.0 功能，有利于促进用户对服务平台的持续关注。

（2）三馆交流。

图书馆、博物馆、档案馆依托数字化融合服务平台开展文化遗产信息服务，为三馆提供信息交流共享的空间，有利于三馆基于文化遗产数字资源建设、数字化服务开展进行交流与共享，是促进三馆数字化融合服务顺利开展的重要保障。

（3）用户与服务平台的交流。

为用户与数字化融合服务平台提供双向信息交流渠道，既有利于用户深入、全面的了解服务平台的资源与服务，又有利于服务平台接受用户反馈，从而优化服务资源、改进服务质量。

5.2.2 非功能性需求

非功能性需求是用户对数字化融合服务平台质量属性、运行环境、资源约束、外部接口等方面的要求或期望。非功能性需求不仅决定服务平台的质量，还在很大程度上影响服务平台功能性需求。

(1) 易用性需求。

用户调查显示，47.54%的用户关注服务平台的易用性。易用性，即数字化融合服务平台的使用应当是易理解、易学习、易操作的。数字化融合服务平台的易用性体现在以下三点：第一，用户界面的一致性、规范性，保持界面风格和颜色协调统一，根据用户的操作习惯设置快捷键和各种功能；第二，兼顾不同层次人群的使用特点，信息素养的高低影响着系统服务功能的使用，平台的设计中应当做到有详尽、细致、直观的操作说明、提示或示例，随时给予用户必要的帮助；第三，凸显个性化服务，例如，增加对于老年人可选的字号变大显示等。

(2) 高效能需求。

无论是软件系统、硬件系统还是网站浏览，用户对响应速度、结果精度，以及运行时资源消耗量等方面都有着一定的要求，用户对数字化融合服务平台的期望也不例外。一个能够给予用户美好体验的服务平台，必然能够留住更多的用户，用户对于服务平台的体验度有多方面的要求，而其中访问速度的快慢也是至关重要的。因此，在数字化融合服务平台的构建中，应该根据潜在用户的规模，考虑服务器和软硬件的配置，合理优化平台软硬件资源与服务内容，确保服务平台的服务效能。

(3) 可靠性需求。

可靠性需求指服务平台在规定的条件下和规定的时间区间内完

成规定功能的能力，数字化融合服务平台涉及各个图书馆、博物馆、档案馆大量文化遗产资源数据的传递、存储与共享服务，除了要求硬件、网络、系统软件的可靠性之外，必然要求严格的数据质量管理，能够对服务平台各种数据可能引发的各类数据质量问题，进行识别、度量、监控、预警等。服务平台的数据质量管理应该能够提供数据的批量导入、一致性检查等，促进数据质量的进一步提高，设计完整可靠的数据备份方案，执行严格的备份制度和检查制度。

（4）安全性需求。

除了保障服务平台正常运行的各个基本功能之外，还有一些对操作系统和数据库管理系统安全性方面的要求，如用户身份认证、授权控制、私密性等。数字化融合服务平台的用户可以是团体用户也可以是个体用户，需要建立统一的权限管理机制、对不同类型的用户设置相应的访问权限；对于各个机构提交给服务平台的数据，在保证安全传递的同时，还需要实现关键环节的回溯跟踪管理。服务平台还要有健壮性和抗干扰能力，建立容错模块处理异常情况和突发性系统故障。

（5）通用与可扩展性。

图书馆、博物馆、档案馆面对的用户群体在知识背景、信息素养方面的需求千差万别，用户需求呈现纷繁复杂的多元化、多维化和多变化的特点，这就意味着数字化融合服务平台必须具备快速适应用户需求变化的能力。因此，服务平台的设计应当兼顾通用性和个性化服务，考虑层级化、模块化的实施方案，在通用性需求满足的基础上提供更多的个性化服务。首先，架构基础性的通用功能模块；其次，借助构件技术，扩展实现个性化功能模块，确保整个服务平台能够不断地扩充、升级和发展，能够始终以用户为中心，不断完善信息服务内容、提高服务质量。

5.3 平台总体框架设计

在国外已经有类似的、颇具规模的图书馆、博物馆、档案馆数字化融合服务平台，如世界数字图书馆、Europeana 等，而国内类似的服务平台相对较少。因此，根据三馆访谈和用户需求调查结论，比较分析国内图书馆、博物馆、档案馆，以及世界数字图书馆和 Europeana 的服务内容及形式，最终形成文化遗产信息资源数字化融合服务平台。

5.3.1 平台设计目标

图书馆、博物馆、档案馆文化遗产信息资源数字化融合服务平台的总体目标是网络互联、资源整合、业务协作、信息共享，即以三馆丰富的文化遗产数字资源为基础，运用信息管理、集成服务的方法和理念为指导，利用数字化技术和工具辅助，实现我国丰富的文化遗产信息资源在文化机构之间的共建共享，为社会公众访问和获取文化遗产信息资源提供良好的一站式服务平台。具体可以概括为以下三点：

（1）服务共享，充分满足公众的文化信息需求。

图书馆、博物馆、档案馆拥有大量文化遗产信息资源，但分而藏之、分而治之的格局为公众检索和利用文化遗产信息资源造成了一些障碍，虽然各个场馆都在利用数字化技术满足公众的文化信息需求，但各个场馆异构的数据库与管理系统让文化遗产信息在跨机构的交流中并不顺畅。本平台希望能够实现图书馆、博物馆、档案馆异构系统的无缝衔接，以“一站式”服务解决用户在查找和利用文化遗产信息资源中的障碍。

（2）强化参与，加强三馆与公众的互动交流。

近年来，我国不断在宣传和强化文化遗产保护，图书馆、博物馆、档案馆及各地政府机构做了大量的工作，但是这种缺乏社会互动的单向宣传与保护机制并不理想，文化遗产需要走入公众社会、与其生活息息相关。本平台希望能够提供一个交流互动的网络平台，引导公众参与到文化遗产信息资源的组织与加工中，让用户利用自己的信息传播渠道，自发地推动文化遗产宣传与保护。

（3）以强带弱，提高三馆文化遗产资源的数字化管理水平。

全国大大小小的图书馆、博物馆、档案馆在馆藏规模和服务设施上参差不齐，尤其是一些位于县、市的规模较小的图书馆、博物馆、档案馆，在文化遗产资源的数字化管理与服务方面还存在很大的差距。本平台希望能够为文化机构提供一个协作交流平台，让规模较小的场馆在合作伙伴的协助下，可以吸收借鉴先进的管理与服务，完善本馆资源的数字化建设，为公众提供更好的文化信息服务。

5.3.2　平台设计原则

图书馆、博物馆、档案馆文化遗产信息资源数字化融合服务平台的建立需要多个部门的协作，需要统筹考虑整个平台运行环境的各项配套建设，以用户需求为中心，既要保证各个场馆文化遗产数字资源的建设与整合，又要通过数字化融合服务平台的支撑环境，更好地发挥三馆文化传承、社会教育的功能。因此，在服务平台建设中应当遵循以下原则：

（1）以用户为中心的原则。

用户需求是信息服务的起点和归宿，在数字资源的组织、服务协作中都要坚持以人为本，向用户提供个性化服务，满足不同用户对各个场馆文化遗产信息资源的需求。图书馆、博物馆、档案馆文化遗产资源数字化融合服务平台的功能应当充分考虑用户的信息需求，体现平台服务的教育性、开放性、应用性、层次性。

（2）信息资源共享原则。

信息资源共享是该平台建设必须坚持的原则，也是该服务平台构建的主要出发点和落脚点。参与数字化融合服务的各个利益主体也必须以此为义务，从文化遗产信息资源公共服务全局出发，对现有的及未来需要的服务系统进行统一规划设计，合理配置资源，实现历史积淀和新应用服务的融合，为社会公众提供内容丰富、各具特色的文化遗产数字资源共享服务。

（3）结构层次性原则。

服务平台采用层次性的设计原则，既可以方便服务平台的管理和各种应用系统、模块的设计，又可以保证平台各个功能模块的相对独立性和开放性，提高服务平台的可管理性和可扩展性，有利于系统查错和诊断，能够确保在用户需求发生变化时，数字化融合服务平台能够不受某种产品或技术所制约，实现服务功能的升级扩充。

（4）先进性和实用性结合原则。

系统功能的实用性是衡量任何信息系统建设成功与否的基本标准，数字化融合服务平台的建设将结合图书馆、博物馆、档案馆的数字化服务现状，考虑三馆用户对文化遗产信息的实际需求，充分满足管理人员使用方便、用户操作方便的原则。在满足用户实用需求的前提下，充分利用现有的软硬件资源，选择先进的技术方案，提高服务平台的生命周期，避免重复投资与浪费。

5.3.3 平台体系结构模型

5.3.3.1 服务模型

文化遗产信息资源分布于图书馆、博物馆、档案馆等不同机构，而且存储格式各异，属于典型的异构数据，实现三馆文化遗产信息资源的数字化融合服务，必须处理好分布于不同地理位置的异构数据的整合问题，综合应用语义网、元数据互操作、数据挖掘、集成融汇、数字水印等技术搭建服务平台，借助 Web 服务技术和移动网络来提供资源服务。图书馆、博物馆、档案馆文化遗产资源数字化融合服务平台的服务模型如图 5-1 所示，服务平台接收来自三馆的文化遗产数字资源，进行有序整合后发布于服务平台，提供给用户。用户可以利用应用客户端直接访问“一站式”服务平台，检索和浏览各种格式的文化遗产信息资源。

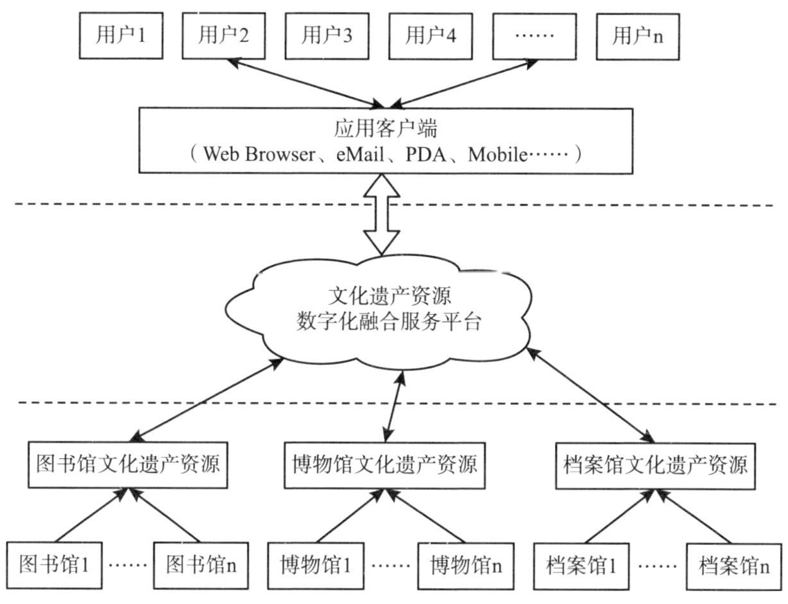

图 5-1　图博档文化遗产资源数字化融合服务模型

资料来源：笔者根据相关资料整理绘制。

5.3.3.2　结构功能模型

数字化融合服务平台的服务、管理、交流功能分别在前台和后台予以实现（见图 5-2），其中，前台主要面向普通用户提供服务和交流，后台面向图书馆、博物馆、档案馆的工作人员及系统管理员，满足系统管理、资源与服务管理，以及机构之间的协作交流需求。

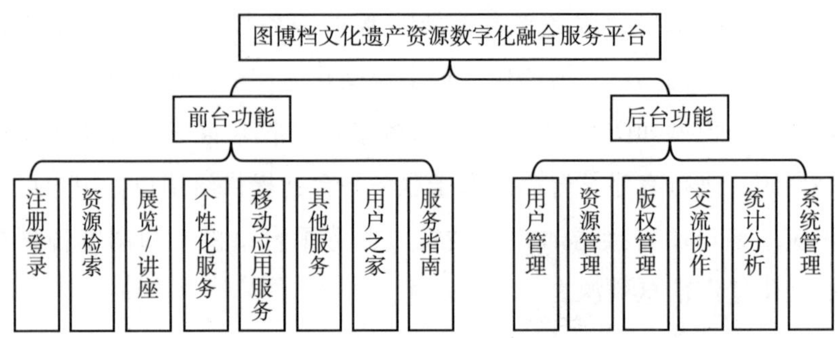

图 5－2　数字化融合服务平台功能结构

资料来源：笔者绘制。

5.3.3.3　*层次架构模型*

数字化融合服务平台是基于 Web 的多层体系结构，由低到高分别是资源层、服务（管理）层、应用层（见图 5－3）。

<table>
<tr><td rowspan="2">应用层</td><td colspan="2">用户</td><td>机构用户</td></tr>
<tr><td colspan="2">注册登录、资源检索、在线展览、资讯获取、个性化服务、移动访问、其他服务</td><td>资源管理、交流协作、用户与资源服务统计分析</td></tr>
<tr><td rowspan="3">服务层（管理层）</td><td colspan="2">资源管理</td><td>系统管理</td></tr>
<tr><td>元数据描述、分类组织、检索</td><td>资源审核、注册、发布、更新、版权</td><td>用户管理、权限控制、性能管理</td></tr>
<tr><td colspan="3">服务平台配置管理</td></tr>
<tr><td>资源层</td><td colspan="3"></td></tr>
</table>

图 5－3　数字化融合服务平台层次架构

资料来源：笔者根据相关资料整理绘制。

资源层接收来自三馆的文化遗产信息数据，由于文化遗产资源包括文本、图像、音频、视频等各种格式，并且资源描述各异，需要在底层操作平台和硬件设施基础上建立多个资源数据库，如文化遗产资源检索数据库、专题在线展览数据库、展览与讲座资讯数据库、交互服务资源数据等，存储各种类型的文化遗产信息资源，为服务平台面向用户的各类服务封装提供基本数据资源。

服务（管理）层是整个数字化融合服务平台的核心，一方面，对资源层的文化遗产信息资源进行管理；另一方面，屏蔽底层资源的分布性、差异性，为应用层的各项服务提供标准简单的调用接口。服务（管理）层包括资源管理和系统管理两个部分，资源管理负责资源的注册、描述、分类组织、检索与更新等，其中，资源的描述与组织最为关键，需要借助元数据互操作技术将三馆异构元数据转换为服务平台建立的统一元数据描述格式，分类组织后提供给用户。系统管理实现用户管理、权限控制、性能管理等。

应用层将组织有序的应用服务功能和后台管理功能呈现给数字化融合服务平台所面对的各类用户。前台主要服务有资源检索、专题在线展览、资讯获取、个性化服务、移动访问等，为不同类型的用户提供不同的权限与服务；后台则面向三类机构的服务人员，提供资源管理、业务协作交流、用户需求特征分析与服务应用统计功能，进一步调整完善平台的服务功能。

5.4　服务平台功能模块设计

5.4.1　平台用例建模

数字化融合服务平台有多个用户角色，主要有访客、注册用户、机构用户、管理员，每个用户角色有不同的功能权限，一个用户可以同时担任多个角色。

（1）访客及其用例。

访客是未注册或未登录服数字化服务平台的用户，访客享有服务平台的部分功能使用权限，如通过电脑或移动终端访问服务平台，检索或浏览服务平台的资源、服务资讯，体验 DIY 展览及用户之家的资源（见图 5－4）。

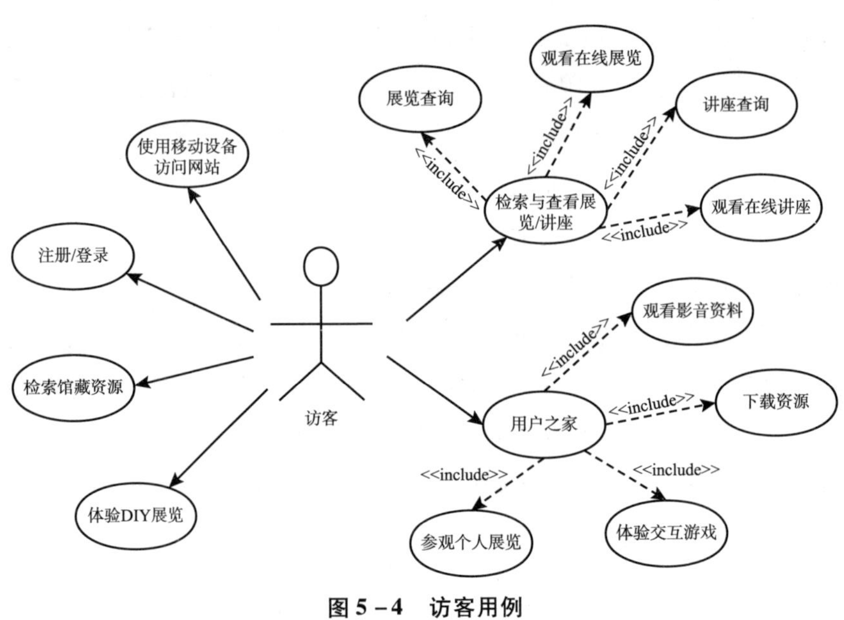

图 5－4　访客用例

资料来源：笔者绘制。

（2）注册用户。

注册用户是向数字化融合服务平台提交注册请求，并通过后台审核的用户，注册用户能够使用前台各种服务功能，在个人空间中可以与其他注册用户及服务平台进行交流、预约展览/讲座、制作个人展览，下载资源或参与服务平台组织的各种活动（见图 5－5）。

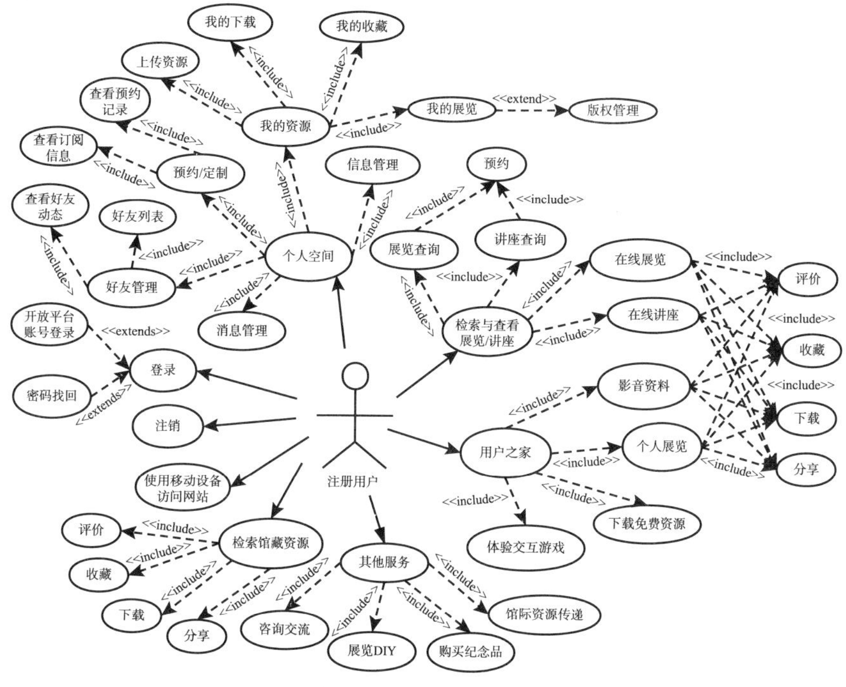

图5－5 注册用户用例

资料来源：笔者绘制。

（3）机构用户。

机构用户主要是来自图书馆、博物馆、档案馆的工作人员，可以对本馆资源进行编辑、更新，接受用户提交的服务请求，与其他机构用户协作完成服务（见图5－6）。

（4）管理员。

管理员分为两类，即系统管理员和资源管理员。系统管理员拥有服务平台性能、配置、用户、资源管理权限，能够赋予或修改其他管理员或用户的权限。资源管理员对各个机构贡献的文化遗产信息资源，以及用户上传的资源进行管理，如审核资源元数据描述是否规范，对各种类型的文化遗产资源及注册用户上传资源进行增加、删除、修改、更新等（见图5－7）。

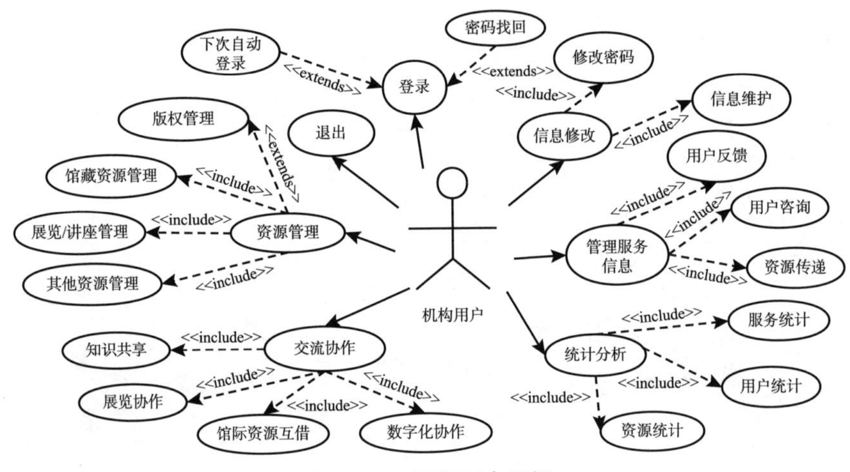

图 5－6　机构用户用例

资料来源：笔者绘制。

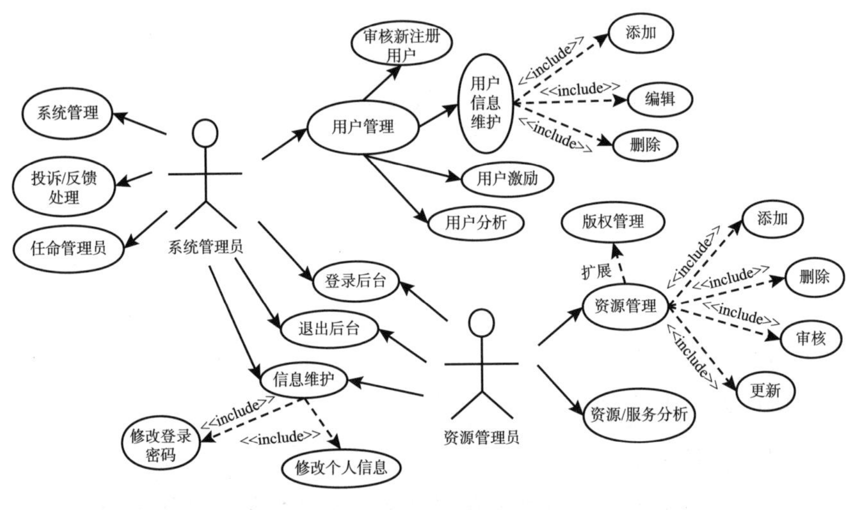

图 5－7　管理员用例

资料来源：笔者绘制。

5.4.2　前台功能模块

数字化融合服务平台的前台是面向用户、提供服务的主要界面，根据用户需求与功能实现的需要，设计了注册/登录模块、馆藏资源检索、展览/讲座、个性化服务（个人空间）、用户之家、其他服务、移动访问、服务指南8个功能模块，每个功能模块中又划分为若干子模块（见图5－8）。

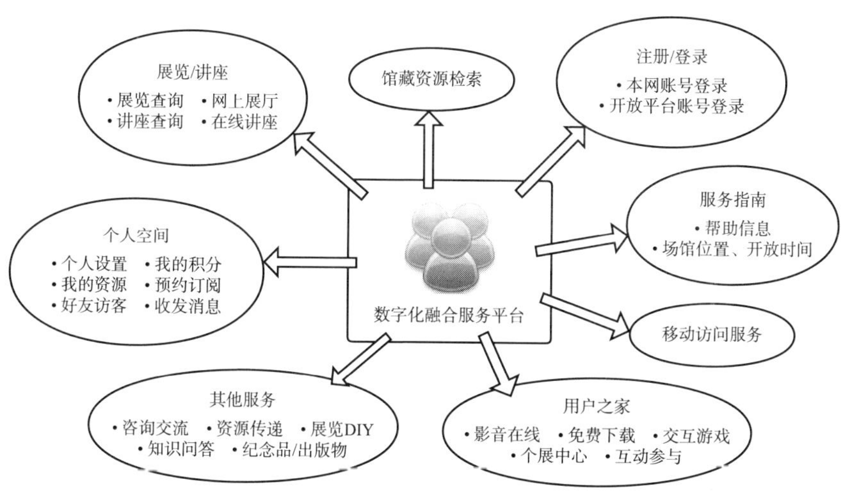

图5－8　服务平台前台功能

资料来源：笔者绘制。

注册/登录模块除了常规功能外，扩展提供基于合作平台账号的登录，用户可使用腾讯、新浪、淘宝的账号登录，移动访问模块支持下载手机客户端访问平台；服务指南模块显示各个功能模块的帮助信息、支持用户查询各个场馆的地理位置及开放时间，其他主要功能模块介绍如下：

5.4.2.1　馆藏资源检索模块

馆藏资源检索模块支持用户对多个图书馆、博物馆、档案馆馆藏文化遗产信息资源的集成检索，根据用户的使用特点，设计图形界面浏览检索和关键词检索两种模式。图形界面提供按照地点、时间、专题、媒体类型、馆藏机构五种类型的检索，满足用户基于特定地理区域、历史时期、主题、类型及机构文化遗产信息资源的组合检索需求。关键词检索界面以下拉列表提供全字段检索及标题、时间、地点、馆藏机构检索。检索结果可进一步缩检，支持列表和缩略图两种显示模式，用户可以对检索到的资源进行评价、收藏、分享到常用的社会媒体中，或直接联系管理员索取资源。

该模块的资源来自各个图书馆、博物馆、档案馆，数据量庞大，为了减少数据存储、保护知识产权和提高各个合作服务机构的网站访问量，借鉴 Europeana 项目的做法，在后台数据库中只存储来自各个机构的文化遗产信息资源描述元数据和缩略图，利用元数据互操作技术，将各机构不同元数据描述信息转换为服务平台统一的数据模型，供用户浏览和检索。

世界数字图书馆在三馆文化遗产信息资源的分类组织中，主要以《杜威十进制图书分类法》为依据，按照各种文化遗产资源反映的内容进行主题分类组织。我国图书馆、博物馆、档案馆有各自不同的资源分类组织体系，图书馆采用《中国图书馆分类法》《中国分类主题词表》，以学科知识内容体系组织馆藏资源；博物馆馆藏文物资源庞杂，目前还没有形成全国统一的分类法，使用较多的是分类法、质地分类法、功用分类法；档案馆依据档案形成和运动规律，以职能分类为基础，采用《中国档案分类法》对档案资源分类组织管理。但是，三馆馆藏文化遗产信息资源都生成于一定的时代，其内容反映了特定的政治、经济、文化现象，考虑到《中国图书馆分类法》从知识内容上揭示资源主题、且应用广泛，所以可以借鉴世界数字图书馆的做法，以《中国图书馆分类法》为主、其他主题词表为辅，在后台统一对三馆文化遗产信息资源进行分类组织和元数据规范。

5.4.2.2 展览/讲座模块

展览与讲座是图书馆、博物馆、档案馆的常规服务项目之一，也是大多数用户都希望提供的服务功能，展览/讲座模块主要为用户提供展览/讲座的查询、预约、在线观看，具体划分为：展览查询、网上展厅、讲座查询、在线讲座 4 个子模块。

“展览查询”子模块中用户可以直接输入检索命令，查询图书馆、博物馆、档案馆组织的各种展览，便于用户提前规划参观活动。用户输入展出时间、选择场馆地点、展览类型便可查询各个场馆的展览安排。查询结果有列表和缩略图显示两种方式，用户可浏览展览的详情介绍，注册用户可以直接在服务平台预约感兴趣的展览，预约信息显示于“个人空间”。本模块的展览信息来自各个图书馆、博物馆、档案馆提交的展览数据，包括常规展、专题展、交流展、巡回展、临时展。

“网上展厅”子模块满足用户足不出户参观展览的需求，以多媒体形式展示图书馆、博物馆、档案馆的专题展览，以及部分注册用户制作的高质量个人展览，展览形式有图片展、FLASH 展、电子书展、交互漫游展、视频展和三维虚拟展览。根据展览主题，在线展览资源根据内容主题分类组织，分为物质文化遗产和非物质文化遗产两大类，每个大类下划分为若干个小类，便于用户分类浏览感兴趣的展览。注册用户可以对展览进行推荐、评价、反馈、收藏、下载、分享操作。

“讲座查询”子模块与“展览查询”的功能类似，用户可查询特定时间内三馆组织的讲座，浏览讲座详情，注册用户可直接在线预约。

“在线讲座”子模块提供各个图书馆、博物馆、档案馆的讲座资源，讲座类型有视频版、音频版，注册用户可直接对讲座进行推荐、评价、收藏、下载、反馈、分享。

5.4.2.3　个性化服务模块

数字化服务平台的个性化服务模块称之为“个人空间”，是注册用户使用平台各种资源、参与服务平台各种活动、与平台交流互动的主要阵地。该模块具体功能包括：个人设置、我的积分、我的资源、预约订阅、好友访客、收发消息等子功能。

注册用户在“个人设置”中修改个人信息、设置个人空间中的显示模式；“我的积分”中用户可查询积分明细、积分收入和支出、参与积分兑换活动；“我的资源”中存储用户上传、下载、收藏的各类资源，以及制作的个人展览，用户在此进行资源的编辑、删除等操作，对于拥有著作权的自制资源，在上传发布时可以选择是否添加数字水印以保护所属版权；“预约订阅”中，用户可查询和修改已经预约的展览和讲座，订阅和接收系统推送的资源与资讯；“好友访客”有好友列表、好友管理、好友搜索、好友动态、访客记录等，便于用户寻找志同道合的用户，与其他用户进行互动交流；“收发消息”是用户与服务平台及其他用户交流的渠道，用户可以发送消息给好友、访客或服务机构，也可接收来自服务平台、好友的消息，以及咨询、资源传递等服务的反馈信息。

5.4.2.4　用户之家模块

用户之家模块是实现用户与数字化融合服务平台交流的主要模块，为用户提供与文化遗产相关的各种影音资源、交互游戏、个人展览、可供下载的免费资源，是用户参与服务平台数字资源建设、展览策划制作及线下同步活动的渠道。该模块包含：影音在线、免费下载、交互游戏、个展中心、互动参与 5 个子功能，所有资源由注册用户和机构用户共同贡献。

“影音在线”集中了用户和服务机构上传的音频、视频，反映多主题的文化遗产知识；“免费下载”中为细分后的不同群体用户提供多种主题的免费资源，如 PPT 课件、教案、贺卡、电子杂志等，满足用户的学习和娱乐需求；“交互游戏”以寓教于乐的形式宣传文化遗产信息；“个展中心”中展示注册用户自己制作的展览作品，用户可浏览、收藏、评价，好评率与收藏量较高的个人展览可推荐到

“网上展厅”和服务平台的首页进行宣传，同时给予制作者积分奖励；“互动参与”中由服务机构发起各种参与活动，注册用户可报名参加，参与活动可获取积分奖励。

5.4.2.5　其他服务模块

其他服务模块提供咨询交流、资源传递、展览 DIY、知识问答、纪念品/出版物等服务功能，向用户提供延伸服务。

“咨询交流”提供实时交流和表单咨询服务模式，面向注册用户和非注册用户提供服务；“资源传递”类似于图书馆的馆际互借服务，接受注册用户服务请求，为其获取其他馆文化遗产资源提供便利；“展览 DIY”是鼓励用户参与的一种模式，用户可利用服务平台的资源或者自己的图片、照片制作个人展览，如时光轴展览、照片书展览等，注册用户所制作的展览可保存于个人空间，或公开发布于“个展中心”；“知识问答”以文化遗产知识库为支撑，以自动问答系统向用户宣传文化遗产信息；“纪念品/出版物”中，用户可以浏览图书馆、博物馆、档案馆的创意纪念品，以及编辑整理的出版物，链接到商城购买相关产品。

5.4.3　后台功能模块

数字化融合服务平台的后台功能包括：系统管理、用户管理、资源管理、交流协作、统计分析、版权管理 6 个模块，机构用户和管理员根据不同的权限使用后台各项功能。

（1）系统管理模块。

系统管理模块是后台管理的常规功能，对整个服务平台的性能、配置环境进行管理，以确保服务平台的正常运转。

（2）用户管理模块。

用户管理模块负责整个服务平台新注册用户的审核、用户信息的维护、用户激励、用户结构分析功能的模块。其中，用户激励子模块是计算用户对服务平台的贡献量，激发用户参与、增加平台黏度的重要载体。服务平台采用以积分激励为基础，以荣誉激励为主、物质激励为辅的模式，根据激励规则累加完成不同用户的平台参与统计数据。用户结构分析模块主要用于统计分析注册用户的结构特点，为平台开展针对性服务策划与营销提供支持。

（3）资源管理模块。

资源管理模块对服务平台上所有的资源进行管理，包括来自图书馆、博物馆、档案馆的文化遗产资源元数据、讲座、展览，以及机构与用户共同贡献给服务平台的其他类型资源。资源管理员和机构用户都有管理资源的权限，资源管理员负责平台所有资源的审核、添加、删除、更新、版权鉴别与追踪操作；机构用户对本机构所属的馆藏资源、讲座、展览及其资源有权添加、修改、删除。

（4）交流协作模块。

交流协作模块旨在打破行政管理障碍，提供虚拟信息交流空间，促进图书馆、博物馆、档案馆工作人员的业务交流与情感沟通，该模块中设计了若干子功能。其中，“知识共享”为三馆文化遗产知识、专业术语、管理方法的分享与交流营造空间；“展览协作”可以为三馆策划主题展览、开展展览合作、征集展览资源提供便利；“馆际资源互借”以馆际资源合作的形式，满足用户对多馆文化遗产资源的获取需求；“数字化协作”中三馆人员可以交流数字资源建设规范、分享经验、租借设备、协作开展数字化建设。

（5）统计分析模块。

统计分析模块利用数据挖掘技术对服务平台的所有服务项目进行定量统计分析，并生成统计报表，可以起到追踪平台服务效果的作用，为开展服务绩效评价和调整服务形式提供参考。统计分析功能包括用户统计、资源统计、服务统计，机构用户可以分析本机构的注册用户数量、结构，以及本机构资源的建设与使用情况；资源管理员可以从全局角度分析服务平台的资源建设与服务情况。

(6) 版权管理模块。

版权管理模块主要是利用数字版权管理（DRM）技术，实现对服务平台上用户和服务机构所提交资源的版权管理，保护资源所有者的合法权益。该模块利用版权注册协议、版权认证协议、盗版追踪协议，借助多种数字水印算法，分别完成对一个或多个图像、音频、视频资源的水印嵌入和提取操作，能够对注册用户和机构用户资源进行版权保护、内容认证和使用追踪。

第6章 界面管理视角下的数字化融合服务管理

图书馆、博物馆、档案馆开展文化遗产信息资源的数字化融合服务，实质上是三馆基于网络数字技术在特定资源服务上的跨界合作，在这种跨越机构部门的数字化服务中存在合作机构之间的协作与资源竞争，以及合作机构与用户之间基于服务开展而产生的各种交互行为。因此，本章将数字化融合服务中的各种交互关系视为界面，引入界面管理的思想，探讨各种界面交互的障碍，构建图博档文化遗产信息资源数字化融合服务管理体系。

6.1 数字化融合服务界面分析

6.1.1 数字化融合服务界面要素

图书馆、博物馆、档案馆合作所开展的文化遗产信息资源数字化融合服务本质上是一种信息服务，其所形成的界面属于服务界面。服务的无形性、异质性、生产与消费不可分离性使得服务界面更具有复杂性。

信息服务的开展必不可少的要素包括：服务人员、用户、信息资源、服务技术与必要的服务管理。对于图书馆、博物馆、档案馆的数字化融合服务而言，服务的信息资源主要是三馆的文化遗产数字资源，服务的用户是来自社会各界的个体或者组织机构，服务人员来自由图书馆、博物馆、档案馆的工作人员所组成的服务团队，技术手段主要是利用网络技术和数字技术。与其他服务形式相比的不同之处在于，这种数字化融合服务是以文化遗产数字资源交互为主的服务，服务提供者和服务消费者无须面对面，而且服务中弱化了机构差异，尽管三个机构之间基于信息资源服务有着错综复杂的交互关系，但对于用户而言，这些交互是透明的。

6.1.2　数字化融合服务的界面类型

三馆数字化融合服务属于多对多的信息服务方式，数字化融合服务平台是信息服务双方的服务中介，基于服务平台所形成的交互关系如图 6－1 所示。

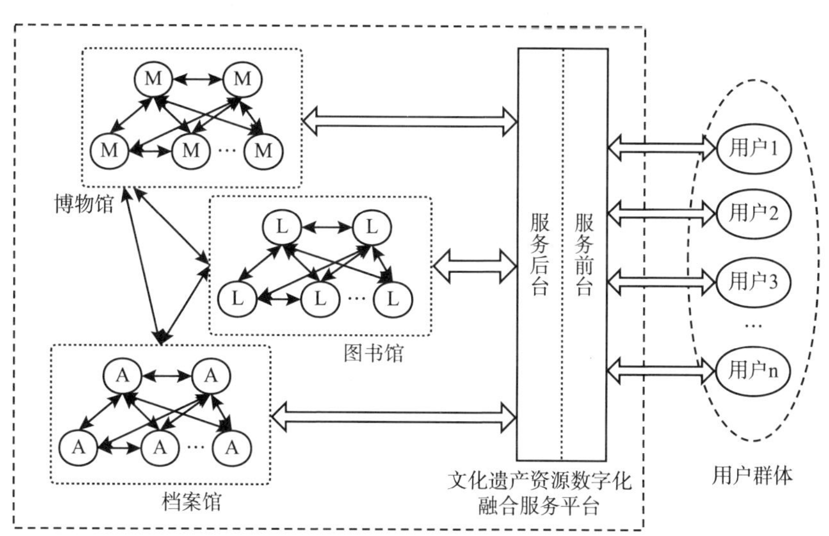

图 6－1　数字化融合服务中的交互结构

资料来源：笔者绘制。

根据图博档文化遗产信息资源数字化融合服务体系的交互结构，可以将其中存在的界面分为三种类型。

界面Ⅰ：存在于图书馆、博物馆、档案馆三类机构之间。其中的交互又可以分为两类，即同类型机构之间的交互和异类型机构之间的交互，前者如图书馆与图书馆之间的交互、博物馆与博物馆之间的交互，后者如图书馆与博物馆之间的交互，或者博物馆与档案馆之间的交互。界面Ⅰ中既有垂直界面、又有水平界面，同时也存在纵向界面、横向界面和斜向界面，界面交互的效果直接影响着数字化融合服务的顺利开展。

界面Ⅱ：存在于整个数字化融合服务系统与外部宏观环境之间，包括与外部用户、政府、媒体、其他类型合作企业等相关利益者之间的交互。图博档数字化融合服务体系建立的最主要的目的就是满足用户的文化遗产信息需求，各类型用户是服务体系的主要服务对象，所以本书仅讨论服务平台与用户之间的界面管理。

界面Ⅲ：存在于各馆内部的业务部门之间。无论图书馆、博物馆还是档案馆，内部都有详细的业务分工、各自的工作重心有所不同，数字化服务的实现通常需要多个业务部门之间的沟通协作。这类型的界面管理可称之为界面Ⅲ管理，虽然其中一些部门馆员的工作内容并不直接与数字化融合服务相关，但部门间基于数字化服务的协作程度对整个数字化融合服务的实现也会产生影响。

由上可见，对于数字化融合服务体系而言，界面Ⅱ是面向用户的外部界面，界面Ⅰ和界面Ⅲ共同构成了服务体系的内部界面，界面Ⅰ、Ⅱ、Ⅲ互相作用、互相影响，构成了集成的界面系统。其中，界面Ⅰ和界面Ⅱ涉及多个服务机构和多个用户的交互，直接关系到数字化融合服务的顺利开展；而界面Ⅲ是微观层面的部门交互，属于特定机构内部管理，鉴于各个文化机构都有着自成体系的管理模式，故本书着重对界面Ⅰ和界面Ⅱ的管理进行研究。

6.2 界面Ⅰ管理

6.2.1 界面Ⅰ管理模型构建

6.2.1.1 界面Ⅰ交互类型分析

为了完成数字化融合服务体系的既定服务目标，图书馆、博物馆、档案馆之间围绕文化遗产信息资源数字化融合服务存在不同类型的交互。根据交互主体的机构性质及交互方向，界面Ⅰ中形成了既有垂直界面、又有水平界面，同时还存在纵向界面、横向界面和斜向界面的复杂界面体系，其中伴随着信息流、业务流、物流、资金流和价值流的传递。

从整体来看，界面Ⅰ中的类型有组织交互、资源交互和信息交互。组织交互是图博档三类机构为了实现服务目标、协调机构合作关系而进行的交互，其目的在于通过充分的交流和沟通，打破图书馆、博物馆、档案馆现有管理体制对文化遗产数字化融合服务的影响，促成三类机构形成共同的服务目标，合作实现文化遗产信息资源的数字化服务。资源交互是在数字化融合服务开展中，包含人力、物力、财力等的有形或无形资源在三类机构之间的交互，其目的在于通过各类资源的共享推动服务融合，为用户提供“一站式”数字文化遗产信息服务。信息交互是图书馆、博物馆、档案馆在文化遗产数字化融合服务开展中，组织关系协调和服务资源协调中伴随的信息传递交互。

6.2.1.2 界面Ⅰ交互障碍与成因分析

在文化遗产信息资源数字化融合服务体系中，组织目标、组织文化、历史合作经历、专业分工、管理因素、信息因素都会影响图书馆、博物馆、档案馆之间的界面交互。

图书馆、博物馆、档案馆之间组织层面的交互受到三类机构的组织目标、管理因素的影响最大，同类型机构之间的组织界面交互障碍小于不同类型机构之间的组织交互。比如，高校图书馆与公共图书馆虽然在服务对象的定位上不同，但二者同属于图书馆系统，组织目标相近、管理因素相似易于开展组织交互，更容易在文化遗产信息数字化融合服务中达成共识；图书馆、博物馆与档案馆之间的管理因素和组织目标定位差异都较大，很容易产生界面障碍，并影响到资源界面和信息界面的交互活动。

组织文化、历史合作经历、专业分工都对图书馆、博物馆、档案馆之间资源层面的交互有着不同程度的影响。例如，组织文化能够在潜移默化中影响组织成员的行为准则和意识形态，处于不同组织文化背景中的馆员对数字化服务中的数字资源组织和利用理解不同，就会因此产生文化冲突，从而影响到双方的信任。组织之间既往的合作经历也会影响新合作组织之间的信任构建。图书馆、博物馆、档案馆专业分工的差异客观存在，有着各自成熟完善的资源服务管理模式，当三个机构不同学科背景下的工作人员共同开展文化遗产信息资源数字化融合服务时，这种专业知识也会对资源界面产生影响。

专业分工、信息因素是造成图书馆、博物馆、档案馆之间信息交互的最主要原因。专业分工使得图书馆、博物馆、档案馆工作人员的知识结构出现专业化的趋势，这些专业差异会使三馆工作人员在数字化融合服务中对同一事物的认识产生认知偏差，从而影响到信息界面中所包含的知识结构。专业差异不像文化差异根深蒂固，但在短时间内也会引起激烈的界面冲突，因此，在信息界面管理中不容小觑。信息因素，即信息内容、传递渠道等是影响信息界面的主要因素，尤其是信息粘滞很容易导致信息界面障碍。

6.2.1.3　界面Ⅰ管理模型构建

图书馆、博物馆、档案馆基于数字技术的文化遗产信息资源融合服务，并不改变三类机构的性质和职能，只是在信息服务上联合起来，加强文化遗产信息资源的社会供给渠道，类似于跨界的虚拟服务联盟。对界面Ⅰ的管理，实质上就是对图书馆、博物馆、档案馆虚拟服务联盟中交互关系的管理。

组织界面是三馆数字化融合服务开展的基础，首先，三馆之间的信息沟通和服务协作，需要有相应的协调机构来负责；其次，整个服务体系的有序运行也依赖于管理机构和管理制度。所以，组织界面管理的重点是设计合理的馆际合作协调机构，形成职责明确的组织结构和完善的管理制度，分工协作推动数字化融合服务的开展。

资源界面存在多个机构之间基于资源、服务、人力、设备等的交互，包括馆员与馆员的交互、物与物的交互、馆员与物的交互等。经济学有关于“理性人”的假设，即经济活动中的主体都希望以最小成本获得最多的收益，这一点对非营利性质的图书馆、博物馆、档案馆也不例外。数字化融合服务体系的参与机构规模不一、资源投入水平不等，从“理性人”假设出发，出于对信息服务过程中成本投入和服务收益的考虑，参与机构之间会形成协同合作与竞争冲突并存的关系，这种博弈关系在信息不对称和收益分配不均的情况下就会导致资源界面冲突。此外，数字化融合服务中，图书馆、博物馆、档案馆也不同程度的面临知识产权风险，在没有有效制度规避这一风险的情况下，参与机构之间的资源交互也会困难重重。所以，资源界面管理的重点就是尽可能减少参与机构之间的信息不对称，同时建立激励机制、强化团队合作文化、加强知识产权管理，从而减少界面冲突，促进参与机构之间的资源交互。

各种业务信息、服务信息在图书馆、博物馆、档案馆之间的传递构成了信息界面。根据申农的信息传递模型可知，信源、信宿、信道是信息传递中不可缺少的要素，信息传输的质量受到信源发送信息的编码方式、信息传递渠道、信号噪声、信宿端的解码方式等环节的影响。在信息界面中，图书馆、博物馆、档案馆对于信息的编码和解码方式是基于各自学科和知识背景形成的，这种专业分工的差异会导致编码解码环节的信息误读，产生信息界面障碍；另外，图书馆、博物馆、档案馆选择的信息传递渠道的传输信息的能力，以及在传输中的抗噪声干扰能力直接影响着信息界面交互的质量。因此，信息界面管理的内容应该是降低图书馆、博物馆、档案馆之间的信息不对称，提高三类机构的信息编码解码技能、改善信道传输质量和降低噪声干扰。

基于以上分析，构建界面 I 管理模型如图 6－2 所示。

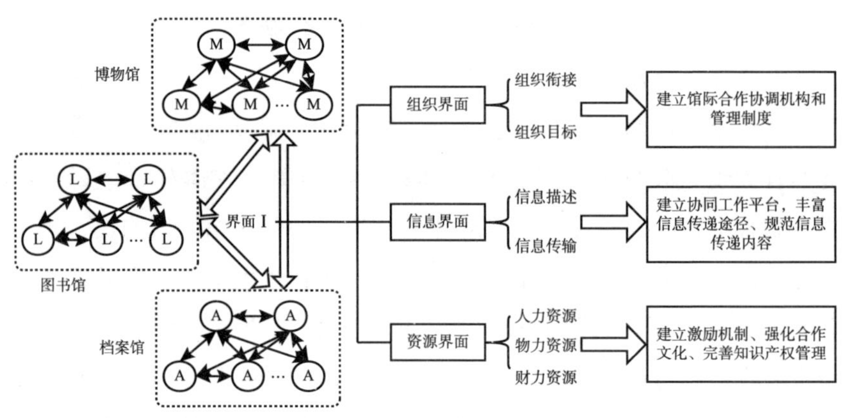

图 6－2　界面 I 管理模型

资料来源：笔者绘制。

6.2.2　组织界面管理

6.2.2.1　馆际合作协调机构设计

（1）设计原则。

馆际合作协调机构是为了协调图书馆、博物馆、档案馆完成文化遗产数字化融合服务目标而设定的管理机构，设计中应当遵循以下原则：

第一，利益相关者立场。管理机构是存在于现实的、具体的环境中的开放系统，管理机构的设计必须放在其所处的现实、开放环境中去考察，使组织目标符合所有相关利益者的需要，实现最终的合作共赢。对于馆际合作协调机构而言，直接利益相关者包括参与服务体系的图书馆、博物馆、档案馆，以及个人用户或组织用户，还有一些为开展数字化服务提供技术支持的合作伙伴，管理机构设计中必须理顺这些利益相关者之间的需求关系。

第二，减少界面数，提高界面信息流量和质量。界面是容易引发矛盾的地方，减少界面数、增加界面信息流量、提高界面“接口”的信息传递质量，有利于减少界面矛盾和避免信息失真。比如，决策中心与信息中心靠近，就有利于减少两个部门的交互信息在多环节传递中所造成的损耗与失真，有助于正确决策。图书馆、博物馆、档案馆属于不同行业类型，学科背景和业务管理模式的差距容易引发界面矛盾，因此，三类机构在合作中应当避免产生过多的交互界面数量。

第三，设置缓冲层。设置缓冲层也是有效避免界面冲突的一种方式。缓冲层作为信息中介，必须由具有足够宽泛的专业知识背景和业务技能的人员组成，在面对界面冲突时，能够缓解冲突双方的信息负荷，减轻冲突的强度。图书馆、博物馆、档案馆三类机构之间的文化遗产资源数字化融合服务也涉及多个学科领域的知识交互，因此，设立由图书馆、博物馆、档案馆领域专家和数字化服务专业技术人员组成的专家团队，能够在界面冲突中形成缓冲层。

第四，重视非正式沟通渠道的建设。信息因素是造成界面冲突的重要成因，组织结构设计中应充分考虑多渠道的信息传递，除了正式沟通渠道之外，还要重视非正式沟通的影响。非正式沟通渠道的信息能够补充和验证正式渠道传递的信息，避免信息不足或虚假信息误导而引发的界面冲突。

（2）组织结构设计。

我国图书馆、博物馆、档案馆类型多样，其业务主管单位各不相同，三类机构有着各自独立、完善的信息组织与管理模式。考虑到这种体制障碍和专业背景差异，笔者主张馆际合作协调机构的建设应当“求同存异、协同服务”，淡化管理体制差异，强调平等参与、共同发展的理念。基于这一指导思想，结合管理应该具有的计划、组织、指挥、协调、控制五大职能，并参考国内外已有数字化融合服务管理模式设计组织结构（见图6－3）。

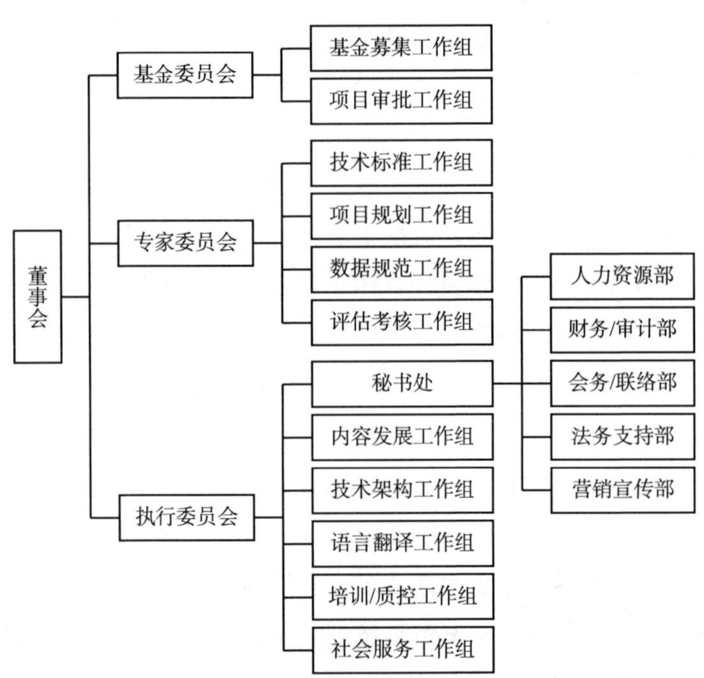

图6－3　数字化融合服务管理机构组织结构

资料来源：笔者根据相关资料整理绘制。

董事会对项目的宏观发展规划和执行监督，由图书馆、博物馆、档案馆的业务主管单位人员和项目参与单位的代表共同组成，其中项目参与单位代表从参与项目的合作机构中选举产生。人数可设定在

5~19 人之间（根据参与项目的机构数量确定），做到尽可能含有各个类型机构的代表，所有董事中推选出 1 名董事会主席。董事会的职责是召集项目年度会议，向参与单位报告工作；决定项目管理机构的设置和人员任命；宏观把握项目的发展，制定战略目标；批准基本的项目管理制度；听取下属委员会的工作报告并做出决议。

基金委员会成员来自为项目提供资金支持的机构和个人，包含政府部门、企业、社会团体、个人，以及各种类型的基金会。基金委员会人员数量根据项目发展的规模而定，政府部门提名人员可固定，其他人员实行轮换制。基金委员会负责项目资金的募集和使用管理。其职责是通过各种渠道为项目的发展筹措资金，保障项目的可持续发展；遵照委托人的意愿分配资金的使用去向；对年度资金使用计划和临时性资金使用计划进行审批。基金委员会召开年度会议和临时会议审批项目资金的使用，半数以上委员通过的决议即可执行。

专家委员会发挥计划和控制的作用，协助董事会制定项目的战略发展规划，为基金委员会的项目审批提供咨询，并对项目标准规范的制定和实施效果的评估提供建议和指导。专家委员会通过年度会议研究项目的宏观规划，通过季度会议和临时会议指导项目的具体开展。专家委员会由图书馆、博物馆、档案馆，以及相关机构的专家组成，是一个具有丰富知识的跨学科团队，能够在界面管理中起到缓冲层的作用，下设项目规划工作组、数据规范工作组、技术标准工作组和评估考核工作组，通过年度会议、季度会议和临时性会议，为项目各个环节工作的开展提供咨询和指导。

执行委员会负责项目的具体组织、指挥和协调，在业务上接受专家委员会的指导，在资金使用上受到基金委员会的监督。下设秘书处、内容发展工作组、技术架构工作组、语言翻译工作组、培训/质控工作组、社会服务工作组。秘书处负责项目运作相关的行政事务管理，是项目实施的后勤保障部门，具体细分为办公室（会务、对外联络、界面协调、成员参与的审批）、人力资源部、财务/审计部、法务支持部、营销宣传部。内容发展组下设图书馆部、博物馆部、档案馆部、用户参与部，负责数字化融合服务平台的服务内容建设；技术架构组负责数字化服务平台的体系架构、技术实现；语言翻译工作组对数字化服务平台的多语言服务提供支持，负责元数据和各种资源内容的翻译，培训/质控工作组负责项目实施中的人员培训、收集项目参与单位的反馈意见和对服务资源的质量监控，该部门的设置旨在促进各机构之间的沟通，在一定程度上起到了非正式沟通渠道的作用；社会服务工作组负责数字化服务平台面向社会公众的服务，包括策划服务产品和创新服务形式、收集用户反馈意见改进服务质量，接受团体和个人特殊服务请求，比如，定题服务、资料汇编、文化遗产数字化处理。

6.2.2.2　管理制度设计

制度是一系列权利和义务的集合，不仅告诉人们能、可以自由选择去做什么，也告诉人们不能、禁止和如何做什么，它包括成文的行为规范即正式制度，和道德、观念、习俗等不成文的行为规范，即非正式制度。制度思维指导下的组织管理不仅能让每一个群体变得强大有力，也致力于使特定的群体在整体上变得强大而有力。此处所指的管理制度是参与数字化融合服务项目的全体成员所应共同遵守的办事规程和行动准则，也是明确所有项目参与组织和个人的权利及义务。科学、文明、完善的管理制度是跨边界机构开展管理活动的基础，也是一种解决组织界面冲突不可或缺的方法手段。

（1）管理制度设计的原则。

管理制度应当与文化遗产资源数字化融合服务体系的目标宗旨一致，做到平等公正、利益相容、合理合法、科学可行。此外，还要考虑以下三点：

第一，以合理的人性假设为前提。制度设计是一种管理态势，最终是要体现人性的要求，制度设计必须以某种人的预设为前提。哈耶克曾提出，人性假设是制度设计的关键环节，人性假设有许多观点，一般认为制度的设计需要坚持从最坏情形和状态着手，即从“坏人”的假定出发能够设计出好制度①。界面冲突即是一种“坏情形”的出现，避免界面冲突出现就需要假定参与数字化融合服务的所有成员都是“坏人”，建立明确、刚性的外在约束制度，能对一些可预见的界面冲突提前防范。

第二，激励、约束、竞争三位一体。激励、约束、竞争三位一体的管理制度，才能使组织保持旺盛的生机与活力。虽然制度的制定以遏制坏情形为前提，但并不意味着制度只是为了约束“坏人”，它还应当能确保“好人”能有做好事的环境，即发挥激励作用。制度框架下的竞争不会引发界面冲突，而且能发挥“鲶鱼”效应，促进竞争各方的利益增加。因此，数字化融合服务体系中的制度应当是激励、约束、竞争三者不可偏废，相互协调、共同运作，发挥“防火墙”和“推进器”两方面的作用。

第三，高效率、低成本原则。制度管理也需要成本的投入，因此好的制度应当是效率最高和成本费用最低的。效率主要体现在信息传递和激励方面，即提高信息传递效率、降低信息传递成本，和激发群体积极性，降低机会主义行为的发生。而信息传递效率的提高也是界面管理中很重要的一个因素。当然高效的制度也应当有完善的结构，即有内在联系的制度之间共同“镶嵌”形成制度体系，发挥整体作用，促进制度管理效率的提高。首先，数字化融合服务体系的制度设计要分清主次，形成制度框架；其次，分门别类地细化和充实制度内容，形成一套完善、互嵌的制度体系。

（2）数字化融合服务的制度体系。

图书馆、博物馆、档案馆文化遗产信息资源数字化融合服务的制

① 王秋波．论制度的基本特征、运行之困及解困对策［J］．理论学刊，2017（4）：130－135.

度体系应当具有三个层次，即宏观层次、中观层次和微观层次的制度。

宏观层次的制度是数字化融合服务的基本框架，是确保整个数字化融合服务体系正常运行所必备的、根本性的制度。宏观层次的制度统揽全局，起到观念导向的作用。例如，《世界数字图书馆章程》就是世界数字图书馆项目的宏观层面管理制度，明确项目目标和内容、参与单位、主管单位、组织结构、权利义务等。图书馆、博物馆、档案馆数字化融合服务项目首先要建立这样的宏观制度，明确责权利、避免界面冲突发生。

中观层次的制度是数字化融合服务体系运行的业务规则，如图书馆信息服务联盟中的文献传递制度、信息参考咨询管理办法等。在数字化融合服务体系中，涉及由图书馆、博物馆、档案馆机构之间协作完成的业务，或者与参与单位切身相关的责权利，其相应的管理制度内容必须明确，避免责任不清引起机构间互相推诿，形成界面障碍。

微观层次的制度主要是针对具体岗位或工作任务的制度，通常是一些具体的技术标准规范或业务流程说明。

6.2.3 资源界面管理

6.2.3.1 激励机制

激励机制是通过一套理性化的制度来反映激励主体与激励客体之间通过激励相互作用的方式。对于数字化融合服务体系而言，建立激励机制的目的是提高三馆参与积极性，缩小资源交互中界面冲突发生的概率。当然激励机制应充分考虑各类参与机构的利益，满足两个条件：第一，参与约束条件。即图书馆、博物馆、档案馆参与数字化融合服务所获得的期望效用，应当不小于单馆开展数字化服务时所获得的最大期望效用。第二，激励相容约束。即所建立的激励机制应当让各类参与机构倾向于选择对数字化融合服务体系有利的行动，能够促进数字化融合服务体系目标的实现。可见，激励机制需要在确保三类参与机构和数字化融合服务体系的期望效用都能有所增加的前提下，以构造的激励契约来确保参与机构个体利益与数字化融合服务体系整体利益的有机统一。

智猪博弈模型和猎鹿博弈模型都说明，合作效益受到合作者的努力程度和合作收益分配模式的影响，处理不善将导致合作终结。在数字化融合服务体系中，参与其中的图书馆、博物馆、档案馆之间的合作关系，类似于不完全信息下的动态博弈。资源交互中，三类机构都需要投入一定的人力、物力、财力，它们所付出的努力程度，以及努力后所能获得期望收益，影响着数字化融合服务的合作效果。而努力程度信息的不对称，资源投入和预期收益的不平衡，会让一部分机构选择偷懒或者搭便车，最终破坏数字化融合服务体系的整体利益。如果能够建立监控机制来获取项目参与单位的努力程度信息，并结合监控所获得的努力程度信号惩罚或奖励项目参与机构，势必能促进数字化融合服务体系的和谐发展。

当然，基于监控信号的激励模式主要目的是减少项目参与机构在资源交互中的道德风险行为，引入监控信号，数字化融合服务管理机构可以收集各个参与机构的努力水平信息，依据数字化服务效果和监控的努力程度信号进行激励。

基于监控信号的激励模式，受到外部环境和内部数字化融合服务体系整体目标及各个参与机构个体利益的影响，激励的具体措施应该是在综合内外环境因素，协调参与各方利益的基础上科学制定，尤其是监控的成本不能过高，同时激励措施也要在整个服务体系运行中根据外部环境变化和内部信息反馈适时地做出调整。在具体奖惩制度的内容制定上还要注意物质激励与精神激励相结合、组织激励与团队激励相结合，形成公平合理的激励体系。

绩效评价是对项目参与单位进行奖惩的重要依据，在绩效评价体系中应当体现各个参与机构的努力水平，以及所观测到的与努力水平相关的监控信号，并据此定期对各个参与机构进行评价和奖惩分配，参与机构根据所能获得奖惩决定是否合作，当不满意奖惩分配时可以提出反馈意见要求改进激励机制（见图 6－4）。

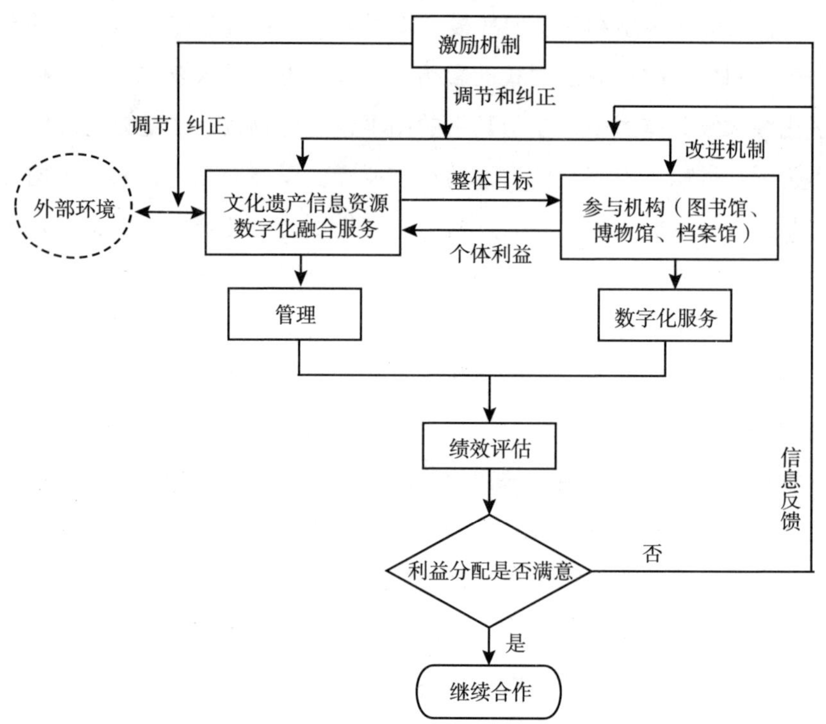

图 6－4　数字化融合服务体系的激励机制实现

资料来源：图形绘制参考：张蕾．基于风险防范的广播电视大学数字图书馆联盟管理激励与约束机制研究［J］．情报探索，2013（2）：31－34，38.

6.2.3.2　强化团队合作文化

组织文化是组织在漫长历史发展中所形成的基本信念、价值标准和行为规范，能够起到导向、规范、激励、凝聚、约束的作用。各个图书馆、博物馆、档案馆都有着自己独特的组织文化，它植根于组织环境，能够在潜移默化中影响馆员的态度与行为。

数字化融合服务体系是由不同类型机构组成的，由于组织文化的差异，在资源交互中不可避免地存在组织文化的碰撞，增强凝聚力是减少界面冲突的一种方法。对于数字化融合服务体系而言，激励机制的建立只是以制度形式形成的物质凝聚，是数字化融合服务体系发展的表层驱动力，而基于组织间文化建立的精神凝聚作用则能激发整个服务体系的内驱动力。再具体到组织界面的人力资源交互中，馆员受到所在组织文化的影响，这种文化的差异会影响馆员在数字化融合服务体系中的行为。个体行为的驱动有着“自我”和“超我”两个动力系统，激励机制及其他制度所组成的制度体系相当于启动了自我动力系统，而建立跨机构的合作文化则有助于超我系统的启动，二者有机结合的动力系统是数字化融合服务体系和谐运转所不可缺少的。

（1）数字化融合服务体系的文化内涵。

数字化融合服务体系建立在图书馆、博物馆、档案馆合作的基础之上，求同存异、共同发展应当是整个服务体系有序运转的一大基石。数字化融合服务体系的文化管理是跨组织的文化管理，需要从理念层、制度行为层、符号层三个层次打造团队合作文化。理念层是数字化融合服务体系的参与机构和馆员个体共同信守的基本信念、价值标准、职业道德及精神风貌，是决定制度行为层和符号层的前提和关键。制度行为层是数字化融合服务体系的参与机构和馆员个体在共同活动中应当遵守的行为准则；符号层是数字化融合服务体系所创造的物质文化，是形成服务体系理念层和制度行为层的条件。

（2）数字化融合服务体系团队文化建立。

数字化融合服务体系的团队文化应当起到团结图书馆、博物馆、档案馆，共同利用数字技术为公众提供文化遗产信息服务的凝聚作用，因此，关键在于要结合三类机构已有的组织文化，形成数字化融合服务的团队合作文化。

①开展组织文化调查，识别组织文化差异。

不同组织机构的文化差异会影响数字化融合服务体系的资源界面

交互效果，所以深入参与项目的图书馆、博物馆、档案馆机构，展开组织文化调查，并在此基础上进行科学比较分析，有利于凝练形成整个数字化融合服务体系的团队合作文化。组织文化调查可以采用自上而下和自下而上两种方法。自上而下的方法是馆际合作协调机构深入各个项目参与单位开展调查，可以采用的方法有访谈法、问卷法、资料分析法、实地考查法，调查对象覆盖组织全体成员；调查内容可以有针对性地围绕组织管理现状、对数字化服务的认识、馆员满意度和忠诚度、组织文化理念的认同度展开；针对馆员的调查建议，以匿名问卷形式开展，收集馆员的价值观取向和对组织文化的认同度。同时，图书馆、博物馆、档案馆的内部资料，比如，规章制度、内部刊物、奖惩条例、先进馆员事迹、媒体的报道都有助于了解该机构的组织文化。自下而上的途径主要是让各个机构主动为数字化融合服务体系的团队文化建设建言献策，例如，有奖征集服务口号、设立建议信箱等，调动各个参与机构人员的积极性，增强团队参与意识。

在基于项目参与单位组织文化调查的基础上，比较分析各个参与单位的组织文化内涵与管理现状，分析什么样的价值观是馆员认同的，并能在数字化融合服务中发挥引导和激励作用的？在哪些方面还有欠缺，会引发界面交互障碍？综合分析后的全面认识，既有助于判断既往管理中的不足，又有助于结合数字化融合服务体系的目标宗旨，形成新的团队合作文化。

②加强跨文化理解，形成数字化融合服务的团队合作文化。

数字化融合服务体系的文化管理属于跨组织文化管理，理想的方式就是在识别三类机构组织文化的差异之后，吸收各个机构的优秀文化基因，凝练出适合数字化融合服务有序发展的团队合作文化。

建立数字化融合服务体系团队合作文化的前提，应当是坚持确认原则、相互理解、相互尊重。坚持确认原则是指，首先，要树立判定组织文化中的有利因素与不利因素的基本原则和标准；其次，据此判断参与机构所形成的组织文化，扬长避短，形成适合数字化融合服务体系的团队合作文化。相互理解、相互尊重是指，来源于项目参与机构的组织文化虽然存在差异，但是它们之间并无对与错、先进与落后之分，这些文化都植根于现有组织，都存在先进、合理的因素，因此不能歧视、排斥，而是应当相互尊重与理解，并积极、开放地吸收、借鉴“他山之石”。

影响团队合作文化建设的因素有很多，首要的是文化特质的差别大小和文化特质所代表的管理模式是否高效。图书馆文化、博物馆文化、档案馆文化虽然来源于不同类型的机构，但文化特质差别小，因此，跨文化管理中重点要考虑哪些文化特质下的数字化服务管理模式在其文化背景中更高效，借鉴高效的文化特质，同时求同尊异，加强三种类型机构文化的互补、协调与整体均衡性，凝练生成数字化融合服务体系的团队合作文化。

③强化认同感，实施跨文化团队管理。

强烈的认同感是实施跨文化团队管理的重要基础，从认同到产生一致的行为，一般要经历由浅入深的三个阶段，即认知认同阶段、情绪认同阶段和行为认同阶段。一旦形成稳定的行为认同，个体就会自觉将自己与组织融为一体、休戚与共，自觉地把组织所倡导的价值观念、行为规范内化为自己的价值观念、行为规范，并影响组织其他个体也产生相同的价值观念和行为。

数字化融合服务体系跨文化团队管理的第一阶段应当是全面宣传，形成认知认同。此处的全面有两个含义：一是传播渠道全面，积极利用各种传播媒体广泛宣传，覆盖到各个项目参与机构和相关个人；二是内容全面，完整涵盖数字化融合服务体系团队合作文化的理念层、制度行为层、符号层的内容。首先，可考虑由执行委员会秘书处担纲数字化融合服务体系团队合作文化的宣传和实施，制定实施原则与宣传方案，从上而下推动数字化融合服务体系的观念更新。其次，建立传播网络，利用一切可利用的媒介，把数字化融合服务体系的团队合作文化理念传达到各个项目参与机构，传播网络可兼顾正式传播网络和非正式传播网络，确保上下信息通达，传播内容以介绍和引导为主，潜移默化地影响和改变各个项目参与机构的文化认知。

数字化融合服务体系跨文化团队管理的第二阶段即在建立认知认同的基础上，激发正向情绪产生，形成情绪认同。研究发现，情绪和认知是两种相互独立，而又紧密相关的心理过程，认知会影响情绪和行为。项目参与机构已经接受到的各种跨文化内容在与本组织已有的文化比较时，会出现部分差异，就会引发出正向或负向的情绪。正向情绪直接有助于建立情绪认同，负向情绪则会引发对数字化融合服务体系跨文化内容的拒绝和抵制。因此，这一阶段的管理工作重点是以求同存异为原则，倾听不同参与机构对团队合作文化的意见与想法，帮助项目参与机构正确看待数字化融合服务体系的团队合作文化与本组织文化之间的差异，协调二者的冲突。数字化融合服务体系需要协调三类机构的各种界面交互，建立共同的文化、树立共同的形象，以减少界面交互的障碍，因此保持内部文化的一致性是完全必要的，这就是求同原则；但是尊重各个参与单位组织文化的差异，参与机构可以根据本组织实际情况灵活处理两种文化的碰撞交融，这就是存异。在求同存异原则营造的平等氛围内，组织各种学习交流活动拉近各个项目参与机构的情感交流，帮助各个项目参与机构明确三类机构组织文化之间虽有差异、亦有共性，是共性与个性的统一，并不存在完全的矛盾对立。

数字化融合服务体系跨文化团队管理的第三阶段即情绪认同转化为行为认同阶段。行为文化是体现数字化融合服务体系团队合作文化的重要载体，代表了整个服务体系的精神状态、行为操守和服务宗旨。数字化融合服务体系所倡导的团队合作文化内化为行为的前提是，它已经得到各个参与机构的认同与共鸣，才能被各个参与机构自觉应用到数字化服务行为中。首先，行为认同的建立是核心管理团队的以身作则，如执行委员会成员在管理中身体力行的实践。其次，是各个参与机构领导集体的带头实践，在领导团队潜移默化的影响下，项目参与机构的馆员也会在界面交互和用户服务中，以行动实践数字化融合服务体系所倡导的团队合作文化。配合这一阶段管理工作，另一项重要内容就是实施考核和奖惩。当然，前提是这些考核标准和奖惩制度已经在认知认同和情绪认同中传达给各个项目参与机构。树立榜样、宣传典型、专项基金奖励等活动的开展既是对团队合作文化管理成果的巩固，又能够激发项目参与成员发挥主观能动性，自觉维护数字化融合服务体系已经形成的好传统、好作风，积极创新服务内容和服务形式，使团队合作文化不断发展和完善，形成良性循环。

6.2.3.3　知识产权管理

文化遗产作为人类智力劳动产生的成果，受到知识产权法的保护，基于文化遗产实体数字化形成的信息资源，作为无形知识财产同样受到知识产权法律的保护。对于图书馆、博物馆、档案馆而言，著作权法中的“合理使用”制度为三馆开展公益文化信息服务扫清了一部分障碍，然而数字环境下著作权主体法律关系的复杂化、合理使用范围的限制，让三馆在文化遗产数字资源建设、传播、服务中随时可能面临侵权风险，因而，知识产权问题也成为开展文化遗产资源数字化融合服务的拦路虎，需要三馆共同面对和妥善解决。

（1）数字化融合服务中的知识产权风险。

在数字化融合服务体系中，图书馆、博物馆、档案馆和用户（含机构和个人）是主要的知识产权利益群体，此外还有为平台提供技术支持，或与服务平台建立合作关系的诸多企业和机构，如软件开发商、网络运营商、数据库商、高校及科研院所。三馆基于公益信息服务所拥有的权利不能想当然的扩展到网络环境下的数字化融合服务中，因此，需要清晰辨明数字化融合服务中所面临的知识产权风险。

总体来看，图书馆、博物馆、档案馆在数字化融合服务中所面临的主要知识产权风险可以归纳为两大类：基于服务业务类型的知识产权风险和基于文化遗产信息资源因素的知识产权风险。前者存在于数字化融合服务平台的若干服务业务环节中，包括馆藏文化遗产资源的数字化、平台信息发布、数字音视频服务、馆际资源传递、虚拟参考咨询、网络导航；后者主要指因馆藏文化遗产资源产权归属、产权瑕疵，以及用户侵权使用所引致的知识产权风险。

（2）数字化融合服务中的知识产权管理。

数字化融合服务体系所面对的知识产权问题，归根到底是版权保护与文化遗产信息资源共享之间的矛盾冲突，其焦点在于版权所有人、信息服务机构、信息用户三方之间的利益不平衡，此处重点探讨三馆如何在数字化融合服务中加强知识产权保护和管理。

①建立知识产权管理机构，开展常态化的知识产权管理。

虽然图书馆、博物馆、档案馆在数字化服务中都面临着不同程度的知识产权风险，但是三馆对知识产权管理必要性的认识，以及相应知识产权管理的开展还存在不足。在数字化融合服务体系中，图书馆、博物馆、档案馆是一个面向公众提供文化遗产信息服务的共同体，合理、合法的建设数字资源、开展传播利用是三者应当共同坚持的首要原则。为了防范数字化融合服务中的各种知识产权风险，三馆必须高度重视知识产权管理的重要性，建立常设性知识产权管理机构，统一管理数字化融合服务中的各种知识产权问题。

首先，建立明确的知识产权管理机构。前文在论述数字化融合服务管理机构的设计中，建议在执行委员会秘书处下设立法务支持部，正是出于防范和化解知识产权风险的考虑。法务支持部作为常设部门，由多名法律顾问和图书馆、博物馆、档案馆知识产权管理人员共同组成，负责随时跟进国家知识产权法律保护的动态、评估服务体系可能面临的知识产权风险，制定规章制度协调三馆的知识产权利益、及时处理数字化融合服务中出现的知识产权纠纷。

其次，加强制度建设，规范化开展知识产权管理。图书馆、博物馆、档案馆在数字化服务中分别针对馆藏文化遗产资源的特点，形成了各自的知识产权管理制度。但是在数字化融合服务体系中，三馆对文化遗产资源知识产权的不同理解，会影响服务平台资源服务的效果，所以法务部和三馆在平等协商的基础上，形成共识性的知识产权管理制度，如制定《馆藏文化遗产信息资源著作权评价制度》《馆藏文化遗产信息资源价值评估方案》《数字化融合服务中的知识产权分级管理制度》《数字化融合服务平台资源交互协议》等，统一、规范的知识产权管理制度必然能够减少资源交互中的界面冲突，提高数字化融合服务平台的服务效果。

再次，向参与数字化融合服务体系的图书馆、博物馆、档案馆宣传知识产权管理的重要性，引导三馆遵循服务体系的知识产权管理制度，开展常态化知识产权管理。比如，以《馆藏文化遗产信息资源著作权评价制度》为依据，定期对三馆文化遗产信息资源的知识产权归属状态进行评价，根据信息资源的版权保护状态调整数字化融合服务的内容和形式；以《馆藏文化遗产信息资源价值评估方案》为指导，参考经济学价值评估的方法，开发服务产品或处理侵权纠纷。

最后，利用数字版权管理技术完善知识产权管理。数字版权管理（DRM）能够赋予版权人法律规定外的更多权利，起到干预用户的信息使用行为、降低侵权行为发生的作用。数字化融合服务平台可在后台管理中加入 DRM 模块，根据文化遗产数字资源的属性特点和知识产权风险等级，设定不同的版权应用技术，然后打包发布到服务平台，允许用户在不同权限下访问、传播和再利用平台资源。

②建立灵活高效的数字资源知识产权许可机制。

文化遗产信息资源的版权状态可以分为四类：已经进入公共领域不再受著作权法保护的资源、著作权人自动让渡或放弃版权的资源、受著作权保护的资源、达不到著作权法保护条件的资源。根据我国《著作权法》和《信息网络传播权保护条例》的规定，对于受著作权保护的信息资源，图书馆、博物馆、档案馆只能在取得法律或合同授权，或者利用“合理使用”的豁免权对其进行数字化建设、传播和服务。对于图书馆、博物馆、档案馆而言，仅仅依靠“公共领域”

和“合理使用”下的文化遗产数字资源已经不能满足用户需求，而以法律和合同授权为依据开展数字化服务，又面临着海量资源多种授权的复杂性、寻找版权所有人的巨大成本投入。显然，建立低成本和灵活的授权许可方式，更加有利于数字化融合服务的开展。

第一，依托著作权集体管理组织，解决部分文化遗产信息资源在数字化融合服务中面临的许可问题。

根据我国《著作权集体管理条例》和《中华人民共和国著作权法》（修改草案）的规定，具有非营利中介性质的著作权集体管理组织可以代表其会员行使著作权法所规定的权利，具有广泛代表性的著作权集体管理组织在国务院著作权行政管理部门的许可下，可以代表非会员开展延伸性著作权集体管理业务。著作权集体管理制度为数字化融合服务体系寻找著作权人、获得文化遗产资源的授权使用提供了便利。数字化融合服务体系可积极与著作权集体管理组织建立合作关系，通过该中介组织寻找文化遗产信息资源的著作权人，并获得资源的数字化使用许可；对于尚在版权保护期内，且经过努力仍无法确定版权所有人的“孤儿作品”，以延伸性著作权集体管理制度为依据，获得该类文化遗产资源的数字复制、传播权利。

第二，建立基于知识共享许可协议的文化遗产数字资源许可制度。

知识共享许可协议（Creative Commons Licences，CC）是以承认和尊重创作者版权为前提，在“保有作品部分权利”的理念下，通过署名（BY）、非商业性使用（NC）、禁止演绎（ND）、相同方式共享（SA）四种基本授权方式的组合，以及两个专门用于公共领域作品的 CC0 和 PDM 标识为基础，支持公众在特定条件下自由使用作品的灵活许可机制。CC 许可与传统版权保护机制具有同等的法律效力，为寻求网络环境下版权所有人和信息使用者之间的利益平衡提供了思路，例如，Europeana 项目就以 CC 许可为基础，建立网络服务平台的知识产权保护机制。CC 许可在我国的宣传和推进，以及 Europeana 项目的实践，为三馆应用知识共享许可协议、保护数字化融合服务平台的文化遗产信息资源提供了条件。

首先，以服务平台参与主体和各种数字资源的价值和属性特点为依据，制定《数字化融合服务平台资源交互协议》，明确图书馆、博物馆、档案馆和注册用户在数字化融合服务平台上发布和使用文化遗产数字资源时，基于知识共享许可协议所具有的权利和义务。

其次，向参与数字化融合服务体系的图书馆、博物馆、档案馆宣传知识共享许可协议的内容和特点，鼓励三馆遵循平台资源交互协议，向数字化融合服务平台发布以知识共享许可标识明示的文化遗产信息资源。知识共享许可协议操作灵活，以六种基本的授权标识，涵盖了文化遗产信息资源的版权状态，并能衍生出更多的授权方式，图书馆、博物馆、档案馆可在数字资源描述元数据中应用CC许可协议标明资源的知识产权风险等级和许可形式。例如，超过著作权保护期限或自愿放弃著作权的文化遗产资源，可使用公共领域作品标识（PDM）加以声明；珍贵、濒危和具有高知识产权风险的文化遗产信息资源，可选择署名—禁止演绎、署名—非商业性使用、署名—非商业性使用—禁止演绎等较为严格的授权方式限制数字资源的合理使用。

最后，组织形式丰富的宣传活动，引导服务平台用户遵循知识共享许可协议，对文化遗产数字资源加以网络传播和再利用。2016年全球使用知识共享许可协议的作品数量达12亿件以上，我国目前的知识共享许可协议已更新至4.0版本，在开放教育平台、网络社区、文学摄影，以及国家图书馆、中国科学院国家科学图书馆资源发布中都有应用。用户的知识产权意识直接影响到其在数字化融合服务平台的信息行为，而不当的用户行为可能造成侵权。多数公众都对网络作品发布存在侵权担忧，但对CC许可的作用认识还很有限。因此，图书馆、博物馆、档案馆要在实体场馆和数字化融合服务平台大力宣传知识共享许可协议，通过专题讲座、展览竞赛、社会媒体互动等多种途径引导用户使用知识共享许可协议，促进其对服务平台文化遗产数字资源的合理传播和再利用。

6.2.4 信息界面管理

6.2.4.1 建立协同工作平台

图书馆、博物馆、档案馆合作开展数字化融合服务的宗旨，是通过三个机构的同心协力、相互配合、优势互补，形成共同服务、共同发展的亲密关系，实现“1+1+1>3”的功能倍增效果，满足社会公众的文化遗产信息需求。信息充分共享有利于数字化融合服务的开展，信息共享的更高层面则是知识的共享，然而图书馆、博物馆、档案馆所处地域分散，它们之间的信息不对称又客观存在，因而信息和知识在三类机构之间得不到充分的交流与共享，信息的价值优势就无法体现出来，解决的办法是建立数字化协同工作平台，打通图书馆、博物馆、档案馆之间的各种信息壁垒和边界，增加三类机构之间的信息透明度、促进信息共享与其他界面的交互效果。

协同可以发生于人与人之间、异构应用系统或数据资源之间、不同终端设备或应用情景之间，此处主要指图书馆、博物馆、档案馆三类机构之间基于文化遗产信息资源数字化融合服务的协同。图书馆、博物馆、档案馆之间的协同，本质上是打破资源（人、财、物、信息、流程）之间的各种壁垒和边界，使它们为数字化融合服务体系、服务目标的实现而协调运作，通过对三类机构各种资源的最大化开发、利用和增值，以充分达到一致性的发展和服务目标。数字化协同工作平台能够为参与数字化融合服务的图书馆、博物馆、档案馆提供一个跨组织、跨区域的虚拟工作场所及相关应用工具，成为项目参与各方信息沟通与交流的平台，其价值体现在连接、沟通、协作、监控四个方面。

在数字化协同工作平台所营造的虚拟时空中，包括服务体系管理机构在内的所有机构将数字化融合服务有关的各种工作信息输入协同系统中，并设立恰当的共享权限，这些信息资源可以在图书馆、博物馆、档案馆之间畅通传递、充分共享。例如，馆际合作协调机构的管理信息在平台上扁平化的快速传播，可以缩小纵向的信息传递路径，促进机构之间的横向沟通；图书馆、博物馆、档案馆之间的组织文化、专业知识及服务经验等信息在数字化协同工作平台上的传递，能够促进三类机构之间的交叉学习，增进各机构之间的了解，对彼此的组织文化产生认同感，缩小数字化融合服务体系中的组织文化差异。当各个项目参与机构从数字化协同工作平台的信息和知识共享中获得“实惠”后，它们会自发地将“信息的高度共享”主动推进下去，让更多地参与机构从中获得益处，最终产生良性循环。因此，数字化协同工作平台以信息的畅通交流与共享为纽带，能够促进图书馆、博物馆、档案馆之间彼此认同、互相理解，降低信息界面交互障碍，形成目标一致、利益共享、风险共担的数字化服务共同体，实现多方“共赢”的局面。

6.2.4.2　采取多样化的信息传递渠道

信息的传递必然依附于一定的载体，故而信息传输渠道的建设是信息传递中必不可少的一个环节。从古至今，人们对信息传递渠道的建设从未停止过。古人曾利用烽火、灯塔、旗帜、鸽子等作为信息传递的载体，可谓是水、陆、空全覆盖。如今以电话、电报、电视、微波、通信卫星、计算机互联网、无线移动网络为载体的立体信息传输网络，为我们营造了更为安全、迅捷的信息传递渠道。虽然，今天的信息传递渠道的功能和效率与古代不可同日而语，但是它们的目的却是一致的，都是尽可能准确和迅速地传递信息。

信息传递渠道的畅通与信息传递的效果息息相关。信息渠道不畅通、负面影响是显而易见的。例如，信息“粘滞”就是信息在传递渠道某一环节中的滞留而引发的，而过长的信息传递渠道会让信息的时效性大打折扣，从而产生信息延迟。信息“粘滞”和信息延迟是信息界面管理中的两大“祸患”，有时也是引发其他界面冲突的根源。故而，数字化融合服务体系中的信息传递渠道建设也至关重要，需要兼顾两个方面的考虑：一是信息传输载体的选择，要做到安全灵活、抗干扰能力强；二是对于信息传递效率的考虑，有价值的重要信息如果不能及时传递到接收方，有时会造成难以弥补的损失。增加信息的流动时间、减少信息传递的中间环节都是提高信息传递速度的有力措施。

当前通信技术的飞速发展，为我们营造了数字化的信息环境。数字通信系统可以传输包括模拟和离散信号在内的各种信息，抗干扰能力强、传输可靠性高，已经成为人们生活中的一种主流信息传输方式。图书馆、博物馆、档案馆也都建立了数字信息传输网络，显然利用数字信息技术连接三个机构的信息传递有助于提高数字化融合服务体系的信息传递效果。电子邮件、IM、远程视频、邮件列表、电子论坛、手机短信、微博、微信都是当前信息传递中比较常用的方式，它们各有特点可以适用于不同的场合。数字化融合服务体系的信息传递可以根据信息内容的重要程度、信息扩散的范围和时效要求灵活选择信息传输方式，如属于广而告之性质的会议纪要、通知、简报、行文、条例制度等，可采用电子公告形式传递；少部分人员参加的重要会议则适合利用电子邮件传输；需要多个机构实时沟通协调的工作，可采用远程视频会议形式效率更高；电子论坛可以作为便捷的在线思想交流平台，有利于项目参与机构之间就某一主题展开远程、平等的在线讨论，或就工作中遇到的问题运用头脑风暴法集思广益；手机短信群发则适合于临时、突发性事件信息的快速准确传输。总之，图书馆、博物馆、档案馆数字化融合服务体系的信息传递渠道应该有着立体的、多元化的信息传输形式，具备完整信息与部分信息传递相结合、主动性和被动性信息传递相结合、同步信息与异步信息传递相结合、单向信息传递与双向信息传递相结合的功能。

6.2.4.3 形成规范化、标准化的信息传递内容

在信息传递中，信息发送端的信息编码能力和信息接收端的信息解码能力也会影响信息传输的质量，甚至得出大相径庭的信息传输结果。通常来说，信息的语言表述方式会影响信息编码和解码，同时个体内在既有的文化水平、学科和专业背景、知识结构也会在编码和解码环节的信息理解中发挥作用。在文化遗产信息资源数字化融合服务体系中，存在自上而下的信息传递、自下而上的信息传递，以及横向的图书馆、博物馆、档案馆之间的信息传递，不同的信息发送端和接收端都可能会产生编码解码失误，尤其是图书馆、博物馆、档案馆之间专业分工不同，因而学科专业术语使用方面也存在差异，差异化的信息表述方式在跨机构的信息传输中很容易产生信息界面交互障碍，当信息发送端对信息理解不透彻、不全面时会导致部分重要信息缺失，信息接收端信息解码错误时会导致信息失真，信息失真和信息缺失都不利于信息界面的正常运转。

在数字化融合服务体系中，提高图书馆、博物馆、档案馆之间信息编码解码能力可以从四个途径入手。

一是建立规范的信息传递语言规范。图书馆、博物馆、档案馆虽然都是文化遗产保护与传播机构，但三者的工作重点各有侧重，相似的工作内容中也存在专业术语差异，例如，对于文化遗产信息所依附的物质载体，图书馆更多的使用文献一词，而档案馆和博物馆则主要以档案和文物相称，其实三个术语存在概念上的交叉和重叠。类似于此类情况，数字化融合服务体系中可以建立《专业术语解释与对照表》，将信息界面交互中涉及的信息传递语言提前予以规范。此外，三个机构所提交的文化遗产数字资源的内容格式、数字化服务的方式与流程，也需要建立相应的标准和规范的服务文档。有证可查、有据可依的标准与规范体系可以提高数字化融合服务体系的信息传递效率，减少三个机构之间的信息交互障碍。

二是重视编码解码环节对信息的全面理解。在数字化融合服务体系中，无论是图书馆、博物馆、档案馆还是其他相关的管理机构，都需要不断的传递信息和接收信息，都必然会涉及信息的编码和解码。为了确保信息不失真、不缺失，增加对信息内容的充分理解是很重要的，尤其是需要图书馆、博物馆、档案馆协同开展的数字化服务，其信息内容表达必须规范、审慎、表述清楚。比如文献资源传递，既要准确吃透用户的信息需求，又要清晰传达给协作的其他机构以获取所需的文化遗产数字资源反馈给用户，不规范的信息传递很容易导致信息理解歧义从而影响整个服务体系的数字化服务质量。

三是加强机构之间的专业知识交流。信息交流的途径有正式交流与非正式交流、主动交流与被动交流、面对面交流与虚拟交流。数字化融合服务体系中的专业知识交流可以缩小三类机构在信息界面交互中存在的学科知识差异，促进图书馆、博物馆、档案馆之间的知识共享。在正式交流方面，建议将培训作为一项内容纳入数字化融合服务体系的常规工作内容与考核中，建立制度化、动态化的培训制度。数字化融合服务体系应当鼓励图书馆、博物馆、档案馆的工作人员积极参与定期开展的培训，同时针对数字化服务中遇到的新问题和新现象，还要举行不定期的培训，帮助数字化服务机构和人员更新知识、提高服务质量。除了数字化融合服务体系内部的培训外，还可以邀请文化遗产研究专家学者为项目参与机构馆员进行知识培训，提升馆员的业务水平与服务能力。在非正式交流方面，可以在数字化协同工作平台中开辟虚拟互动空间，鼓励图书馆、博物馆、档案馆工作人员在虚拟空间分享专业知识与交流服务内容，也可以组织沙龙、俱乐部等让三类机构的馆员在放松休闲中进行知识交流。

四是建立防范与及时反馈机制。事前防范、事后反馈是管理活动中经常采用的方法，信息界面交互中的防范机制旨在减少信息界面冲突造成的负面影响，数字化融合服务体系的信息传递机制必须要有相应的风险防范机制，在做好服务体系内信息传达和工作部署的同时，要提前做好可能的界面障碍处理预案。另外，在信息界面交互中，及时的沟通反馈，可以对错误信息进行过滤、对偏差信息进行校正、对正确信息进行放大，有利于确保信息的完整性和真实性。

6.3 界面Ⅱ管理

6.3.1 界面Ⅱ管理模型构建

6.3.1.1 界面Ⅱ交互类型

三馆文化遗产信息资源数字化融合服务体系中的服务界面与传统的服务界面相比，更具有开放性和综合性。在界面Ⅱ中，服务双方之间的接触界面主要是文化遗产数字化融合服务平台，它是由图书馆、博物馆、档案馆工作人员基于数字技术共同提供的交互服务运作系统，用户主要通过这个数字化融合服务平台接受与文化遗产信息资源相关的服务、进行服务感知，和据此形成对整个服务平台的交互体验。用户与数字化融合服务平台之间的交互可以是实时交互，也可以是打破时空限制的异步交互。对于图书馆、博物馆、档案馆而言，界面Ⅱ是具有明显任务导向和制度约束的工作界面，而对用户而言，界面Ⅱ是不具有明显工作属性和制度约束的信息服务感知体验界面。

整体而言，界面Ⅱ具有三个主要的界面交互类型：以实现信息提供者和信息需求者之间双向信息交流为目的的信息界面，以传递和接受文化遗产信息资源服务产品为目的的业务界面，以服务感知、行为参与和情绪反应为特征的心理界面，这三个界面层次的叠加与整合构成了界面Ⅱ的服务界面系统（见图6－5）。

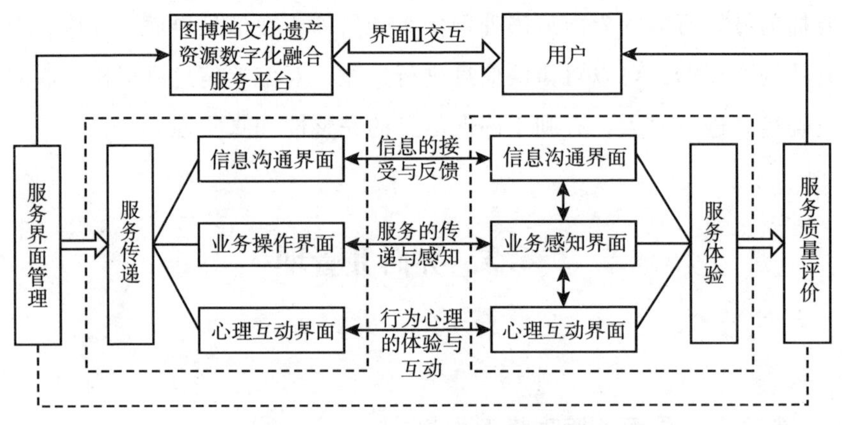

图6－5　界面Ⅱ的交互类型结构

资料来源：笔者根据相关资料整理绘制。

6.3.1.2　界面Ⅱ交互障碍及成因分析

业务界面是图书馆、博物馆、档案馆馆员基于数字化融合服务平台与用户之间的直接交互形成的界面，服务产品主要是文化遗产数字资源。业务交互中的界面障碍有服务资源冲突、服务流程冲突、服务功能冲突。

服务资源冲突来源于服务双方对服务产品本身的种类和数量的供求矛盾。文化遗产信息资源种类繁多、类型各异，不同的用户对文化遗产信息资源的需求种类和内容大不相同，而三类机构馆藏的文化遗产信息资源各有偏重，结合馆藏资源、数字化水平等因素开发的文化遗产数字资源很难完全满足各类用户的需求，服务双方在服务资源上就可能出现冲突。

一个服务活动往往涉及多个环节的协作，服务流程是对整个服务活动中各个服务环节衔接次序逻辑的安排。服务流程设计不合理会导致服务流程冲突的出现，如服务流程烦琐致使用户等待服务的时间过长，用户产生不满。数字化融合服务平台的文化遗产信息资源服务涉及图书馆、博物馆、档案馆三个机构之间的协作，不当的服务流程设计很容易导致用户不满，引发服务流程冲突。

服务功能冲突表现在数字化融合服务平台的服务功能定位在满足用户服务期望方面的不足。数字化融合服务平台建立的目的是拓展和延伸三馆的服务功能，以满足用户对文化遗产信息资源的多样性信息需求。但用户的服务期望具有层次性、动态变化性，数字化融合服务平台服务功能的定位不可能同时满足各个层次、各个类型用户的服务期望，用户服务期望的获取和服务功能的调整不能同步进行，这种时滞会导致服务功能冲突。

信息界面是图书馆、博物馆、档案馆馆员借助数字化融合服务平台向用户提供文化遗产信息资源服务的过程中，信息的双向传递在服务双方之间形成的交互界面。信息界面伴随业务界面而存在，信息粘滞、信息失真、信息延迟等都会导致信息界面障碍的形成，表现为服务双方信息沟通渠道不畅、服务信息不对称，因而影响数字化服务活动的正常开展。

心理界面是用户在接受数字化融合服务平台提供的文化遗产信息服务时，用户与服务平台之间基于服务过程而体验到的情感交流，从而引起的心理认知变化。和谐的心理互动界面建立在目标一致、相互信任的基础之上，此外用户对数字化服务所形成的心理互动还受到业务界面和信息界面的影响，消极的业务交互过程和信息界面会引发服务双方之间的负面心理互动，形成心理互动界面障碍，表现为双方互相不信任、对服务体验的满意度低。

6.3.1.3　界面Ⅱ管理模型构建

如前文所述，界面Ⅱ中的界面类型有业务界面、信息界面和心理界面，这些界面的交互效果影响着数字化融合服务体系的服务质量，以及用户的服务满意度。对于界面Ⅱ的管理，需要重视三种界面的交互渗透和影响，全盘考虑其管理方式。

通过对界面Ⅱ交互障碍及成因的综合分析，构建界面Ⅱ管理模型如图6－6所示。其中，业务界面管理主要是对服务资源、服务流程、服务功能方面加强管理，因此，提出以用户为中心，科学设计服务功能、丰富服务资源和优化服务流程；信息界面是架起用户与数字化融合服务体系的沟通桥梁，其管理任务主要是畅通潜在用户和现实用户与数字化融合服务体系的沟通渠道，与业务界面和心理界面一起为用户提供满意的文化遗产信息资源服务。

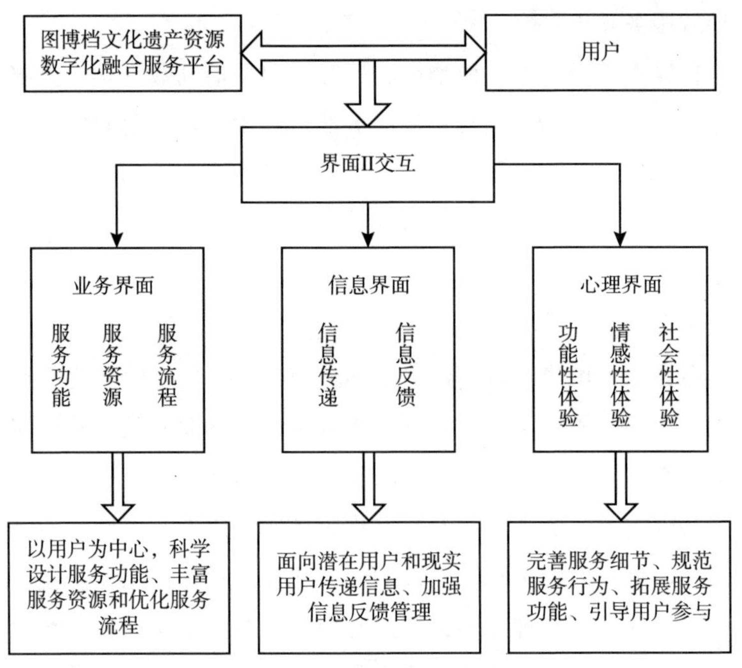

图6－6　界面Ⅱ管理模型

资料来源：笔者绘制。

心理界面交互效果受到用户体验的影响，一般包括服务过程和服务结果中用户感受到的功能性体验、情感性体验、社会性体验。功能性体验是用户对数字化融合服务体系所提供的各种数字化服务最直接的使用和评价，数字化服务体系所提供的服务资源、服务流程、服务信息交流渠道、服务行为都会直接影响到功能性服务体验。情感性服务体验是用户在接受数字化融合服务时所伴随产生的情绪、情感或心得，情感性体验微妙复杂，没有特定的规律，服务情景、用户个性特质，以及业务交互、信息交互中的某些环节都会影响用户的情感性体验。用户在基本的服务需求得到满足后，还追求更高层次的社交、尊重和自我实现需要的满足。社会性体验就是用户使用数字化服务体系所提供的延伸性服务功能时所产生的体验。所以，心理界面管理的内容在于把握用户的需求与期望，根据数字化服务中的用户体验维度，不断采取措施完善服务细节、规范服务行为、拓展服务功能、引导用户参与，满足用户的功能性体验、情感性体验、社会性体验需求，增进用户与数字化融合服务平台的情感交流，形成良性的心理交互。

6.3.2 业务界面管理

6.3.2.1 以人本理念为出发点，科学设计服务功能

我国图书馆、博物馆、档案馆担负着传承文化遗产、传播信息知识的重任，在满足社会公众文化需求方面，形成了各具特色的服务功能。当然服务功能不可能一成不变，也需要随着服务环境及用户需求的变化适时作出调整。图书馆、博物馆、档案馆联合开展文化遗产信息资源数字化融合服务，是顺应数字化信息环境发展的必然举措，也是满足社会公众需求变化、实现服务功能的必然选择。服务功能定位不能满足用户需求、服务功能不够深入细致是产生服务功能冲突的原因，数字化融合服务体系的服务功能管理中必须重视用户需求，以用户需求为中心定位服务功能和开展服务管理。

（1）树立以人为本的服务理念。

以人为本、提倡人文关怀、提供人性化服务，已经成为信息服务发展的一个方向。在信息技术环境下，图书馆、博物馆、档案馆顺应服务环境的变化，利用数字化技术共同为社会公众提供更为丰富的文

化遗产信息资源正是“以人为本”理念的体现。所以，“以人为本”应当也必须成为数字化融合服务体系的服务理念，并实践于各个数字化服务功能中。

数字化融合服务体系的“以人为本”，应该包括三层含义：第一，确立用户在数字化融合服务体系中的主导地位，围绕用户需求设计数字化服务功能；第二，保障每个用户的信息权利，确保每个用户都能通过数字化服务，平等的获取文化遗产信息资源；第三，关注用户的人生发展、自我完善，通过数字化服务，帮助用户实现个人的全面发展。

服务功能是服务机构开展服务活动能够为被服务者带来的需求满足，服务功能的实现必然是在服务理念的指导下，围绕服务对象的需求、利用服务技术、以特定的服务形式提供服务内容的过程。因此，服务理念、服务对象、服务内容、服务技术、服务形式共同构成了实现服务功能的五大要素。在“以人为本”服务理念的指导下，数字化融合服务体系、服务功能的管理要做到：以用户需求为中心提供服务内容，以用户便利为原则选择服务技术，以用户偏好为参考设计服务形式。

（2）科学分析用户需求类型。

了解服务功能与用户需求之间的差距是开展服务功能定位的前提，图书馆、博物馆、档案馆数字化融合服务体系的服务功能与用户需求之间的差距衡量，可以借鉴日本质量管理专家狩野纪昭提出的KANO模型进行。在KANO模型中，用户的需求被划分为无关需求、基本需求、期望需求和潜在需求四种类型，各种服务功能在不同类型用户需求上的满足程度存在差异，用户根据自身需求的满足程度对系统服务质量进行满意或不满意的评价。

利用KANO模型衡量数字化融合服务体系的服务功能与用户需求的匹配程度，可以按照以下步骤开展：第一，确定待衡量的数字化服务功能和用户的需求类型，由于有些数字化服务功能的实现可能是由多个子服务形式组成的，所以数字化服务功能的细分程度需要提前考虑；第二，设计具有正反向探测问题的数字化服务 KANO 调查问卷，问卷中包含调查对象的背景信息和其对数字化融合服务功能的满意度评价，满意度可采用五级评价体系，正反向问题的设计有利于从两个角度衡量用户的需求满足程度；第三，实施调查，根据 KANO 判定表汇总分析各个服务满足用户需求的频次，由于用户需求的差异，同一服务在不同需求上的频次分布是不同的，此时以频次最高为原则，确定服务所属的需求层次；第四，根据频次汇总分析的结果，确定各个数字化服务在满足用户需求中的优先级。

（3）根据服务优先级逐步完善服务功能。

数字化融合服务体系不可能一步到位，满足所有公众的文化需求，但可以对公众细分后确定目标用户群体，根据服务功能与目标用户群体需求之间的匹配程度，优先提供用户认为重要和必需的服务功能，并逐步丰富和完善整个数字化服务功能。

利用 KANO 模型识别公众需求与数字化服务功能之间的匹配差距，仅仅是服务功能定位的前期工作，获得的仅只是整体的服务信息，究竟哪些公众是数字化融合服务体系的目标用户，它们的需求具有什么特点，希望能够提供哪些数字化服务？所以在 KANO 需求类型分析的基础上，还需要进一步汇总参与调查的用户所表现出的群体特征，以及不同群体对不同类型服务的需求程度，使用服务—用户—需求交叉分析方法确定数字化融合服务体系中不同用户对不同服务的需求强度，具体步骤为：第一，制定细分标准，将参与 KANO 问卷调查的用户细分为若干类别，例如，用 P_1，P_2，…，P_N 分别表示不同用户群体；第二，建立用户—服务交叉表，横向代表用户群体，纵向显示不同服务功能（可分别用 S_1，S_2，…，S_m 表示），横向纵向交叉表中显示用户群体对特定服务的需求评价，将所有细分用户群体对不同服务的需求评价和频次列于交叉表中；第三，利用公式 $Q_{ij} = F_{ij} \times (P_j/P) \times 100$ 计算需求强度，其中 Q_{ij} 代表 S_i 的需求强度值，F_{ij} 代表

用户群体 P_j 对服务 S_i 的需求强度，P_j/P 代表用户群 P_j 在用户总体 P 中的比例；第四，计算数字化服务功能的需求分布、不同用户群体需求的满足程度，根据基本用户、期望用户和潜在用户的数字化服务功能需求，确定服务功能优先级和用户优先级，并进一步调整和完善数字化服务功能。

6.3.2.2 以用户需求为中心，丰富服务资源

用户对文化遗产信息资源的需求是图书馆、博物馆、档案馆合作开展数字化融合服务的基础，业务界面的重要任务就是通过“供应”文化遗产信息资源，满足用户的相应需求，业务界面产生的服务资源冲突是文化遗产信息资源的供求不平衡造成的。一般而言，供求不平衡主要表现为供求总额之间的矛盾、供求构成之间的矛盾、供求在时间和空间上的矛盾。深入分析不难发现，图书馆、博物馆、档案馆拥有大量的文化遗产信息资源，在资源“供应”数量上并不会匮乏，数字化服务跨时空的特点，能够有效地缩小供求在时间和空间上的矛盾，所以服务资源冲突更多的是供求构成之间的矛盾。解决这一矛盾的办法就是以用户需求为中心，调整和丰富可“供应”的文化遗产数字资源种类。

（1）积极开展用户调查，主动搜集用户信息需求。

用户对于文化遗产信息的需求具有层次性而且复杂多变，受到社会环境、工作职业、知识储备、信息素养等的影响，数字化融合服务体系的资源服务需要围绕用户需求开展，建立用户调查制度，主动搜集用户的文化信息需求。开展用户调查的方法有很多，比如，问卷调查、用户访谈都是常用的用户需求搜集方法。数字化融合服务体系内参与的图书馆、博物馆、档案馆众多，每个机构都有大量的用户群体，采用定期的问卷调查和不定期的用户座谈方式，可以广泛搜集用户需求数据。通过用户数据分析，有针对性地优化服务资源的种类和数量，有助于减少资源服务中的供求矛盾。

同时，服务反馈环节的信息搜集也不容忽视。在数字化融合服务体系中，一部分用户在所需文化遗产信息资源得不到满足的时候，会主动通过服务反馈功能表达自己的信息需求，因此数字化融合服务体系应当为用户建立多样化的沟通反馈渠道，确保用户能够及时反馈自己的需求。对于各个渠道反馈的信息，图书馆、博物馆、档案馆需要认真分析总结，提取出用户的信息需求，适时推出用户所需的文化遗产信息资源，满足用户渴望。

（2）利用数据挖掘技术，主动分析用户潜在信息需求。

科亨的信息需求理论表明，用户的信息需求状态存在客观状态、认识状态、表达状态三个层次，处于表达状态的显性信息需求只是用户需求的一少部分①。用户理解并表达出的信息需求只是其真实信息需求中的冰山一角，图书馆、博物馆、档案馆所面对的用户群体，同样存在大量未清晰表达出的潜在信息需求，这些潜在信息需求通常隐藏在用户的文化遗产数字资源使用行为中。

数据挖掘技术能够从数据库的大量数据中揭示出隐含的、先前未知的并有潜在价值的信息，也非常适合应用于数字化融合服务体系，以揭示用户对于文化遗产信息的潜在需求。巧妇难为无米之炊，开展数据挖掘的前提是有丰富的数据供分析，这就要求数字化融合服务体系在资源服务中要有数据搜集和分析意识，首先，在后台的数字化服务模块存储用户的个人背景信息，以及跟踪用户使用平台数字资源的过程，存储用户的文化遗产信息使用行为数据，比如，服务平台注册用户的年龄、职业，各个主题的文化遗产资源被注册用户浏览和下载的数量等；其次，建立相应的关联规则，对用户和资源进行分析，提取出用户的需求偏好和资源使用规律，主动向用户推送能够满足其潜在需求的文化遗产信息资源。

---

① 白光祖，吕俊生．基于信息需求层次理论的 PIE 可满足性分析［J］．情报杂志，2009，28（4）：48－51，111.

6.3.2.3 以用户便捷为目的，优化服务流程

在数字化融合服务体系中，为了完成用户的信息需求而开展的各种服务都是由有序排列、联系紧密的服务流程组成的，这些流程“输入”的是用户的文化遗产信息需求、“输出”的是用户所需的服务产品，中间的“一系列活动”则由服务平台和工作人员共同完成，整个服务流程的实现依赖于数字技术。与传统服务流程的区别在于，数字化融合服务体系中各个流程的实现，不需要服务人员与用户实时的、面对面的交互，而是更多地依赖于用户与数字化服务平台的交互，有些服务流程用户可以通过服务平台自助完成，而无须服务人员的参与。可见，数字化服务流程中更多的是用户与服务界面的交互，用户是在界面体验中完成服务流程操作的，服务流程设计的科学性、服务界面设计的友好性、用户体验的好坏都会影响用户对服务流程的评价。

以用户为中心是数字化融合服务体系所应倡导的服务理念，贯彻到具体数字化服务工作中就是要以用户方便为原则，简化和改进服务流程，以有效满足用户需求和提高服务效率。图书馆、博物馆、档案馆有着各自的服务内容和服务流程，在数字化融合服务体系中，因为增加了三类机构的协作，原有的服务流程需要适时地做出调整，凯丁格的六阶段业务流程实施框架对于数字化融合服务体系的流程设计与优化具有很强的适用性（见图6－7）。

第一阶段，调查确定有必要改进的服务流程。充分的调查分析是开展服务流程设计的前提，数字化融合服务体系中的某些服务流程可能环环相扣、牵一动百，因此需要审慎的对待服务流程的改进。本阶段的主要工作就是仔细调查服务体系中的各个服务流程，从服务人员和用户两个角度搜集用户对于现有服务流程的使用意见，根据现有的数字技术支持条件和服务能力，确定有待改进的服务流程。

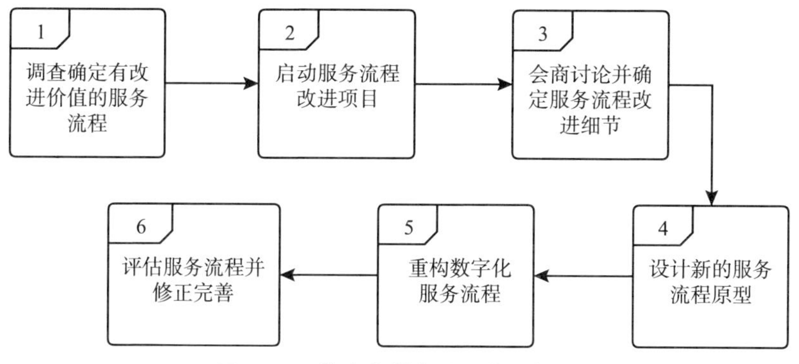

图 6 -7　数字化服务流程优化框架

资料来源：笔者根据相关资料整理绘制。

第二阶段，启动服务流程改进项目。服务流程的改进是个系统工程，与该服务流程有关的机构和个人都需要参与其中，因此，服务流程改进前，应当报请管理部门批准，成立服务流程改进项目团队，对整体的项目实施进行规划、确定流程改进的最终目标、在服务体系内宣传服务流程改进的必要性，为项目团队开展服务流程改进营造有利的工作环境。

第三阶段，会商讨论并确定服务流程改进细节。本阶段的工作重点是在初期调研的基础上，进一步深入细致地描述现有的服务流程，在这个工作环节中，可以利用流程建模与优化的方法，准确显示现有服务中各个流程之间的衔接关系，同时，听取用户对服务流程的需求。项目团队结合用户的服务需求与现有服务流程进行对比分析，会商讨论服务流程改进的细节。

第四阶段，设计新的服务流程原型。服务流程原型的设计不可能一蹴而就，此阶段工作的开展，建立在项目团队与相关服务机构及人员的充分交流基础之上，服务流程设计方案的确定也是一个不断修改、不断完善，实现优中取优的过程，项目团队成员需要结合服务流程预期实现的目标，集思广益、讨论修正，直至最终确定最佳的流程设计方案。

第五阶段，重构数字化服务流程。本阶段的任务是将重新设计的服务流程付诸数字化融合服务实践，接受服务系统和用户的检验。服务流程的正常运转离不开人员、技术、流程三者的密切配合，因此，除了选择合适的数字化技术实现服务流程外，还要对服务人员进行培训，确保服务人员尽快熟悉新的服务流程和正确使用服务流程完成数字化服务。

第六阶段，评估服务流程并修正完善。服务流程的测试评估不能影响正常的数字化融合服务开展，因此，本阶段应采取新旧服务流程同时运转的模式，加强对新设计服务流程的严密监控，记录服务流程各环节的衔接情况，以及服务人员和用户对服务流程的反馈意见。根据收集到的服务流程运行数据评估重新设计的服务流程，对不足之处进行修正完善后重新进行运行测试，直至达到满意的预期目标后，新的服务流程正式上线运行。

6.3.3 信息界面管理

6.3.3.1 面向社会公众，实施全媒体信息传播

数字化服务的应用在一定程度上拉近了三馆与用户之间的距离，用户对三馆数字化服务的知晓率和使用率还有待于进一步提高。数字化融合服务体系面对注册用户和潜在用户，要全面、全方位地宣传数字化融合服务平台的资源内容和服务形式，才能吸引更多的用户关注文化遗产数字资源服务和使用服务平台的各种资源。

全媒体信息传播模式倡导以文字、图片、动画、音频、视频等多种媒体表现手段，利用广播、电视、图书、期刊、音像制品、报纸、网络等不同信息传播媒介搭建的广电网络、电信网络、互联网络实现信息的广泛传播，实现任何人、任何时间、任何地点、以任何终端都可获得任何想要的信息。数字化融合服务体系面对的服务对象是数量

庞大的社会公众，而且他们在接收文化遗产信息时存在内容和渠道选择上的偏好，以单一的信息内容和信息传播渠道很难满足公众的信息传播需求。所以，结合用户的文化遗产信息偏好、制作特定形式的信息展现方式，构建面向公众的全媒体文化遗产信息传播与资源服务方式（见图6－8），实现网上与网下、实体场馆和虚拟场馆的同步信息传播，才能将文化遗产信息与服务辐射到社会各界。

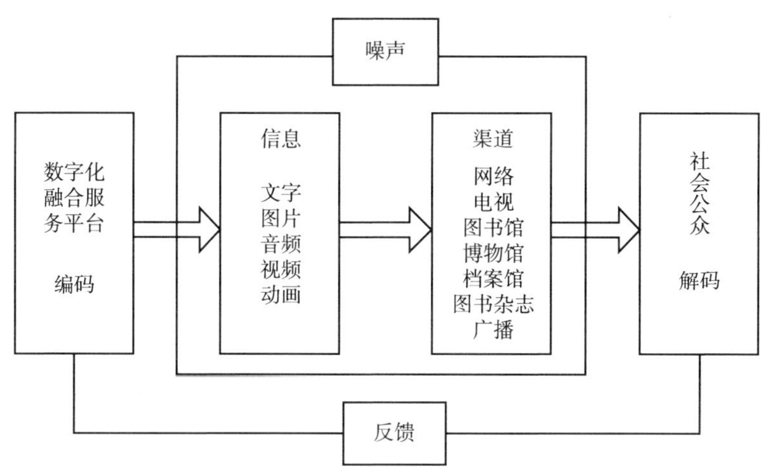

图6－8　全媒体信息传播模式

资料来源：笔者根据相关资料整理绘制。

（1）信息传播的内容。

数字化融合服务体系向社会公众传播的信息内容应当包括以下几大部分：

第一，文化遗产的价值与重要性。文化遗产的独特性和不可再生性决定了其具有重大的历史、文化审美与科研教育价值，公众对文化遗产的价值了解不清晰，影响了公众对其有效的使用。所以数字化融合服务体系首先要告诉公众文化遗产是什么、有什么价值，与图书馆、博物馆、档案馆的图书、文物、档案有什么联系。清晰地认识文化遗产、重视文化遗产的价值，用户才会有意识地使用数字化融合服务平台的文化遗产信息资源。

第二，与文化遗产相关的法规、政策。文化遗产是社会共有的珍贵文化财产，每个公民都有保护文化遗产的义务和合法利用文化遗产信息资源的权利。文化遗产性质特殊，不能毫无限制地供公众使用，对其利用必须合理合法。因此，要向公众传播与文化遗产保护相关的法规政策，如《中华人民共和国文物保护法》《传统工艺美术保护条例》《中华人民共和国非物质文化遗产保护法》等，同时，还要向用户宣传与文化遗产相关的知识产权保护规定，让用户在尊重文化遗产信息资源知识产权的前提下，合法地使用文化遗产信息资源。

第三，文化遗产信息资源的内容及数字化服务。当前文化服务产品较多、用户选择余地较大，数字化融合服务体系还要利用各种信息媒介向社会大众充分地传播服务平台的文化遗产信息资源及所开展的服务形式，吸引社会公众使用服务平台的各种数字化服务，并利用自己的人际网络传播给更多的人群。

（2）信息传播的原则。

根据信息传递理论，信息传播的效果受到多种因素的影响，如信息传播主体所发送的信息内容与形式（信息质量）、信息传播渠道的选择（可信度）、信息传播客体（受众）的信息获取成本和对信息的理解。数字化融合服务体系面向社会公众的信息传播过程中，如果发生信息扭曲、损耗、延迟，都会影响信息传播的真实性和可用性，也不能有效实现数字化融合服务体系的信息传播目的。

从传播受众的角度出发，数字化融合服务体系面向社会公众的信息传播，要坚持以下原则：

首先，根据受众的信息接收特点设计信息内容与形式。数字化融合服务体系开展的文化遗产信息传播，所面对的社会公众在年龄、职业、学历层次上都有较大的差别，“一刀切”的信息传播显然不会收到理想的宣传效果。因此，要以公众为中心，考虑信息内容与形式如何满足公众的“胃口”、如何便于公众“阅读”。具体而言，根据不同公众群体的特点，有针对性地设计制作信息传播内容，同时，需要结合各种信息传播渠道的传输容量和社会公众碎片化信息获取的特点，恰当控制信息内容的长度和容量。例如，针对专业用户群体的信息传播，信息组织中就可以使用一些专业术语；而针对以休闲娱乐为主的用户群体，信息传播的语言就要通俗易懂，可采用视频、漫画等灵活生动的信息表现形式；利用自媒体传播渠道制作的微视频等，就应该短小精悍；面向少年儿童的文化遗产信息传播，以连环画的形式进行诠释，能取得良好的信息传播效果。

其次，根据受众的信息获取特点，合理选择信息传播渠道。信息传播渠道众多，有图书、电视、期刊、报纸、有线/无线网络等，但是如果不考虑受众的信息获取特点，信息传播的效果就会大打折扣。数字化融合服务体系在选择信息传播渠道时，需要以充分的受众分析为前提，综合权衡信息传播渠道的传播特点、需要投入的信息传播成本、渠道机构的信息传播能力。其中，渠道的信息传播特点主要考虑信息传播的准确性、及时性、覆盖面；成本投入包括人力成本、技术成本和支付给信息传播机构的服务成本；信息传播能力主要考察信息传播机构的可持续传播性、在公众中的美誉度和能够覆盖的人群。

（3）信息传播效果评估。

信息传播效果的评估，指根据信息传播的目的，建立一套信息传播效果评价指标体系，以定量或定性的方式衡量实际的信息传播效果与预期的传播目标之间的差距。评估信息传播效果有助于数字化融合服务体系更好的设计信息传播内容和方式，吸引更多的用户使用数字化融合服务平台的文化遗产信息资源。

数字化融合服务体系的信息传播效果评估应坚持目的性、科学性、实用性、动态性原则。目的性原则是指，评价指标体系的确定应当紧紧围绕信息传播的预期目的，客观的反映信息传播效果。科学性原则即指标体系的内容要兼顾全面性和独立性，既能反映各个单独信息传播渠道的效果，又能从整体上衡量服务体系的信息传播效果。实用性原则即所确定的指标体系具有操作可行性，每个指标所确定的内容都能够便于获取数据和测量。动态性就是指标体系的内容可以根据评估目标灵活的组合调整，能够从一个时点或纵向的时间段反映信息传播效果。

建立数字化融合服务体系的信息传播评估指标体系，可以从评估公众对各种信息传播渠道的接触效果、信息传播渠道对社会大众的影响效果、传播目标的实现效果和社会大众的信息需求满足效果四个方面入手。

公众与信息传播渠道的接触效果，需要根据各种信息传播渠道的特点来制定，比如，以电视媒介为信息传播渠道时，电视节目的收视率、覆盖率就是主要的接触效果衡量指标；以网络为媒介的信息传播中，用户对信息的点击量、转发量就是重要的衡量指标。在数字化融合服务体系以外的其他渠道传播信息时，具体的指标数据可以由负责信息传播的机构来提供。

信息传播渠道对大众的影响主要考察公众在接收到信息后对其态度和行为造成了什么影响，比如，公众接收信息后，对文化遗产有了更深入的认识，能够主动登录数字化融合服务平台浏览服务、使用资源，将信息传播给其他人群等。数字化融合服务平台的流量变化，如用户注册率、用户在网站的停留时间、资源的使用量等都可以反映出信息传播对公众的影响。

传播目标的实现效果主要是比较预期制定的目标、成本投入和信息实际对公众的影响效果。成本包括人力、物力、财力成本，当然，不同信息内容、不同信息传播渠道所需投入的成本是有差异的，文字、图片形式的信息成本较低，而制作电视节目、音像制品的成本就较高，同时利用电视传播时成本也会较高。

公众的信息需求满足效果主要是一种基于满意度的程度衡量，如对信息服务的内容、形式是否满意，信息传播的渠道是否便于其获取信息，还期望提供什么形式的信息内容或文化遗产信息资源。开展用户调查和利用平台服务反馈信息可以获取数据，分析公众的信息需求满足效果。

6.3.3.2　面向平台用户，促进全方位信息交流

在数字化融合服务平台上，用户、数字化服务平台、馆员构成了信息交流的三大主体，伴随数字化服务的开展，它们之间存在四种类型的信息交流，即自助式信息交流、咨询类信息交流、反馈类信息交流、参与式信息交流。自助式信息交流发生在用户与数字化融合服务平台的服务界面之间，属于人机交流，用户在界面信息内容的指导下完成所需服务；咨询类和反馈类信息交流发生在用户与馆员之间，属于人际信息交流，主要传递服务需求、服务反馈信息；参与式信息交流同时含有人机交流和人际交流，包括用户参与服务平台资源建设与服务时，与服务平台及馆员的信息交流，以及用户与用户之间以文化遗产信息资源为主题，所进行的各种信息交流。

对于数字化融合服务平台也是如此，从时间上讲，用户希望服务平台信息内容更新及时、信息交流反馈迅速；从空间上讲，用户希望信息内容布局合理、信息交流形式便捷。所以，根据用户对信息交流的时间和空间要求，数字化融合服务平台信息界面管理的重点是合理组织信息内容和结构、确保信息的时效性，利用恰当的信息技术实现用户和信息的跨时空连接与互动交流。

（1）基于用户认知心理，科学组织信息内容。

信息组织是根据信息的外在特征和内容特征，依据科学的规则与方法将分散、无序的信息进行筛选、整序、优化，形成有序信息的过程，数字化融合服务平台信息内容组织的科学性关乎用户的信息交流效果。数字化融合服务平台各种信息内容的组织是个巨大的系统工程，在此难以一一详尽叙述，从用户的认知心理特点来看，数字化融合服务平台的信息内容组织需要注意以下三点：

首先，基于用户感知觉特点，设计信息交流界面，确保脉络层次清晰。用户的感觉来自外在信息对其感官的刺激，尤其是视觉刺激；知觉则来自感官刺激和已存贮知识经验的相互作用。从用户的感知觉特点出发，要求服务平台的信息交流能为用户带来视觉美，同时符合用户已有的知识经验。即从整体而言，服务平台的版面布局、颜色搭配、字体大小、功能设置要为用户留下美好的第一印象。

其次，根据用户注意力特点，适当突出重点信息内容。注意是人对外界刺激有选择的加工分析的心理过程，用户对信息的感知能力有限，所以信息内容的组织需要减少对用户注意力的干扰，适当突出重要信息。比如，导航系统简洁易用，减少用户记忆负担；常用的信息功能放在突出位置显示；在屏幕的第二象限放置重要的信息内容，以吸引用户的注意力等。

最后，信息语言体现用户思维习惯。用户对信息的阅读、推理建立在对信息语言的理解之上，深奥、歧义的信息语言会成为信息交流的障碍，所以信息语言要尽量通俗易懂、便于理解。比如，考虑目标用户的检索习惯，在信息描述中尽可能包括多种可检特征；在设置类目体系名称时，要做到见文知意，避免使用令用户困惑的冷僻术语名词；在关键性信息交流环节，增加必要的信息提示。

（2）丰富信息传递途径，畅通信息交流渠道。

人们之间的信息沟通往往是依靠多种信息途径组合实现的，美国心理学家莱维特和戴维斯的研究发现，群体间的正式信息沟通存在链式、轮式、环式、全通道式、Y式五种结构，其中，全通道式信息正确性高，Y式解决问题速度快，都能获得较高的交流满意度；非正式沟通则有单线式、流言式、随机式、集束式四种网络结构，而集束式则是非正式沟通中应用最普遍的信息传递网络①。上述理论对数字化融合服务平台的信息传递途径构建具有借鉴意义，服务平台的正式信

① 陈亮．企业内部沟通中信息传递问题研究［D］．长沙：中南大学，2005.

息交流应当体现全通道式、Y 式信息传递特点，而非正式信息交流应当便于集束式信息传递，数字化融合服务平台的信息传递网络模型如图 6 -9 所示。

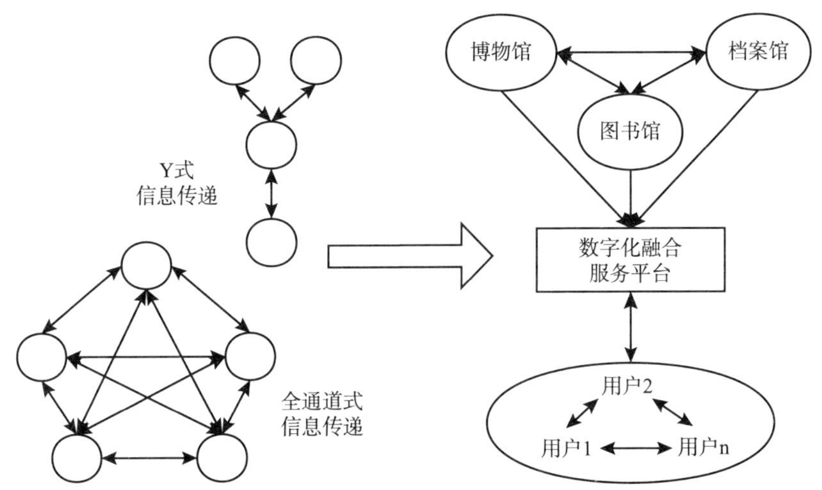

图 6 -9　数字化融合服务平台信息传递网络模型

资料来源：参考陈亮．企业内部沟通中信息传递问题研究［D］．长沙：中南大学，2005．绘制。

Web 2.0 环境下，平等、双向、互动的信息交流深受人们喜爱，数字化融合服务平台的信息交流形式也需要顺应大众的信息交流特点，使用多种技术丰富服务平台的信息传递途径，实现跨时空的便捷信息传递和快速响应。

第一，拓宽信息交流途径，实现与用户的无缝连接。目前，留言板、论坛、电子邮箱、FAQ 等信息交流形式几乎在各个图书馆、博物馆、档案馆网站得到了应用，有些机构还尝试应用了 IM、微博、微信、RSS 订阅、短信息发送、定制信息推送等沟通形式，主动发布信息到各种社交网站，主动走向用户，以用户喜爱的形式传递信息从而提高信息交流效果。数字化融合服务平台依然需要应用这些信息交流形式，拉近与用户的沟通距离，同时，还可以进一步拓宽信息交流途径，更多的支持移动化、碎片化的信息交流。如制作微视频传递信息内容、支持手机二维码扫描直接获取信息、制作播客供用户手机下载观看、开通微信账号随时与用户交流等。

第二，开辟信息聚集地，促进非正式信息交流。“信息聚集地”理论（information grounds，IGs）认为信息交流行为存在于个体与特定环境交互之中，主体、场所、信息三者构成了信息交流的三大要素①。“信息聚集地”理论对于网络信息交流同样适用，而且对促进网络非正式信息交流大有裨益。例如，虚拟社区在网络信息交流中所承担的就是“信息聚集地”的角色，各类主体在此传播、分享各类信息内容，传递情感交流。以“信息聚集地”理论为指导，数字化融合服务平台可以开辟信息交流专区，以三馆的服务馆员和各类型注册用户为主体，为不同类型用户提供融知识学习、休闲娱乐为一体的信息内容，为用户之间，以及用户与服务平台之间的参与、互动提供环境支持。

（3）建立多主体参与的复合信息反馈模式。

反馈是系统的输出对于输入的影响，它是衡量系统对环境适应性的重要手段。数字化融合服务平台的运转同样离不开信息反馈管理，反馈信息分别来自多个图书馆、博物馆、档案馆和用户，包括用户需求信息、资源描述与使用信息、服务请求与评价信息等类型。构建融直接反馈与间接反馈于一体的复合信息反馈管理模式（见图6-10），利用信息反馈的启发与监督作用，服务平台能够通过不断的自我反省，持续地优化资源建设提高服务质量。

数字化融合服务平台在后台建立反馈响应处理系统，包括信息收集、信息分析、增值开发三个子系统，实现反馈信息的收集、处理、加工，并输出反馈处理结果。其中，信息收集子系统负责接收信息服

---

① 李鹏，韩毅．基于场所理论的信息聚集地研究——对于信息交流行为场所的思考[J]．情报资料工作，2013（1）：47-51.

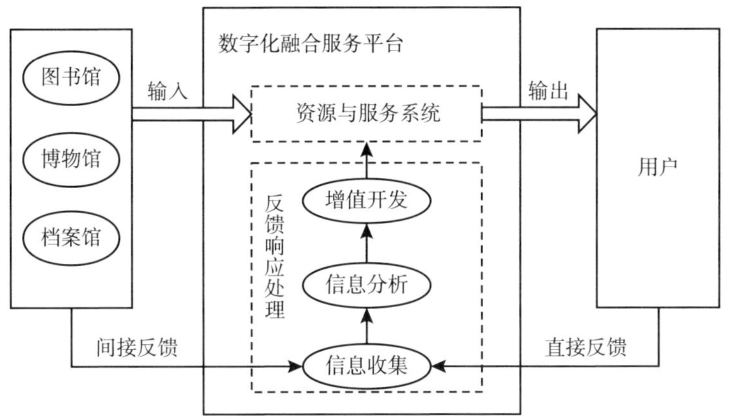

图 6－10　数字化融合服务平台反馈管理模型

资料来源：笔者根据相关资料整理绘制。

务机构的间接反馈和平台用户的直接反馈，前者主要包括三馆基于实体场馆和网络服务平台搜集到的用户需求信息、业务工作信息、用户与服务统计分析信息等，后者包括用户直接向服务平台提交的服务请求信息、资源评价信息、投诉/建议信息等；信息分析子系统负责对收集存储的信息进行分类整理与分析，剔除无用信息、挖掘有价值的信息，然后将信息分析结果传达给相关机构和个人；增值开发子系统负责根据提取出的用户需求与服务改进建议，组织有关服务机构完善服务内容与形式，生成新的服务产品重新输出给用户。

广泛、及时、准确的信息反馈管理不仅需要信息服务机构和用户积极主动的参与，而且也需要数字化服务体系内各管理部门的相互配合。因此，数字化融合服务体系内部的全员重视和外部用户的积极参与是有效信息反馈管理的保障。

首先，明确信息反馈枢纽部门。高效的信息反馈依靠信息服务机构、用户和服务平台管理机构三者的紧密合作，必然要求有职能明确的枢纽机构来维系三方之间的信息沟通。在作者所设计的馆际合作协调机构中，执行委员会下设的培训/质控工作组和社会服务工作组可以共同发挥信息反馈枢纽的作用，前者负责从参与数字化融合服务的图书馆、博物馆、档案馆收集各类反馈信息，后者负责收集信息用户的资源建设与服务反馈信息。然后两个部门将会商整理的信息反馈处理结论，传达给执行委员会秘书处和其他相关部门，进行后续的管理和服务改进。

其次，将信息反馈纳入激励机制中，各项目参与机构在信息反馈管理中的努力程度视为激励奖惩的一个因素。参与数字化融合服务的图书馆、博物馆、档案馆高度重视并主动参与，才能确保信息反馈管理系统的持续运转。所以一方面，是全员宣传，在项目参与机构中强化信息反馈管理意识；另一方面，将项目参与机构在信息反馈管理中的参与表现视为努力程度信号，纳入基于监控信号的激励机制中，如主动提交的用户需求信息、对用户反馈的响应处理速度等，通过监控其在信息反馈管理中的努力程度信号，给予适当的经济与物质激励。

最后，向用户宣传信息反馈途径，鼓励用户参与信息反馈管理。信息用户作为数字化融合服务平台最直接的服务对象，是信息反馈管理中的重要主体，它们所提交的反馈信息不仅有助于信息界面的管理，也有助于业务界面和心理界面的管理改进。因此，一方面，要向用户宣传数字化融合服务平台的各种信息传递途径，明确传达信息反馈的价值；另一方面，将提交反馈信息作为一种用户参与形式，将信息反馈管理与用户参与管理连接，鼓励用户参与信息反馈，获取积分和奖励。

6.3.4 心理界面管理

6.3.4.1 关注服务细节，体现人文关怀

在当前竞争激烈的买方市场环境中，许多企业都在想方设法提高用户体验，以改进服务质量、培养用户忠诚，在信息服务行业也不例

外。信息服务关注的重点不是信息资源数量的多寡和信息技术的先进程度，而是能否提供有价值的信息满足用户需求，从而创造良好的服务体验。

对于图书馆、博物馆、档案馆文化遗产信息资源数字化融合服务体系而言，服务环境就是服务体系营造的虚拟服务场景，服务氛围是通过服务界面元素的有机组合营造出来的。数字化融合体系的服务界面是用户可以直接通过视觉感知的“服务窗口”，用户第一眼看到的服务界面视觉效果所引起的心理反应，会成为用户对数字化融合服务体系的“第一印象”，而之后对于数字化服务的体验都多少会受到这个“第一印象”的影响。所以，用户对数字化服务的体验更多的是来自与服务页面的交互过程中所形成的心理感受，这种心理感受无法直接设计，但是可以通过改进服务页面的视觉效果，帮助用户提高服务体验。

服务界面设计内容包括主题风格、版面设计、导航设计、多媒体效果，以及色彩、图片、文字、音频、视频等元素的有机组合，实现用户需求、技术与艺术的统一不仅能使服务界面赏心悦目，更能增加信息传递的有效性，改善用户的服务体验。

（1）根据用户视觉感知特点组织界面元素。

用户对服务界面的视觉体验受其个体特征的影响具有差异性，服务界面作为用户与服务体系进行沟通的终端，更需要从用户的角度出发组织界面元素。人在接触一个物体时，最先会注意到物体的色彩。色彩有色相、明度和纯度三个属性，视觉同时接触到色彩的三个属性并综合而形成色彩感知，服务交互中和谐的色彩应用能够为用户带来美感，使其在更为愉悦的氛围中完成信息理解和任务搜索。数字化融合服务体系的界面色彩设计可根据“总体协调、局部对比”的美学法则，将主色调和辅助色控制在三种以内，依据服务流程相互衔接的界面应在色彩上保持一致。

服务界面的图片包括图标、logo、图像。图标是常用的界面识别符号，也是使用较多的图片形式之一，图标的设计要简明、清晰、贴近用户的日常语言，图标尺寸较多，如 32×32、64×64、88×31、120×60、120×90 等，通常根据界面信息传达的目的选择恰当的图标尺寸。图像的数量与服务界面的加载速度呈正相关，服务界面应尽量避免使用大尺寸的真彩图像，即使使用也要恰当切割处理。

文字是信息最主要的载体，服务界面的文字能够起到吸引用户注意、区分信息重要程度、美化界面的功效。文字的颜色要与服务界面的基调整体协调，文字的组合首先要顺应用户的阅读顺序及心理感受，字体、大小、间距要以用户舒适为原则。一般而言，服务界面的字体及样式以不超过三种为宜，不同类别的文字空间适当留白或集中，字体与背景色的对比度要清晰，标题、正文、辅助性说明文字的字体、字号及行间距在大小上区分处理。

动画、音频、视频、3D 展览等多媒体元素的应用，可以为服务界面增添动感和趣味性、立体感，能够同时调动用户的视觉和听觉，使用户得到更为丰富的服务体验。多媒体元素通常占用磁盘空间较大、制作技术众多、格式多样、播放时需要必要的插件支持。因此，在服务界面设计中，首先，要考虑多媒体元素是否会影响界面的加载速度、制作技术和必要的插件兼容性；其次，要选择恰当的文件保存格式。

色彩、图片、文字、多媒体的有机组合就形成了服务界面的布局或者版式，布局能够起到功能分区、引导用户视觉流程的作用，营造出界面的层次、节奏和韵律感。首先，服务界面要素的布局组合要以用户便利为前提，交互按键、列表、图片、文字的摆放位置要服务用户的使用习惯；其次，服务界面的布局要体现比例、秩序、均衡和统一，营造视觉上的美感。

（2）根据服务资源的特点体现民族文化特色。

数字化融合服务体系的服务内容是来自图书馆、博物馆、档案馆的各类文化遗产信息资源，而文化遗产是体现中华文明的重要载体，服务界面在色彩、图片、文字、多媒体元素及布局等细节上要能够传承中华文化、突出民族特色。

首先，在颜色搭配上体现中华民族的色彩认知习惯。中华传统文化在用色上很有讲究，古人根据“五行论”哲学思想归纳出“五色论”，即青色—东方、赤色—南方、黄色—中央、白色—西方、黑色—北方，并总结出“青与白相次也，赤与黑相次也，玄与黄相次也”“软靠硬，色不楞”“光有大红大绿不算好，黄能托色少不了”“五彩备谓之绣”等基本的色彩审美规范，许多文化遗产的色彩使用均体现了上述色彩搭配思想。

其次，选用富有民族特色的图片、文字、多媒体元素为服务界面增辉。青花瓷、古筝、轴画、灯笼、团扇、脸谱、剪纸、篆字、甲骨文等都是五千年历史留下的宝贵文化遗产，都是传播独特中华文化之载体。以文化遗产为素材设计图片、文字、多媒体元素应用到服务界面上，更为符合数字化融合服务体系的服务宗旨，彰显民族化、个性化的服务特色，其所传达的浓郁中国风也会让用户在感官和精神上产生共鸣。

最后，融国画构图思想于布局，追求高层次服务意境。中国画以意境为灵魂，强调“外师造化，中得心源”“意在笔先，画尽意在”，要求以形写神、形神兼备，在画面构图上独具特色。如“虚实相生”就是意境的结构特征，可产生对比美、节奏美和韵律美等视觉传达效果，因此，清朝笪重光在《画筌》中有“虚实相生，无画处皆成妙境”之语句。虚实相生在国学类、传统书画或民俗类艺术设计中表现明显，具体到数字化融合服务体系的服务界面布局上，就是要注意虚实空间的适当结合，恰当“留白”，从而让服务界面的张力、动势得以释放与延伸，营造富有中华传统文化特色的服务“意境”。

（3）服务关键点实现人性化交互。

在服务过程中，能够引起用户的心理变化，形成对服务质量正向体验的时刻，可以称之为服务关键点或关键时刻。在数字化融合服务体系为用户提供服务的过程中，用户与服务界面之间的服务接触通过多种形式的交互行为实现。低层次的单一交互行为有浏览、点击、下载、上传、输入文字、载入图片等，多个单一交互行为组合又形成了评论、讨论、交友、分享等复杂交互行为。不管是什么类型的交互，在数字化融合服务体系中归根到底都要以鼠标和键盘为“道具”实现。这些交互中同样存在会给用户带来好感、留下美好记忆的服务关键点。提高用户的服务体验，就要在能为用户带来正向情感的交互设计中“做文章”，以细节上的人文关怀打动用户。

用户日益期望服务中的交互能够更加简洁、友好、智能，数字化融合服务体系中的服务交互设计应当顺应技术发展趋势、满足用户期望。站在用户角度考虑，交互设计中的细节可做如下处理：①简化交互复杂性。如支持用户使用开放平台账号登录；在服务界面提供适度的信息提示；在用户输入信息后的数据完整性校验环节，直接将光标定位于错误处，便于用户快速修改；保持服务流程的完整性，避免将一个服务的交互切割到多个服务窗口中实现等。②体现交互友好性。如为不同用户群体提供可定制的个性化服务界面；服务过程中如果必须要有弹出式对话框，则弹出层次控制在三层以内；在每个服务页面显示帮助信息，便于用户随时在服务中跳转并获得帮助信息；服务页面的打开时间控制在 14 秒以内；当服务耗时 30 秒以上时，在服务页面添加进度条显示，帮助用户缓解等待的焦虑；耗时 2 分钟以上的服务，则采用异步多线程处理方式，提高处理速度；③添加智能性交互。如自动记忆用户名和密码；自动保存用户的服务查询条件组合；能够根据用户的使用频度自动对服务功能进行优先级排序。

6.3.4.2 内外齐抓共管，规范服务行为

在服务活动中所发生的服务行为有两个主体：即服务提供者的行为与用户（服务接受者）的行为，两者服务行为的交互效果会引发用户形成正向情绪或者负向情绪，并据此做出服务体验评价。数字化

融合服务体系中的服务行为也有两类：来自图书馆、博物馆、档案馆机构的馆员在服务中的行为和用户接受数字化服务中表现出的行为，两种行为的不和谐导致服务行为冲突发生，从而造成交互界面障碍。因此，交互界面中的服务行为管理应当是对服务体系内部和服务体系外部服务行为的共同管理。

行为表现管理科学认为，行为的发生离不开前因和后果两个要素，前因能够诱导行为发生，但对行为的控制有限，它并不一定会引起行为的发生，后果紧随行为之后出现，并且可以改变行为再次发生的可能性。人们只有多次体验到与前因相符的后果之后，才会真正对前因做出预期的行为反应。因此，行之有效的行为管理应当是前因诱导和后果强化有机组成的整体。

(1) 服务体系内部馆员的服务行为管理。

用户在接受数字化服务之前，会对服务过程有最低限度的心理期待值，用户在接受数字化服务时，会将心理预期与所感知到的服务过程进行比较，当实际接受的服务质量高出服务预期时，就会心理愉悦，形成美好的服务体验。服务活动开展的过程中，通常会涉及仪容、仪态、服饰、语言和岗位技能五个方面的行为，而在数字化融合服务体系中，服务人员更多的是基于网络向用户提供虚拟服务，服务行为不包括面对面服务所涉及的仪容、仪态和服饰，而主要是服务语言和岗位技能。用户对数字化服务的体验更多的是将心理服务预期与感知到的服务语言表达风格、岗位技能熟练程度进行比较，然后形成服务质量评价。

馆员的数字化服务行为通常可以分为“命令职能服务行为”和“拓展职能服务行为”，前者源于数字化服务体系所指定的岗位工作规范和服务体系所规定的责任和义务，是服务体系期望馆员在为用户提供数字化服务时使用的行为，后者是馆员在与用户的服务接触时，发挥主观能动性自觉为用户提供服务的行为。两种服务行为的存在说明，数字化融合服务体系既要规范馆员的命令职能服务行为，又要为馆员营造出温馨、舒适的服务环境，让其自觉、自愿的为用户提供更多高质量的拓展职能服务行为。

命令职能服务行为的规范在行为管理中发挥前因诱导的作用，可分别对馆员的服务语言和岗位技能提出服务行为标准。第一，服务语言标准。语言是服务双方表达思想、交流感情、沟通信息的一种工具。在数字化融合服务体系中，馆员的服务语言包括口头语言和书面语言，在电子邮件回复、留言反馈、信息发布等服务中离不开书面表达的文字语言，利用电话、IM 工具为媒介的服务形式使用口头语言。俗话说“言为心声”，可见心情会影响语言表达，语言表达又会将情绪传染给他人。馆员在提供数字化服务时，保持愉快的心情提供服务，此时馆员的语音语调和所使用的文字词汇也会将快乐传递给用户。馆员的服务语言要文明、谦恭、有礼，无论是使用口头服务语言还是书面服务语言，都要多多使用问候语、迎送语、请托语、征询语、应答语、求助语、致谢语，向用户传递尊重、耐心、热情、周到、礼貌的服务态度。第二，岗位技能标准。岗位技能是馆员完成本职工作所必须具有的技能，是馆员专业修养和职业素养的体现。岗位技能熟练程度是用户体验的一个组成部分，也是用户感知服务质量的参考因素。在数字化融合服务体系中，每个岗位都应当有准确的职责描述和服务规范，同时，细节上的岗位技能展示也更能彰显出馆员的专业服务精神。如在接待用户过程中，能将专业术语通俗化，化繁就简解答用户的问题；提前拟定常见情况下的服务用语规范，当用户表达疑问时，及时发送已经写好或准备好的服务提示信息；在与用户文字沟通时，能够保持或不断地用文字与用户交流，以传达对用户问题的兴趣；针对用户的 E-mail 问题，第一时间确认并回复用户；保护用户隐私，不随意公开用户身份信息和服务请求。

后果强化则有利于激发馆员的服务积极性，促使其在数字化服务中更多的使用拓展职能服务行为。行为表现管理学理论认为，行为后果的管理有四种方法，即正面强化、负面强化、自然消退、强制消退，其中，正面强化是最有效的行为后果管理手段[①]。所以，数字化融合服务体系的服务行为管理应当采用正面强化，即“加分”管理。体现在服务行为规范中，就是多用鼓励性的语句、奖励性的激励，少用“不准”“禁止”“不许”“否则”等负面激励语句。在激励机制的设计上，可以采用累加积分激励。在数字化融合服务体系中，根据各个岗位的服务职责确定服务行为标准，制定量化考核细则，建立服务行为评价数据库，每个服务馆员的初始积分为100分。在数字化融合服务体系的服务界面增加服务评价功能，用户接受完服务时自动弹出评价窗口，让用户对提供服务的馆员进行服务满意度评价，评价内容涵盖服务语言、服务技能、服务时间、服务结果，用户打分转换为数值存入馆员服务行为数据库，定期分析数据库数据，对得分高的服务馆员及其所属机构给予奖励，奖励可以是物质形式也可以是精神激励，可以事先制定若干个奖励方案，让馆员和所属机构进行选择。

（2）服务体系外部的用户服务行为管理。

用户在数字化服务中产生的行为涉及三个方面，即用户在服务过程中的参与行为、用户之间的信息交流互动、用户与服务馆员之间的互动。服务活动的发生离不开用户的参与，在数字化融合服务体系中，有些服务具有自助特征，如用户在服务界面中检索自己所需的文化遗产信息资源，或者点击观看在线展览，在自助式数字化服务中，用户的参与行为决定着其服务满意度。用户对数字化服务的体验也会受到其他用户的影响，如其他用户在论坛内的不当语言，或对服务质量的负面评价。用户与服务馆员的互动中，用户的不友好行为也会引发服务馆员与用户的服务冲突，影响用户的数字化服务体验。

①利用服务剧本指导用户服务行为。

服务剧本是服务活动的参与者或观察者根据已往自己接受服务的经历，在内心形成的对某一服务场景预期的服务过程。服务剧本有情

① 刘学民．管理应该管行为［M］．北京：经济管理出版社，2006：97.

景剧本、个人剧本、操作剧本三类，情景剧本存在于有两个以上人员交互的服务中，如用户论坛讨论，个性化服务中经常用到个人剧本，而自助类服务中用户使用的是操作剧本。用户的服务剧本表明了用户对服务的期望，用户据此产生相应的服务行为，当用户的服务剧本与其实际接受的服务不一致时，用户会产生不满意或较满意的服务体验。对于数字化融合服务体系而言，了解用户对数字化服务形成的服务剧本，分析服务体系所提供的服务剧本（如服务流程指南、帮助信息），使二者一致或提供超出用户预期的服务剧本，有助于帮助用户产生更为积极的服务体验。

首先，从多角度了解用户期望的数字化服务剧本内容，尤其是一些自助式的数字化服务，只有亲身经历的用户会有深刻的服务体验。例如，在用户需求调查时，可以向用户询问希望提供什么类型的数字化服务，希望服务流程是什么样子的；在用户访谈时，可以询问用户对现有的数字化服务流程是否满意，在哪些方面期望有所改进；从服务反馈信息中分析用户对哪些服务流程不满，考虑如何改进。其次，调查服务馆员对现有数字化服务剧本的意见。服务馆员也是各种数字化服务流程的体验者，从服务工作角度提出的意见有助于形成更为科学的服务流程。再次，根据对服务双方的调查，设计并验证改进的服务流程，生成新的数字化服务剧本。服务剧本的内容可繁可简，可以文字、图片、动画、游戏等多种形式呈现，但一定要清晰明了、便于用户理解。最后，指导用户熟悉新的数字化服务剧本。如果是变动较大的服务或新增的服务，一定要放在醒目的位置便于用户了解，必要时可以配合策划营销活动将服务剧本传达给用户；变动不大的服务剧本，可以放在相应的服务界面、用户指南或帮助页面，便于用户在接受服务的过程中查找浏览新的服务剧本，指导自己的服务行为。

②利用行为规范引导用户使用文明行为。

用户在接受数字化服务中，还产生其他类型的行为，如资源使用行为、语言交互行为、资源上传行为。尤其是资源使用行为容易引发版权冲突，因为数字化融合服务体系所提供的文化遗产信息资源来自有合作关系的图书馆、博物馆、档案馆，还有一部分数字资源是由用户提供的，在这些数字资源中，部分数字资源享有版权保护。用户行为管理的重点是制度规范与引导。第一，制定《数字化融合服务体系用户服务行为规范》，内容涵盖所有数字化服务中用户的服务行为。例如，服务资源使用过程中，用户需要先查看该资源的版权说明信息，如果版权无限制，可以自由使用数字资源，如果有版权使用限制，应当尊重版权所有者的要求，合法使用数字资源。第二，加强与用户的沟通，及时杜绝不文明的行为。用户采取不友好的行为，往往是对服务存在不满，以不文明语言行为发泄不满。此时，服务提供者需要主动与用户沟通，找到问题的症结所在，及时采取服务补救措施。第三，对文明友好的用户行为给予肯定。以数据库记录用户对资源的使用行为、语言行为和资源上传行为等，根据行为积分进行奖励，对主动举报不文明行为的用户也要给予奖励。

6.3.4.3　拓展服务功能，与用户共同创造服务体验

图书馆、博物馆、档案馆是人们精神食粮的源泉，它不仅具有保存文化遗产、传递信息的功能，还具有文化休闲、社交娱乐的功能。笔者所收集的用户数据显示，希望利用文化遗产信息资源满足工作/教学、科研、艺术创作的用户比例分别为 33.9%、18%、18%，而出于学习和丰富知识、个人兴趣爱好、休闲娱乐、给子女文化熏陶的用户比例分别为 79.7%、65.2%、60.6%、30.4%，虽然用户对文化遗产信息的需求是多层次的，但多半用户更希望能够通过获取文化遗产信息资源实现社交、尊重、自我实现层次的需求。对于数字化融合服务体系而言，用户的需求是数字化服务的动力，数字化服务“永无止境”，应以基本的服务满足用户低层次的需求，同时，不断推出创新的服务，满足高层次的用户需求，让用户的社会性体验“不留缺憾”。

（1）围绕用户需求，全方位拓展服务功能。

在数字化融合服务体系中，对用户需求的关注应当是贯穿数字化服务始终、存在于各个环节之内的。拓展服务功能提高用户社会性体验，依然离不开对用户需求的调查与分析，因为社会性体验仍然来自用户需求，是用户需求向高层次的延伸。用户需求是拓展数字化服务功能的第一要义，“想用户所想、急用户所急”，有针对性推出的创新型数字化服务，更能触动用户的情感，增进双方的心理交互效果。

用户对文化遗产信息资源的高层次需求是伴随所处信息环境、工作环境、技术环境而产生的，其对文化遗产信息资源更高层次的需求特点表现在：

第一，希望资源加工更为深入和全面。文化遗产信息资源数字化融合服务体系面对的用户群体既有专业的教学/科研工作者和文化遗产爱好者，也有出于丰富知识和休闲娱乐的普通用户，尽管他们对文化遗产信息资源的偏好与需求强度不同，但都有一个共同点，就是在面对一个特定主题的文化遗产信息时，希望能够在横向或纵向上对其有系统的了解，形成完整的知识体系。例如，对于分布全国多地的传统文化遗产剪纸艺术，业余休闲类用户群体则希望能够获得关于剪纸发展的概略性的信息全貌；专业类用户群体则是深入一点，希望能获得与某地特定剪纸技法相关的各种类型资源以便深入研究。这就要求数字化融合服务体系在资源加工的广度和深度上有所增强。

第二，希望信息资源获取更为便捷和智能。网络技术和计算机技术的结合让人们在文化遗产信息资源的获取上打破了时空限制，但是依赖有线信息传输介质和信息终端设备携带不便仍是制约人们便捷获取信息的障碍。移动通信技术和空间信息技术的应用则让人们摆脱了这一束缚，一部智能手机在手，随时可以通过移动网络获取信息资源与开展商务、社交活动，也可以将与自己所处位置附近的生活资讯“一网打尽”。在这种技术应用环境下，人们当然也希望能够随时通过移动设备了解图书馆、博物馆、档案馆的文化遗产信息资讯，希望能够随时将自己周边的文化遗产信息“尽收眼底”，希望能与他人随时分享自己的文化感悟。

立足用户高层次的信息需求特点，数字化融合服务体系可以从以下几方面拓展服务功能：

①服务内容深化，提供知识服务。

数字化融合服务体系的目标不仅仅是提供信息服务，还应当提供知识服务。以提供文化遗产信息检索、展览与讲座资讯满足用户低层次的信息需求，策划加工深层次的专题文化遗产信息资源，满足用户高层次的知识服务需求。

首先，根据用户的需求确定知识产品加工主题。用户对文化遗产的需求反映在用户的反馈信息和用户的资源使用行为中，数字化融合服务体系可以根据后台用户数据库和资源使用数据库的数据统计分析，确定用户关注较多的文化遗产类型，以便组织开发知识产品；也可以发布主题征集或定题服务，鼓励用户将自己的需求提供给数字化服务部门，便于有针对性地组织文化遗产数字资源开发。

其次，搜集主题文化遗产信息资源，形成知识产品开发方案。用户所提交的主题文化遗产信息资源分布于各个图书馆、博物馆、档案馆，所以数字化融合服务体系首先要向各个参与机构展开调查，确定能够收集到的资源种类和形式，然后策划知识产品加工方案，包括确定该主题文化遗产信息资源的组织方式、展示形式及加工层次。

最后，组织相关服务机构对文化遗产信息资源进行深加工，形成知识产品。文化遗产信息资源加工的原则是确保有针对性、标准化、智能化，即资源标引深度要有针对性，做到少而精；资源的标引描述标准化，便于三类馆藏机构资源的统一组织；资源的组织智能化，实现资源在不同标引层级的灵活组织①。按照规划的加工方案，将标引

① 黄建年，陶茂芹．图书馆数字资源加工机制初探［J］．冶金信息导刊，2005（4）：30－33.

描述后的文化遗产信息资源进行集成和相互关联，形成文本、图片集或多媒体形式的知识产品，提供给用户使用。

②技术手段升级，创新服务形式。

迅猛发展的移动互联网技术在影响多种行业发展的同时，也在逐渐渗透与改变大众生活。人们利用各种移动 App 应用可以随时沟通、获取信息，这种技术的发展也为图书馆、博物馆、档案馆合作的文化遗产信息数字化融合服务打开了泛在服务的大门。

利用移动互联网技术，数字化融合服务体系可以提高文化遗产信息服务的时效性，开展移动检索、短信资讯、移动展览等服务形式，让用户在“碎片”时间内也能随时了解文化遗产信息，同时，还可以将移动技术与空间信息技术结合，拓展信息服务的空间，如提供基于位置的文化遗产信息服务。用户可以通过智能手机查询周边图书馆、博物馆、档案馆的地理分布、信息服务，还可以查询自己所处位置的文化遗产，了解该地的历史文化。

利用多媒体技术，数字化融合服务体系还可以在文化遗产信息资源的展示形式上有所创新，如严肃游戏、3D 虚拟展览、有声电子书，以直观、形象的方式开展文化遗产信息资源服务。严肃游戏是指以知识教育和技能培训为目的，基于现实事件或过程模拟制作而成的游戏，国内外都有将严肃游戏应用于文化遗产信息传播的实例；3D 虚拟展览在文化遗产信息展览中应用也较多，数字化融合服务体系可以设计基于移动终端设备的文化遗产严肃游戏、3D 虚拟展览和有声电子书，便于用户随时获取文化遗产知识。

（2）用户参与，共同创造服务体验。

维基百科与百度百科的运作模式、各种个性化定制服务的开展已经证明，用户乐于与服务提供者共同创造服务产品，并在参与过程中赢得更满意的服务体验。图书馆界也认识到“以用户中心、吸引用户参与、关注用户体验”的重要性，并积极探索和实践如何让用户参与图书馆的数字资源建设与服务。对于数字化融合服务体系而言，引导用户参与文化遗产信息资源服务，与用户共同创造参与、互动、协作、个性化的数字化服务体系，不仅有助于形成更高质量的服务资源，而且有助于增进对文化遗产信息资源的了解，在服务体系与用户、用户与用户之间的交互中，增进各方的沟通与理解，在和谐的服务氛围中提高用户的社会性服务体验。

①数字化融合服务中的用户参与形式。

图书馆界对用户参与信息资源建设与服务进行了较多研究和实践，在数字化融合服务体系中，这些用户参与形式依然值得借鉴，笔者认为用户可以参与到数字化融合服务体系中的环节如表 6－1 所示。

表 6－1　数字化融合服务平台的用户参与类型

参与类型		参与内容
资源建设	资源规划	提供选题、评选选题
	资源制作	自制展览、提供免费资源、提供文稿资料、协助制作数字服务产品
	资源组织	标签、内容纠错、多语种翻译
资源服务		协助咨询、策划服务宣传、协助服务管理

资料来源：笔者根据相关资料整理。

首先，文化遗产信息资源建设阶段。文化遗产信息资源内容丰富，在数字资源建设规划中，可以引导用户提供感兴趣的文化遗产资源建设主题，数字化融合服务体系就用户提供的选题组织专家、服务参与机构和用户进行评选，选择合适的主题进行相应的数字资源建设。在数字资源制作阶段，可以发布资源建设协助邀请，让用户发挥自己的技术优势和专业优势参与到资源的制作中，如用户自制专题展览、提供免费的文化遗产资源、推荐文化遗产信息资源、协助制作多媒体数字产品（制作动画、配音等）。在资源组织阶段，鼓励用户为文化遗产信息资源添加标签、校正数字化过程中的文字错误、协助进行多语种翻译。

其次，在文化遗产信息资源服务阶段，用户可参与到虚拟咨询、服务宣传、馆员培训、用户需求调查中。图书馆、博物馆、档案馆工作馆员数量有限，同时要兼顾实体馆的服务工作和数字化融合服务平台上的服务工作，再加之知识面有限，不可能在虚拟咨询中完美的回答每一个用户的咨询，此时来自社会各界、各个工作岗位的用户参与其中，即体现了用户之间的交流互动，也促进了知识分享。在服务宣传中，用户可以发挥专业优势，帮助数字化融合服务体系策划宣传文案、制作主题网页或宣传材料、将服务信息分发到更多的公众中。在馆员培训中，用户的参与可以为服务体系注入新的知识内容，帮助馆员提高软件使用技能、丰富专业知识结构。同时，用户还可以协助服务平台开展用户需求调查，获得更多的用户需求数据，从而有针对性地开展数字化服务。

②用户参与管理。

用户在数字化融合服务平台的各种行为也是受其动机驱使的，用户的动机受到内部、外部因素的影响。笔者的用户调查数据显示，图书馆、博物馆、档案馆用户群体的网络交互仍处在满足低层次的生理需求阶段、社会性参与意识有待进一步提高，纯粹让用户公益性地参与到文化遗产信息资源数字化服务中，未必能调动用户的参与积极性。可见，数字化融合服务体系应当结合用户的行为动机特点，采取行之有效的用户管理，以提高用户的参与积极性。

研究用户参与行为的发生机制可以发现，用户感知到的内在需要不足促使其产生了满足需要的动机，从而产生了相应的行为，即用户需求是引发参与行为的起点。行为发生后得到的结果如果使用户满意，用户就会在需要再次产生时，采取类似的行为。用户的网络参与行为也符合服务需要——动机——行为模式，因此，数字化融合服务体系的用户参与管理应当根据用户的参与行为模式，在关键环节强化管理。从图 6－11 可见，数字化融合服务体系的用户参与管理包括三个环节：用户需求调查、激励机制设计与实施、用户参与效果评估。

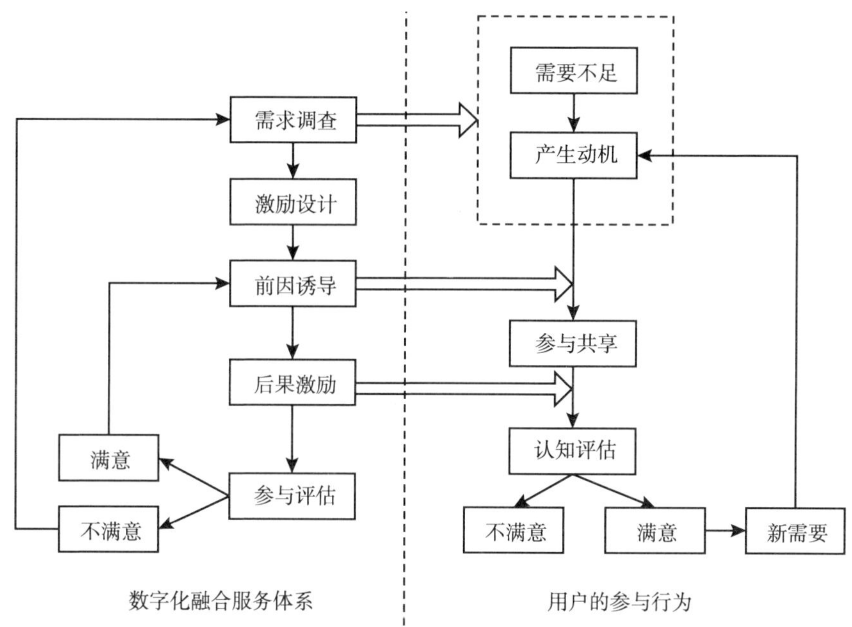

图 6－11　数字化融合服务平台的参与管理模型

资料来源：笔者根据相关资料整理绘制。

第一，用户需求调查。对用户需求的调查是用户参与行为管理的起点，调查的内容不仅包括用户对文化遗产信息的需要，还要包括对用户参与行为动机的调查。调查可以采用问卷调查和用户资源使用行为分析相结合的方式进行。

第二，设计激励机制。激励机制的设计应当完整的包括前因诱导和后果激励两个环节。前因诱导因素考虑用户的需要和动机，还要考虑以什么样的参与形式和利用什么样的参与技术能让用户便捷地参与到服务体系的数字化服务中，各种网络服务平台普遍使用的积分制激励模式值得借鉴，该模式以清晰明确的量化激励机制贯穿于网络平台各种形式数字化服务之中，非常适合数字化融合服务平台使用。能够应用于后果强化的激励方式多种多样，如物质激励、荣誉激励、信任激励等。及时的正面激励体现了对用户参与行为的关注和重视，被重视的感觉会让用户更积极地参与到数字化服务中。根据用户参与服务的难易程度，确定合理的激励幅度和频次，物以稀为贵，适时、适度的激励会让用户更有参与的动力。图书馆、博物馆、档案馆用户的交互行为更多的是受内在动机驱使的，如果过分强调功利性的外生性激励，既有违数字化融合服务体系公益性服务的本意，也是对用户参与积极性的伤害。

第三，用户参与效果的评估。用户参与效果评估基于数据库统计分析技术，对数字化融合服务平台的用户参与强度、频度、参与类型进行分析，能够帮助服务平台修正和完善用户参与形式和激励机制。RFM 模型根据客户行为模式将用户分类，衡量不同类型客户的价值和创利能力，是客户关系管理中经常用到的一种工具。基于 RFM 模型，刘伟等（2012）在兴趣性虚拟社区用户分类研究中设计了 LAT 模型，分别以登录进度、发帖频度、积分分值为分类标准，探讨了社区用户的参与行为。数字化融合服务体系的用户参与是建立在用户对文化遗产感兴趣的基础之上，可以借鉴 LAT 模型设计用户参与评估模型。

数字化融合服务体系的用户参与评估可建立 LAPT 模型，L（last time of participation）表示用户最近一次参与数字化服务的时间，A（average Frequency of participation）表示用户参与数字化服务的频度，P（type of participation）代表用户在服务平台上的参与类型，T（total points）表示用户的参与积分。利用服务平台的用户数据可以获得用户的上次参与时间、登录次数、参与类型和参与积分，平均参与次数可通过登录次数和总的参与次数得到，对获得的数据进行聚类分析，总结不同类型用户的参与特点，然后有针对性地制定激励措施，定期分析用户参与数据，总结用户参与行为的变化特点，评估激励机制在引导用户参与时的有效性。

总之，在与用户的心理交互中，数字化融合服务体系不仅是文化遗产资源传播载体和平台，更应转变成用户与用户、用户与文化遗产信息资源之间的联结中心，与用户形成互相信任的合作伙伴关系，共同参与文化遗产的保护与传播，推动文化遗产信息资源数字化融合服务的价值提升。

研究结论与展望

本书以我国图书馆、博物馆、档案馆的文化遗产信息资源数字化融合服务为研究对象，在前人已有研究成果的基础上，综合运用信息需求理论、信息服务理论、生活形态理论、界面管理理论，对我国图博档文化遗产信息资源的数字化融合服务进行探讨。研究主体部分首先，阐述了我国开展三馆文化遗产信息资源数字化融合服务的必要性和可行性，分析了国内外相关服务实践，以及我国开展数字化融合服务的影响因素，提出面向用户开展文化遗产信息资源数字化融合服务，并探讨了三馆文化遗产信息资源数字化融合服务的服务理念、组成要素、动力机制、实施策略；其次，运用信息需求理论与生活形态理论对图书馆、博物馆、档案馆的用户展开调查，通过对样本用户的统计分析，归纳出三馆用户的文化遗产信息需求特征及对三馆文化遗产资源一站式服务平台的服务需求；再次，结合图书馆、博物馆、档案馆实地访谈结论和用户需求调查结论，设计了三馆文化遗产信息资源数字化融合服务平台；最后，引入界面管理的思想，分析了三馆数字化融合服务体系中存在的界面类型及界面障碍，构建界面管理模型探讨数字化融合服务体系的管理。

7.1 研究结论

结论一：我国开展三馆文化遗产信息资源数字化融合服务具有历

史必然性和现实可行性，以用户为中心，“五力”齐动、共同作用，是驱动三馆数字化融合服务实现的动力机制。

三馆开展文化遗产信息资源数字化融合服务的历史必然性表现在：首先，三馆联合起来加大文化信息服务供给，是满足人民基本文化需求的必然要求，也是三馆义不容辞的责任；其次，三馆联合起来加强文化遗产信息宣传服务，是保护文化瑰宝、传承传统文化的必然要求，也是三馆责无旁贷的使命；最后，图书馆、博物馆、档案馆共同面对数字技术带来的风险与挑战，三馆联合开展数字化融合服务有利于取长补短，推动三馆事业向前发展。

三馆开展文化遗产信息资源数字化融合服务具有理论和实践上的可行性。从理论上讲，三馆素有历史渊源，馆藏资源本质上相同又互为补充，可以共同数字化管理；三馆工作职能相似、管理方法和流程相似，便于联合开展数字化服务。从实践上讲，首先，三馆已有的数字资源建设与服务实践，为三馆开展数字化融合服务提供了良好的基础；其次，网络通信、语义网、元数据、集成融汇、多媒体技术的发展应用，为三馆开展数字化融合服务提供了技术支撑。

三馆开展数字化融合服务存在管理层面和技术层面的障碍，机构协作、知识产权保护、数字资源组织、跨系统数据交互会影响文化遗产信息资源数字化融合服务的开展。文化遗产信息资源数字化融合服务的开展，是个涉及多方利益的系统工程，需要政府、用户、三馆、社会力量等的共同参与，还需要必要的技术、法律、人才支持。所以，在以用户为中心的理念指导下，充分发挥政府和社会的引力、用户需求的拉力，调动三馆开展数字化融合服务的内部动力，借助企业院所相关单位等的推动力，以及法律、人才、网络技术、社会力量等的支持力，“五力”齐动、共同作用，是实现我国三馆文化遗产资源数字化融合服务的动力机制。在具体实施中，第一，坚持政府引导，建立跨组织馆际合作协调机构，推动融合服务开展；第二，三馆文化遗产信息资源共建共享，采取混合式服务模式为用户提供服务；第三，鼓励多方参与，结合现有服务项目逐步推进数字化融合服务的实现。

结论二：样本用户对三馆文化遗产信息资源服务功能还存在认知偏差，他们对文化遗产信息资源的需求具有群体差异性，大多数用户都支持将图书馆、博物馆、档案馆的文化遗产信息资源融合到一个服务平台提供服务。

本书的研究调查显示，虽然图书馆、博物馆、档案馆都是国家拨款的公益性文化事业单位，但在公众的心目中对它们的认知却存在差异。公众已经认同图书馆的文化休闲、娱乐功能，并且乐于到图书馆或者使用其数字化服务获取文化遗产信息资源；多数公众视博物馆为节假日旅游、休闲场所，而对其文化性和信息性认知不足，因而对实体场馆的光顾和数字化服务的使用不如图书馆；公众对档案馆形成的认知是严肃的政府机关而非文化服务机构，所以出现浏览、使用档案网站服务的用户多于到实体场馆的用户这一现象。可见，三馆开展数字化融合服务，一方面，有利于互帮互助，共同提高文化遗产信息服务水平；另一方面，也有利于博物馆和档案馆加强与公众的对话交流、完善公共文化信息服务形象。

公众的文化遗产信息获取途径、需求结构、数字化服务使用受到年龄、职业、收入、学历和生活形态等多因素的影响，基于生活形态，三馆用户可细分为积极求知型、自信求变型、潮流追随型、多向活跃型四类群体，他们的文化遗产信息需求和数字化融合服务需求表现出差异性。89%的用户都赞同将图书馆、博物馆、档案馆文化遗产信息资源集成在一个平台提供服务，对平台的服务需求首先，是满足资源与资讯的获取；其次，是各种交互服务及应用，所以跨机构信息资源检索、支持移动设备访问、形象可视化的专题在线展览、展览/讲座/培训预告与查询、馆际资源互借是50%以上的用户希望提供的服务形式。

了解用户才能更好地服务用户。对于图书馆、博物馆、档案馆而言，树立面向用户的服务理念，以用户需求为中心设计数字化融合服务平台的服务功能，在完善大众化信息服务的同时，深入研究用户特征和需求主题的群体差异，面向细分人群创新服务内容和形式，能够更好地满足用户的文化遗产信息需求、提高自身服务质量。

结论三：三馆文化遗产信息资源数字化融合服务中存在不同层次与类型的交互界面，适合以界面管理思想为指导进行管理。

三馆开展文化遗产信息资源数字化融合服务，实质上是三馆基于网络数字技术在特定资源服务上的跨界合作，其中，存在合作机构之间、合作机构与用户之间基于资源与服务的多种交互。研究中以界面管理理论为研究视角，剖析了三馆数字化融合服务体系中的交互结构，认为其中存在三种类型的界面，即三馆之间的交互界面（界面Ⅰ）、数字化融合服务体系与用户之间的交互界面（界面Ⅱ）、单个馆内业务部门之间的交互界面（界面Ⅲ）。三个界面相互作用、相互影响，尤其是界面Ⅰ和界面Ⅱ涉及多个服务机构和多个用户的交互，直接关系数字化融合服务的顺利开展。

界面Ⅰ是由组织界面、资源界面、信息界面组成的界面体系，其中，组织界面管理包括建立跨组织的馆际合作协调机构、完善管理制度，确保组织层面的三馆协作；建立有效激励机制、强化跨机构合作文化、健全知识产权管理有利于资源界面的管理，减少三馆在文化遗产数字资源建设与服务中的交互障碍；信息界面管理的内容是建立协同工作平台，规范图书馆、博物馆、档案馆之间的信息传递内容、丰富信息传递途径，促进三馆之间的信息沟通和知识共享。

界面Ⅱ中的界面类型有业务界面、信息界面、心理界面，业务界面的管理重点是以用户为中心，科学设计服务功能、丰富服务资源、优化服务流程；信息界面管理的任务是畅通用户与数字化融合服务体系的沟通渠道，如面向社会公众实施全媒体信息传播，促进服务平台上的全方位信息交流；心理界面管理的内容在于根据用户的服务体验维度，采取措施增强用户的功能性体验、情感性体验、社会性体验，形成良性的心理交互。如关注服务细节、规范服务行为、拓展服务功能、引导用户参与。

7.2 研究贡献

图书馆、博物馆、档案馆作为保护文化遗产、传播文化信息的三大文化服务机构，在网络信息环境下面对着共同的机遇和挑战，馆藏资源的互补性、工作内容的相近性为三馆利用数字技术联合开展文化信息服务提供了巨大的空间。欧盟、美国、加拿大、澳大利亚的三馆文化遗产信息资源数字化融合服务已经如火如荼地开展起来，与国外相比，我国图书馆、博物馆、档案馆界虽然已经认识到三馆合作的必要性，但相应的理论研究与实践探索仍处于初始阶段。总体来看，对三馆资源整合的研究与探讨较多，而从用户角度探讨三馆文化遗产信息资源数字化融合服务的实现与管理的研究比较少。

本书旨在分析三馆数字化融合服务的要素、了解图博档用户需求，从用户需求出发，设计三馆数字化融合服务平台和开展服务管理。从研究思路与研究结果看，主要研究贡献体现在以下两点：

1）将生活形态理论与信息需求理论结合，对图博档用户的文化遗产信息需求与服务需求展开了调查，并尝试设计了三馆文化遗产信息资源数字化融合服务平台。

生活形态能够反映一个人的活动、兴趣与意见，在用户研究中得到了广泛的应用，它通过对特定族群日常生活模式的分析，挖掘用户的行为和需求特点，能够深度破译用户的需求密码。本书将生活形态理论与信息需求理论相结合，对图博档用户展开调查，从人口统计特征和生活形态两个方面获得了三馆用户的文化遗产信息需求结构和数字化融合服务需求。然后，结合三馆访谈和用户需求数据，以及国内外的数字化服务形式，设计了三馆文化遗产信息资源数字化融合服务平台，在其中整合三馆常用的服务形式，并融入互动、参与的服务理念，服务平台主要核心功能有跨机构资源检索、多种形式的在线展览、基于用户空间的个性化服务和 SNS 互动、展览 DIY 与个人展览、面向细分人群的免费资源、互动参与专区、馆际交流协作、版权管理等。研究结论为三馆深入了解用户的文化遗产信息需求特点，有针对性的组织服务资源、开展数字化融合服务提供了参考。

2）引入界面管理思想，剖析了三馆数字化融合服务体系中存在的界面类型及界面障碍，并构建界面管理模型，为数字化融合服务管理的开展提供了一种新思路。

界面既可指多个物体或独立实体之间的接口或接触面，也可指事物之间的相互作用关系。管理学中将组织、部门、人员之间，以及各种管理流程或管理结构之间基于信息、物质、能量等要素的连接、交互状态视为界面，分析界面类型与交互障碍，并据此开展有效的管理。研究中引入界面管理理论，分析得出三馆文化遗产信息资源数字化融合服务体系的界面结构，由三馆之间的交互界面（界面Ⅰ）、服务体系与用户之间的交互界面（界面Ⅱ）、单个馆内业务部门之间的交互界面（界面Ⅲ）组成，然后重点分析界面Ⅰ和界面Ⅱ的界面类型及交互障碍，构建管理模型，详细论述了两个界面的管理措施。基于界面管理视角的研究，由整体到局部，分析数字化融合服务体系中的界面类型及主要矛盾，然后有针对性地提出管理思路，体现了系统论、唯物辩证法思想，也为三馆开展数字化融合服务管理提供了新的思路。

7.3　研究局限与展望

图书馆、博物馆、档案馆利用数字技术联合开展文化遗产信息资源数字化融合服务，有利于进一步满足公众的文化信息需求、有利于三馆的共同发展，也有利于保护文化遗产、传播中华文明。研究中分析了三馆文化遗产信息资源数字化融合服务的动力机制、三馆用户的服务需求，探讨了面向用户的数字化融合服务平台功能设计，以及数字化融合服务体系的管理，虽然得出了一些有意义的结论，但是仍属于管中窥豹的初步研究。受时间和个人理论、技术水平等的限制，文章仅对少量的图书馆、博物馆、档案馆进行了访谈，所构建的管理模型未必深入全面，对技术实现层面的深入研究还有待加强。

现有的研究只是“冰山一角”，图博档文化遗产信息资源数字化融合服务的开展是个规模浩大的系统工程，需要图书馆、博物馆、档案馆界的共同努力和社会力量的积极参与，继续深入研究文化遗产信息资源跨机构开发、利用、管理中的技术实现细节，进一步细化完善数字化服务体系的保障机制、管理制度、技术应用，促进三馆合作和用户参与。

参考文献

[1] 白光祖，吕俊生．基于信息需求层次理论的PIE可满足性分析［J］．情报杂志，2009，28（4）：48－51，111.

[2] 毕玉侠，隋晶波，于占洋．CADAL数字图书馆评介［J］．医学信息学杂志，2012（1）：68－70.

[3] 陈亮．企业内部沟通中信息传递问题研究［D］．长沙：中南大学，2005.

[4] 陈贤华．试论档案与文物、图书的异同［J］．四川档案，1984（2）：21－22，24.

[5] 程焕文，潘燕桃．信息资源共享［M］．北京：高等教育出版社，2004：1－2.

[6] 程结晶，朱松涛，彭小芹．档案馆形象塑造现状的调查分析［J］．档案学研究，2012（6）：27－32.

[7] 崔亚辉．语义网的起源与发展［J］．机械管理开发，2009（5）：186－187.

[8] 邓爱东．我国公共图书馆非物质文化遗产数据库建设调研［J］．图书馆学研究，2010（20）：36－39.

[9] 邓君，贾晓青，马晓君，赵红颖．图书档案数字化融合服务保障机制研究［J］．图书情报工作，2013（12）：28－33.

[10] 段运．我国省级图书馆非物质文化遗产数据库建设现状与对策［J］．图书馆学刊，2010（6）：102－104.

[11] 关萍．体制创新——“三馆合一”［J］．科技情报开发与经济．2006（3）：75－76.

[12] 韩文靓．图博档数字化服务发展趋势研究［D］．南京：南

京大学，2013.

[13] 韩志萍，刘燕权．美国记忆——美国历史资源数字图书馆[J]．数字图书馆论坛，2009（7）：66－70.

[14] 胡昌平，等．面向用户的信息资源整合与服务［M］．武汉：武汉大学出版社，2007：95－96.

[15] 胡昌平．信息服务与用户［M］．武汉：武汉大学出版社，2008.

[16] 胡昌平．信息资源管理原理［M］．武汉：武汉大学出版社，2006.

[17] 胡昌平，等．信息服务管理［M］．北京：科学出版社，2003.

[18] 胡雯彧．基于AR技术的文化遗产数字化展示设计研究[D]．济南：山东大学，2020.

[19] 黄建年，陶茂芹．图书馆数字资源加工机制初探［J］．冶金信息导刊，2005（4）：30－33.

[20] 季晓林．图书、情报、档案一体化管理的探索和思考[J]．情报资料工作，2005（5）：91－93.

[21] 靳桂琳．我国非物质文化遗产的数字化保护研究［D］．昆明：昆明理工大学，2019.

[22] 金露．游走于有形与无形之间的文化遗产——物质文化遗产和非物质文化遗产的定义、分类、特征和关系［J］．徐州工程学院学报：社会科学版，2012，27（2）：36－43.

[23] 李晨晖，张兴旺，秦晓珠．基于大数据的文化遗产数字图书馆移动视觉搜索机制建设研究［J］．情报理论与实践，2018，41（4）：139－144，133.

[24] 李翠萍．高校数字档案馆建设的现状、问题与发展［J］．文教资料，2011（7）：182－183.

[25] 李春旺．图书馆集成融汇服务研究［J］．现代图书情报技

术，2009（12）：1－6.

［26］李大青．试论图书馆、档案馆与博物馆的跨机构合作［J］．图书馆界，2012（6）：11－13，83.

［27］李华．面向知识服务的传统农具数字博物馆设计与构建［D］．南京：南京农业大学，2008：18－20.

［28］李立睿，王博雅．iSchool 联盟高校图书馆数字文化遗产服务实践调查分析［J］．图书馆学究，2019（8）：63－69.

［29］李农，编译．图书馆、博物馆、档案馆馆际合作趋势［J］．图书馆杂志，2008（8）：59.

［30］李鹏，韩毅．基于场所理论的信息聚集地研究——对于信息交流行为场所的思考［J］．情报资料工作，2013（1）：47－51.

［31］林永忠．福建龙岩市档案局（馆）建立全市非物质文化遗产档案和专题数据库［J］．兰台世界，2012（25）：56.

［32］凌霄娥，周兵．近年来我国数字图书馆建设状况综述［J］．科技情报开发与经济，2010（12）：129－131.

［33］刘蔚．图书、档案、文物集中式管理研究［D］．济南：山东大学，2012.

［34］刘向红．基于用户协作的非物质文化遗产数字资源分类模式研究［J］．现代报，2017，37（3）：21－25，31.

［35］刘学民．管理应该管行为［M］．北京：经济管理出版社，2006：97.

［36］罗小臣，罗红，曾小红．图书博物档案三馆文化遗产数字资源整合与服务［J］．图书馆学刊，2016，38（4）：43－46.

［37］吕鸿．基于三馆协同的非物质文化遗产知识整合研究［J］．图书与情报，2010（3）：127－129.

［38］马继贤．博物馆学通论［M］．成都：四川大学出版社，1994：96－105.

［39］马娇．科技中介服务体系界面管理研究［D］．秦皇岛：燕

山大学，2010.

[40] 马学强．档案馆文化功能研究 [D]．济南：山东大学，2006.

[41] 毛秀梅．高校图书馆数字化服务要素及优化策略 [D]．长春：吉林大学，2006.

[42] 穆向阳，朱学芳．图书、博物、档案数字化服务融合模式研究 [J]．情报科学，2016，34（3）：14－19.

[43] 聂柯渐．界面管理理论研究 [D]．福州：福州大学，2006.

[44] 潘晶．大学数字图书馆国际合作计划的回顾与展望 [J]．大学图书馆学报，2013（4）：19－25.

[45] 彭建波．谈面向非物质文化遗产的特色资源建设——以皮影数字博物馆为例 [J]．图书馆工作与研究，2012（5）：33－36.

[46] 彭岚嘉．物质文化遗产与非物质文化遗产的关系 [J]．西北师大学报（社会科学版），2006，43（6）：102－104.

[47] 彭小芹．公共档案馆形象塑造研究 [D]．南昌：南昌大学，2012.

[48] 彭远明．档案文献遗产保护与利用的方法论研究 [D]．上海：复旦大学，2008.

[49] 齐虹．用户信息需求立体结构模型探讨 [J]．档案学通讯，2009（2）：32－35.

[50] 秦晓珠，张兴旺．数字孪生技术在物质文化遗产数字化建设中的应用 [J]．情报资料工作，2018（2）：103－111.

[51] 秦雪平．图书馆、档案馆与博物馆数字资源整合研究——以世界数字图书馆为例 [J]．情报探索，2013（1）：69－72.

[52] 沙其敏．地方历史文献存取、检索的趋势以及遇到的问题 [J]．国家图书馆学刊，2005（1）：12－16.

[53] 师国伟，等．增强现实技术在文化遗产数字化保护中的应

用［J］. 系统仿真学报，2009（7）：2090－2093，2097.

［54］施旖，熊回香，陆颖颖. 基于主题图的非物质文化遗产数字资源整合实证分析［J］. 图书情报工作，2018，62（7）：104－110.

［55］苏东海. 博物馆演变史纲［J］. 中国博物馆，1988（1）：10－23.

［56］孙东川，林永福. 系统工程引论［M］. 北京：清华大学出版社，2004：3－7.

［57］索聪. 浅析档案与图书之异同［J］. 黑龙江科技信息，2010（2）：211，88.

［58］泰达图书馆档案馆.2020年度报告［R］. 天津泰达图书档案网，2020.

［59］谭必勇，徐拥军，张莹. 档案馆参与非物质文化遗产数字化保护的模式及实现策略研究［J］. 档案学研究，2011（2）：69－74.

［60］谭必勇，张莹. 中外非物质文化遗产数字化保护研究［J］. 图书与情报，2011（4）：7－11.

［61］谭晶. 档案信息资源的开发与社会价值的实现［J］. 兰台世界，2006（5）：8－9.

［62］王萍，王毅，赵红颖. 图书档案数字化融合服务评价模型研究［J］. 图书情报工作，2013（12）：34－40.

［63］王素梅. 网络环境下图书馆用户需求与用户服务模式研究［D］. 石家庄：河北大学，2005.

［64］王伟华. 博物馆文化遗产的数字展示与实体展示［J］. 东南文化，2011（5）：91－95.

［65］王云庆，陈建. 非物质文化遗产档案展览研究［J］. 档案学通讯，2012（4）：36－39.

［66］王云霞. 文化遗产的概念与分类探析［J］. 理论月刊，

2010 (11): 5 -9.

[67] 魏宏森, 曾国屏. 系统论的基本规律 [J]. 自然辩证法研究, 1995, 11 (4): 22 -27.

[68] 魏丽. 网络环境下图书馆、档案馆、博物馆信息资源开发的一体化优势 [J]. 档案天地, 2011 (12): 50 -51.

[69] 文琴. 图书馆参与非物质文化遗产数字化的政策研究[J]. 图书馆建设, 2019 (S1): 160 -164.

[70] 吴江华. "文献遗产" 与 "档案文献遗产" 概念辨析[J]. 山西档案, 2010 (1): 26 -28.

[71] 吴明隆. 问卷统计分析实务——SPSS 操作与应用 [M]. 重庆: 重庆大学出版社, 2010: 239.

[72] 吴祥瑞. 我国档案、图书史简述 [J]. 江西社会科学, 1982 (3): 99 -101.

[73] 夏忠刚. 档案馆博物馆图书馆社会功能之比较 [J]. 浙江档案, 2001 (1): 15 -16.

[74] 肖希明, 郑燃. 国外图书馆、档案馆、博物馆数字资源整合的研究进展 [J]. 中国图书馆学报, 2012 (1): 1 -15.

[75] 肖希明, 郑燃. 公共数字文化服务需求的调查分析——以图书馆博物馆为例 [J]. 图书馆, 2013 (6): 41 -43.

[76] 谢朝武. 顾客服务体系的界面管理: 理论、机制与酒店业的实证研究 [D]. 厦门: 华侨大学, 2009.

[77] 许俊平. 档案馆与博物馆学界的对话 [J]. 档案管理, 2000 (4): 21 -23.

[78] 尤建新, 朱岩梅. 设计 -制造链的界面管理及效果评价 [J]. 上海管理科学, 2007, 29 (1): 37 -39.

[79] 林萌山. 福建省公共档案信息共享平台的设计与实现[D]. 重庆: 重庆大学, 2011.

[80] 余日季. 基于 AR 技术的非物质文化遗产数字化开发研究

[D]. 武汉：武汉大学，2014.

[81] 苑利. 文化遗产与文化遗产学解读 [J]. 江西社会科学，2005 (3)：127 – 135.

[82] 袁庆明. 新制度经济学 [M]. 北京：中国发展出版社，2005：239，331.

[83] 云霞，鲁东明，袁庆曙. 大学数字博物馆 IPv6 升级和应用 [J]. 中国教育网络，2013 (5)：56 – 60.

[84] 詹丽华. FRBR 应用于网络信息组织研究述评 [J]. 图书馆杂志，2013 (6)：26 – 29.

[85] 张蕾. 基于风险防范的广播电视大学数字图书馆联盟管理激励与约束机制研究 [J]. 情报探索，2013 (2)：31 – 34，38.

[86] 张素鹏. 县级图书馆非物质文化遗产数据库建设的思考 [J]. 河南图书馆学刊，2011 (5)：122 – 123.

[87] 张卫东，赵红颖，李洋. 欧美图书档案数字化融合服务实践及启示 [J]. 图书情报工作，2013 (12)：22 – 27.

[88] 赵红杰. 试论我国档案馆、图书馆、博物馆的协作与共建 [D]. 武汉：湖北大学，2009.

[89] 赵红颖，王萍. 图书档案数字化融合服务研究论纲 [J]. 图书情报工作，2013 (12)：17 – 22.

[90] 赵生辉，朱学芳. 我国图书馆、档案馆、博物馆数字化协作框架 D – LAM 研究 [J]. 情报资料工作，2013 (4)：57 – 61.

[91] 赵玉林. 高技术产业化的界面管理原理 [J]. 武汉理工大学学报，2004 (3)：100 – 102.

[92] 赵宇翔，练靖雯. 数字人文视域下文化遗产众包研究综述 [J]. 数据分析与知识现，2021，5 (1)：36 – 55.

[93] 郑燃，李晶. 我国图书馆、档案馆与博物馆数字资源整合研究进展 [J]. 情报资料工作，2012 (3)：69 – 71.

[94] 钟振宇. 川渝档案馆将开展七大合作 [N]. 四川日报，

2020－05－10（4版）.

［95］周耀林，程齐凯.非物质文化遗产的可视化图谱表示［J］.信息资源管理学报，2011（3）：67－72.

［96］周耀林.“世界记忆工程”背景下《中国档案文献遗产工程》的政策审视与推进［C］.2010年全国档案工作者年会，广西南宁，2010：435－444.

［97］朱学芳.图博档信息资源数字化建设及服务融合探讨［J］.情报资料工作，2011（5）：57－60.

［98］Agosti M，Canova G M，Orio N，et al. A case study for the development of methods to improve user engagement with digital cultural heritage collections［M］//Multimedia for Cultural Heritage，Springer Berlin Heidelberg，2012：166－175.

［99］Allen B B，Echohawk D，Gonzales R，et al. Yo Soy Colorado：Three Collaborative Hispanic Cultural Heritage Initiatives［J］. Collaborative Libra Rianship，2012，4（2）：39－52.

［100］Anderson M. Evolving a network of networks：The experience of partnerships in the National Digital Information Infrastructure and Preservation Program［J］. International Journal of Digital Curation，2008，3（1）：4－14.

［101］Boamah E，Dorner D G，Oliver G. Stakeholder's attitudes towards the management and preservation of digital cultural heritage resources in Ghana［J］. Australian Academic & Research Libraries，2012，43（4）：300－317.

［102］Cathro W. Collaboration Strategies for Digital Collections：The Australian Experience［C］. International Conference on Libraries Leading the Global Knowledge and Information Society. 2009，National Library of Korea：Seoul，Korea，2009，5：25－26.

［103］Clough P，Marlow J，Ireson N. Enabling Semantic Access to

Cultural Heritage: A Case Study of Tate Online [C]//Proceedings of the ECDL, Workshop on Information Access to Cultural Heritage, ISBN. 2008: 978 -980.

[104] Dempsey L. Scientific, Industrial, and Cultural Heritage: a shared approach: a research framework for digital libraries, museums and archives [J]. Ariadne, 2000, 1: 22.

[105] Desprer - Lonnet M. Digital heritage, from inventory to exhbition: the paths of the Joconde Database [J]. Culture et Musees, 2010 (14): 19 -38.

[106] Events T, Hautekeete L. Challenges of digital preservation for cultural heritage institutions [J]. Journal of Librarianship and Information Science, 2011, 43 (3): 157 -165.

[107] Friberg A, Smith D, Scholz H. Europeana Partner Strategy and Development Plan 2013 [R]. Europeana, 2013.

[108] Gronroos C. Relationship Marketing: value, exchange and dialogue process [J]. International Trade Research, 1998 (3): 33 -35.

[109] Holley R. Trove: Innovation in Access to Information in Australia [J]. Arindae, 2010. 7 (64): 1 -9.

[110] Kaiser M, Nikolov - Ramirez J G, Veronika P, et al. Europeana Connect - Enhancing user access to European digital heritage [A]. Cirinna C, Lunghi M. Cultural Heritage on line: Empowering users: an active role for user communities [C]. Florence, 15th - 16th December 2009, Firenze University Press, 2010: 65 -69.

[111] Kang J, Ryu J. Digital Reconstruction of a Historical and Cultural Site Using AR Window [C]// ACHI 2011, The Fourth International Conference on Advances in Computer - Human Interactions, 2011: 170 - 175.

[112] Karafin A M. Digitization of sound recordings as an example for

preservation of oral and music folklore heritage [C]. INFuture: Digital Information and Heritage, 2007: 139 –152.

[113] Kelly G A. The psychology of personal constructs (2 vols.) [M]. New York: Norton, 1955.

[114] Kendderdine S, Shaw J, Kocsis A. Dramaturgies of PLACE: Evaluation, Embodiment and Performance in PLACE – Hampi [C]//Proceedings of the International Conference on Advances in Computer Enterntainment Technology, ACM, 2009: 249 –256.

[115] Kirchhoff T, Schweibenz W, Sieglerschmidt J. Archives, libraries, museums and the spell of ubiquitous knowledge [J]. Archival Science, 2008 (4): 251 –266, 258 –261.

[116] Lazer W. Life Style Concept and Marketing [J]. Toward Scientific Marketing, 1963: 143 –151.

[117] Musto C, Narducci F, Lops P, et al. Integrating a Content – Based Recommender System into Digital Libraries for Cultural Heritage [C]//Digital Libraries. Springer Berlin Heidelberg, 2010: 27 –38.

[118] Parent I. Internet-driven convergence between libraries, archives and museums: an opportunity, an inevitability or both? [A]. Cirinna C, Lunghi M. Cultural Heritage on line: Empowering users: An active role for user communities [C]. Florence, 15th – 16th December 2009, Firenze University Press, 2010: 31 –33.

[119] Plummer, Joseph T. The concept and Application of Life Style segmentation [J]. Journal of Marketing, 1974, 1: 33 –37.

[120] Prasad N. Synergizing the collections of libraries archives and museums for better user services [J]. IFLA Journal, 2011, 37 (3): 204 – 210.

[121] Rayward W B. Electronic information and the functional integration of libraries, museums and archives [M]// Higgs E. History and e-

lectronic artifacts, Oxford: Clarendon Press, 1998: 207 – 224.

[122] Styliadis A D, Akbaylar I I, Papadopoulou DA, et al. Metadatabased heritage sites modeling with e-learning functionali-ty [J]. Journal of Cultural Heritage, 2009, 10 (2): 296 – 312.

[123] Schwartz S. Collecting audio cultural heritage [A]. Symposium of Network of Design & Digital Heritage [C]. Nodem, 3 – 5 December, 2012.

[124] Smith L, Rowley J. Digitisation of local heritage: Local studies collections and digitisation in public librarie s [J]. Journal of Librarianship and Information Science, 2012, 44 (4): 272 – 280.

[125] Tsolis D, Sioutas S, Xenos M N, et al. Copyright and IPR management for cultural heritage digital content in peer-to-peer networks [J]. Jouranl of Cultural Heritage, 2011, 12 (4): 466 – 475.

[126] Van Vliet H, Hekman E. Enhancing user involvement with digital cultural heritage: The usage of social tagging and storytelling [J]. First Monday, 2012, 17 (5).

[127] Vivien P. Multilingual access to online contect-the Europeana experience [R]. Eurovoc Conference, 2010.

后　　记

经师易遇，人师难遇。首先感谢恩师朱学芳教授，拜读朱老师门下六年，他给予了我大力支持和帮助，教导我严谨对待科研、鼓励我多多涉猎高质量文献、精心指导我的研究和论文写作、对我的生活嘘寒问暖……点点滴滴，实难尽述。本书是国家社科基金重大项目“图书、博物、档案数字化服务融合研究”的部分成果。为了完成该科研项目，朱老师带着课题组成员付出了艰辛的努力，查阅资料、访谈调查、撰写报告、发表成果，其间，同门兄弟姐妹们互相交流、互相鼓励，组成了温馨的集体。

感谢为本书内容研究提供帮助的南京图书馆、江苏省档案馆、南京博物院，感谢各位参与问卷调查的用户。感谢先贤们的光辉思想，本书参考了大量学者的研究成果，他们的智慧启迪了我的灵感。感谢经济科学出版社的编辑为本书出版付出的辛勤劳动。

还有许多关心、支持和帮助我的单位和个人，难以全数在此罗列。在书稿付印之际，一并献上我最诚挚的谢意。我能回馈你们的，唯有更加努力的工作。

常艳丽

2021 年 7 月 15 日